U0112460

八閩文庫

要籍選刊 95

榕村全集

下

[清]李光地 著

陳祖武 點校

海峽出版發行集團
THE STRAITS PUBLISHING & DISTRIBUTING GROUP
福建人民出版社

目録

榕村全集卷二十二

榕村全集卷二十三

榕村全集卷二十四

榕村全集卷二十五

榕村全集卷二十六

榕村全集卷二十七

榕村全集卷二十八

榕村全集卷二十九

劄子二

榕村全集卷三十

榕村全集卷三十一

榕村全集卷三十二

榕村全集卷三十三

榕村全集卷三十四

榕村全集卷三十五

榕村全集卷三十六

榕村全集卷三十七

榕村全集卷三十八

詩四

榕村全集卷三十九

榕村全集卷四十

榕村續集

榕村續集卷四

榕村續集卷五

榕村續集卷六

榕村續集卷七

榕村別集

榕村全集卷二十二

書後

書項羽本紀後

班史，其司馬氏之流哉。然班史傳王莽，而司馬氏紀項羽，何其謬也！君子曰：「羽不足道也，彼嬴秦何以紀焉？」秦本西陲虎狼之邦，蔑禮義，棄仁信，專用威武，力戰數百年而取天下。志既遂矣，乃悉除絶先王之道，欲以塗塞抑遏萬世。至今二千載，其跡未湔。此其立國，猶未足晉、隋比，而罪於后羿、王莽浮矣。故后羿之惡，誅之者不必夏家，王莽之姦，何必夷自劉氏？春秋之法，人人得而討之，豈以其曾一區域，猥列奠繫哉？秦既無道，享國又淺，覆之者雖非宗周之裔，要亦共工、羿、莽倫爾。故董仲舒、劉向，皆以爲大漢繼周。班固言秦、莽，同歸殊塗，俱用滅亡，别諸五德之外，以爲閏位餘分。豈不卓哉！豈不卓哉！

書漢書諸侯王年表後

封建之事，自子長、孟堅據漢興亡而爲之論。其時前懲秦弊，後鑒莽禍，故稱述詩、書，以枝葉相持爲大也。比及曹魏，疏棄本支，成坐亡之勢。有宗室曹冏者，續班、馬之議，迄於東漢之衰，反覆前車之戒，尤加詳焉。謂封建非聖人意者，始自唐柳宗元。於後文人之論，史氏之評，各推極利害，不能相一。夫追究古今制度，不原聖人之本指，而徒放乎末流以立説者，皆未可以爲萬代之折衷也。況於利害，亦未周盡。彼漢有王莽之專，而欲望援於諸侯，與唐有豎宦之孽，而欲推咎於藩鎮，是無異肝肺之内糜，而爭手足之强弱也。故曰：「處暑至，蚉蝱生，日月西，螢爝燿。」苟王政不綱，則親疎離畔，於是而較得失於封建，不亦末乎？是故君子不爲私家之議，而定萬世之經，衆言淆亂，折諸賢聖。至哉乎！朱子之言也。封建之行，一則公天下以爲心，二則達君臣之義於天下，三則有土地人民之愛，而苟簡之意不生，四則無更代變易之煩，而善政之傳可久。至於王度式微，諸侯放恣，此則由來者漸矣，豈法制所能防哉？自漢以來，内無周公營洛之心，外慕秦人一尊之貴，中少漢宣久任之治，下鮮蕭、曹協和之規。井牧因之而不修，學校由是而不舉，地水之比無聞，嶽瀆之祀忽諸。此儒者所以歎爲苟道，而明王賢佐之所慨然思興者也。何暇區區焉比擬形勢之重輕，圖度天命之久近哉？

書後漢書西域傳論後

按，此自佛説入中國後，論佛之第一篇也。朱子嘗言，韓、歐之闢佛以禮法，張、程以道理，而能窮其詭僞變换之實者，宋景文公唐書李蔚贊也。余謂蔚贊言佛書騠譯差殊，多華人剽取莊周、列禦寇之説，以佐其高者。其言誠當，故朱子作釋氏論，盡用其意。然如范史此論，曰「誣異之甚」，曰「好大不經，奇譎無已」，而推其源以爲「道書之流」，極其奇幻，以爲鄒、莊之比，則凡景文之所疑者，范氏先之矣。自來無述此論者，豈以范之人卑之耶？然其家學，乃自武子而來。武子儕二王於桀、紂，則於佛説必有所處，惜乎蔚宗溺於時，雖用其意，必猶有所依違於其間也。且其遡騫、超通道西南，而闕然無述，則佛之有無，猶不可知。此尤足爲尚奇好異者之戒。今中國有人，其姓孔，其名某字某，其言其行事，炳明簡册，如吾高曾家譜，此真可信而萬無一之可疑者。顧捨而求諸似有而無之人，若曉而昧之書，誠韓子所謂好怪者而已矣。羲、農、黄帝，聖人也，夏、殷之禮，聖作也。以其荒遠無稽，闕略無證，則夫子删而不言。況乎來自遠裔，不可詰窮，理絶人區，事出天外者哉？

書蜀志後

余讀蜀志畢，爲之憮然一歎。夫劉氏立國微矣，然四五十年之間，人盡其用，大抵清素節約，忠毅果烈之士爲多。且一二之士，皆蜀產也，豈信其時才則美哉！盖劉、葛君臣之間，推誠樂善，軒豁無猜，惟才是取，罔有親故疎遜。而孔明方秉澹泊之操，厲鞠躬之節以先之。史又稱其科教嚴明，賞罰必信，是以吏不容奸，人懷自厲。夫如是，則雖貪夫弱質，孰不奮起？況巴土山川奇麗，文翁以來，世習文敎，因以禮義敺之，所謂「齊一變至於魯，魯一變至於道」。才爲世用，有勇知方，固其所也。夫以區區之蜀，而殫用其材，抗衡天下，乃有餘裕。若治天下而猥憂無人，豈不悖哉？

書韓子原道後二首

韓子以博愛言仁，程子非之，謂擧用遺體也。愚謂當合原性考之，則知其言之精當，不特無可議而已。性者體也，道者用也。原性言所以爲性者五，曰仁，曰禮，曰義，曰智，曰信，而七情在其外。此韓氏所以言性也。愛列於情，博愛爲仁，以情言也，有情而後有道。中庸曰「喜怒哀樂發而中節謂和」，「和也者，天下之達道也」。韓子繼性而原道，則言仁義者，舍愛宜而何以？故曰性者，與生俱生者也。情者，感於物而生者也。感物中節，是謂率性之道。博愛也，行而宜也，皆仁義之發，性之用也。是以繼之曰，由是而之焉之謂道，道之名實固如此。今次韓書者，先道於性，故其章首仁義之云，如無所根本者。苟先讀原性，以觀原道，則可疑者釋然矣。其篇次應更定，以合中庸語道之序。

韓子引大學止於誠意，朱子亦譏之。愚謂此韓子所以能識大學之意者也。大學之道，推之至於正心誠意盡矣，身由是修，家由是齊，國天下由是治且平。中庸、孟子，所謂誠之者人之道也，至誠而不動者未之有也，凡爲天下國家有九經，而所以行之一也。是故語道至於誠，至矣。大學之格物致知，蓋中庸之明善而所以誠其身者也，不在誠之外也。故大學古文曰「物有本末」，即物也；「知所先後」，即格也；壹是皆以修身爲本，本亂而末治者否矣，即物有本末也；此謂知本，此謂知之至也，即知所先後，物格而後知至也。象山陸氏，引「物有本末」至「致知格物」爲一意，以證爲學講明先於踐履之事，其指固如此。陸譚經，誠非朱倫，獨此一義，愚竊以爲甚精。蓋首章格物之義既明，則其繼以誠意，非錯簡也。王伯安始復古文，又陸學也，不知引此，而自爲之説，何哉？誠者聖人之本也，明者誠之端也，異氏不明理而自謂誠，則折之之辭，當止於誠意正心，不當上及格致。其所以治心而外天下國家，則不能格物之由也。故韓子引經不完，是韓子所以爲識大學之意者也。

書韓子送王含秀才序後

隋、唐間，有文中子王通者，講道河汾，據中説家傳，蓋聖賢之流也。然隋史唐初作也，又謂作史者魏徵之徒，皆其弟子，乃曾不挂其名於儒林、隱逸之間，故其行跡，到今疑之。然觀王勃詩及劉禹錫輩所論，其決有斯人明矣。禹錫固韓同時，况其書實有過人者，程、朱子皆以爲荀、揚不及也。韓子獨無稱焉，何哉？醉鄉王績，字無功，文中弟也。韓子悲其昏冥麴櫱，謂不得如顔、曾遇聖人故然。今文中子孫，尊之以爲命世，使其然也，醉鄉之所遇亦幸矣，韓子何以悲之乎？司馬溫公曰：「予讀其書，誠好學篤行之君子也。其自任太重，其子弟譽之太過，反使後之人莫之敢信也。」朱子曰：「假卜筮，象論語，及妄引唐初文武名臣以爲弟子，殆福郊、福時之所爲，非仲淹之雅意。然推原本始，亦其平日好高自大之心，有以啓之也。」予謂兩先生之論皆篤矣，韓子識書之真贋，其平日不道，意或如此。又惡傷於厚也，而託醉鄉以寓意。故伊川曰：「退之責人甚恕，其目荀與揚也，猶曰大醇而小疵。」

書韓子進學解後

此體文，此篇與揚子解嘲，千載稱絶矣。解嘲中云：「炎炎者滅，隆隆者絶，觀雷觀火，爲盈爲實。天收其聲，地藏其熱，高明之家，鬼瞰其室。」此段是全釋豐卦義。炎炎者火也。隆隆者雷也，當其炎炎隆隆，以爲盈且實矣。然豐卦雷居上，則是天收其聲，火居下，則是地藏其熱。此其盛不可久，而滅且絶之徵也。豐之義如此，故卦爻俱發日中之戒，至窮極，則曰：「豐其屋，蔀其家，闚其户，闃其無人。」即揚子所謂「高明之家，鬼瞰其室」也。揚子是變易辭象以成文，然自輔嗣以來，未有知之者。故此卦之義，至今不白也。此篇「謹嚴」、「浮夸」、「奇法」、「正葩」等字，並極羣經要眇，故未有不精於經術而能文者。

書柳子厚與楊誨之疏解車義第二書後

柳子廢錮益自奮，故其文日進，識亦日廣。其矯然於既躓而思所建豎，永、柳諸書牘皆可觀也。此書往復數千言，古來辭命之費，未有方之者。然無餘言冗字，一意反覆以終竟其説。孔子曰「辭達而已」，此其庶與？道之不傳，學者以意爲説，各如其就之淺深。雖幾似之矣，而毫釐之際，正學者所爲盡心也。柳子曰「方内而圓外」，尋其意蓋以恭讓小心，祇懼敬戒，皆爲圓外之事，而引堯、舜、禹、湯、高宗、文、武至於周、孔以實之。

大指則歸於欲行其道，而爲此以售世。嗚呼！是何識聖人之末也。且以是爲圓外，則所則所謂方於内者又何物？豈詩、書經傳但讚列聖之外者，而不及其内者與？吾謂凡柳子所稱列聖之事，皆其内者也。不恭讓，不小心，不祇懼，不敬戒，則幾所謂罔念作狂者，而聖無由以聖。聖無由以聖，則彼方兢兢翼翼，自理其心之不暇，而曰吾將以售行其道，不亦遠乎？柳子之爲是言，凡以藥楊生之愁撿局而慕縱肆，故進之恭謹之道，不踰矩之説。如是則是方也，非圓也。謬方圓之實，而號不美，宜乎無以下楊生之心而息其喙也。易曰「敬以直内」，列聖之事，皆敬也，皆所以直内者也。若夫外，則義以方之而已，未聞以圓也。由柳子之説，則是義以方内，敬以圓外也，何其與易之意異乎？無乃有撟敖不屑於其中，而爲是不得已之恭讓，而所謂敬義者皆失乎？然則圓之説果無施乎？曰：「於易有之，圓而神，方以智，精義入神，則神圓而智方。圓所以爲方，非方圓兩轍也。」或曰：「論語稱義以爲質，禮以行之，孫以出之。柳子之言，或出於此。」曰：「三者皆由内以方外之事，非義内而禮孫外爾。夫圓外之説行，其敝也脂而不韏。吾故曰以意爲説，而不考於相傳之道之過也。」

書王荆公答司馬諫議書後

公之鋭志强氣，此書可以觀矣。惜乎公之徧於心，而疎於術也。夫起千年之積弊，復往古之明規，非精於術者不能也。自謂術之素矣，非公於心而盡於理者，亦不能也。公以其所學者，欲試之行，自謂世莫加焉。然周公心法治要，布方策者甚多，顧獨取其制度之末，漢儒解釋之誤者以爲據。不可爲精，民議洶洶而不采，多聞直諒之友溢於朝，著而不諮，不可爲公且盡。彼夫立功名，破俗論，齊法令，矯民情者，商鞅之餘喙，非聖人之至訓也。

書曾子固梁書目録序後

自子思子言性又言道，所以護中庸塞隱怪者至矣。至孟子之時，有告子者，立説以賊性，而楊、墨之徒，盛其言以害道，於是性善之指，無父無君之辨，反覆累申而不厭。自此更秦、漢，以越六代而至於唐，則性道之不明已久。其言性言道者，獨韓愈爲近之。若李翺復性書，乃反同於釋氏之意。吁！翺與愈講切素，其作此書，自位爲不庳矣而如此，況其他者乎？愈之言性也不離情，其言道也根於情而成於教。其匪是而言性，曰雜佛、老而言者也，匪是而言道，曰是所謂老與佛之道也。予讀曾子序梁書，曰庶幾中庸、孟、韓氏之旨者與。中庸言至誠盡性，則能盡人性物性，而與天地參也。其言聖人盡道，則禮儀三百，威儀三千，動而世爲天下法。曾子祖其説，曰：「含智之民，肖翹之物，有待於我者，莫不由之以全其性，遂其宜，而吾之用與天地參矣。德如此其至也，而應於外者，皆天下之達道。故爲之衣冠、飲食、冠昏、喪祭之具，以敎其爲君臣、父子、兄弟、夫婦者，莫不一出於人情，與之同吉凶而防憂患者，莫不一出於人理。」嗚呼！其論美矣。夫情與理何生？生於性也。彼所謂得於内者，可行於外，不可行於外者，斯不得於内矣。其諸中庸合内外之道者與？李翺復性則黜情，合中庸、孟子之言觀之，情不可黜也。韓子、曾子之有得於是，所以爲賢也。黜情者，助釋、老而爲之攻者與？

書蘇子由三宗論後

殷有天下六百年，而賢聖之君六七作，無逸之獨舉三宗，何也？曰爲其享國之長久也。秦、漢之主，蓋有祠神仙，求方士，以庶幾其長久者矣。其志皆以天下爲樂，而欲永享其逸也。而周公言壽，乃歸之無逸，則知聖人之壽，將以勞天下，非以逸其身也。抑因以知聖人之壽，蓋以勞天下而得之，非以逸一身而得之也。何則？其功德之在世，故有以格於皇天也。而以逸而壽者非天意，其嚴敬之在躬，則有以凝夫正命也，而以逸致壽者非天道，以天道合之天意，則夫強志氣，屏嗜欲，不以外物賊乎其内。武王所謂「恭則壽」也，立命之本也。損己以厚人，德盛而福至，則冥默之中，有以申錫之而不容已。夫子所謂「仁者壽」也，得天之符也。蓋自學士大夫，寡欲清心，積行累善，皆有行之而輒效者。況乎帝王之生，其受氣也尤厚，而其功之所及，德之所施，又非可以尋常福報論者哉？無逸之言三宗與文王也，曰「嚴恭寅畏」，曰「恭默不言」，曰「徽柔懿恭」，其凝命之説與？曰「治民祇懼」，曰「嘉靖殷邦」，又曰「保惠庶民，惠鮮鰥寡」，其格天之説與？蓋必其敬天勤民，而後爲無逸之實也。不然若梁武帝之清淨齋戒，不可言從於躭樂者矣，而其受禍，乃如蘇子所譏，又獨何哉？

書王守溪性善對後

性之説，自周子以誠言之，程子以理言之，至朱子而辨論反覆，幾無餘藴矣。數百年來，凡講訓之書，科舉之文，誦師説，摭成言，未有以測其是非也。中間有憤悱不自安者出焉，而求以識性，乃反不勝其背馳之甚。然則性之説，其果難明與？近代講性命之學，與程、朱異者，曰姚江王氏。其同時以學名而不與附和者，有虚齋蔡氏、整庵羅氏。制舉之學，爲一時楷，而能熟於或問、大全之書者，有守溪王氏。余少讀虛齋蒙引，見其拘拘焉疑於朱子理氣先後之説，大指蓋曰，天地間皆氣也，無始無終者也，安有所謂理先氣後者哉？至求其所謂理者，蓋曰凡氣之運行，無過不及者是也。朱子圖説曰：「太極者，所以動而陽、靜而陰之本體也。」則欲更之曰：「所以動而陽、靜而陰之全體也。」意以爲言全體，則運行不偏勝之意可見，而云本體，則不可知也。後得觀整庵困知記，其疑與虛齋同。其大指亦曰，氣之外無所謂理者而已。而又曰觀理者，觀於氣之曲折而已。至其果於自信，遂訾朱子而上及濂溪，則與虛齋之退然存疑者，又未可同日論也。夫整庵當日號爲直諒於姚江者，而其説乃如此。則其所以失者何也？曰失皆在於不敢離氣而論性。王氏以氣之靈當之，蔡與羅以氣之迹當之也。吾之所謂性者，非靈非迹，雖離氣言之而未嘗無。此則所謂本體，所謂大原。實驗之在陰陽五行之中，默識之則超乎陰陽五行之上者也。守溪之論性，曰：「天地間逼塞充滿皆氣也，氣之靈則性也。人得氣以生，而靈隨之也。」姚江之傳，守溪舉是爲稱首。夫釋氏之説，尊靈覺於無上，守溪以爲隨氣而有，其陋必爲佛所嗤也。姚江，佛者而亟稱之，亦爲以靈言性之説合耳。虛齋、整庵所執，又出其下。然則性之説，其果難明與？守溪又引夫子之言，曰「心之神明謂之性」。以吾所聞，是聖也，非性也。此未知其誰是。然既不出於大傳、論語之篇，先儒未之引用也，則置而不辨可也。

書鹿太公家傳後

班固謂四豪者，五霸之罪人也，漢之俠者，又四豪之罪人也。豈非謂其赴難死黨，而不軌於義，無益於公與？東京之季，倚乎公義矣，然亦有徇聲挾氣爲之者，不根於忠懇之誠，不出於醇厚之德，則於儒者之行猶遠。故論之者曰，一變至道也。鹿氏父子祖孫，粹然儒者。其服官居鄉，潔修亮節，暨乎投難死毀，代有傳紀。太公則介乎其間，終身不仕，頹然若一耕夫耳。當魏忠賢糜滅善類之際，中外仰息，回焰濺波，靡不焦爛。於斯時也，能爲申屠、太丘之事，亦庶幾賢矣。而太公護持營救，歸骨收孤，曾不慮吹毛之及己，卒以誠心厚德，神之相之，雖有害幾，莫之能發。此其所處，較諸古人，不亦優乎！或曰：「不在其位而犯其難，於中道概乎？」余曰：「不然。」國步方艱，食土者皆君臣也，嫠猶恤宗周之闕，況公之父子皆朝列，非遯荒出逖者比。詩曰：「相彼投兔，尚或先之，行有死人，尚或墐之。」觀其佐父以清直，而勖子以勤瘁，直至視其子孫殞身以殉忠孝，而悲慰交胸，大義慨然，則公之平生，其非逐名矯節，而無怍於聖賢也決矣。其諸隱德細行，具傳中不悉論，兹特論其大者以風焉。

書家譜傳後

諸公在隆、萬間，皆一時之選也，雖奉常善揚祖德，然諸公靡然共聲，可以觀仁矣。蓋吾祖之仁洽於鄉，顯於國，斯是以不可掩也。今吾子孫千餘，雖有惰游，食舊以老。嗚呼！仁之遺，不其遠哉。山之鬱雲，以澤物也，雨於山而草木潤滋。天地萬物施應之道，如環在循，智者昭昭乎見之，仁者亹亹焉行之，豈有勌哉？譬子孫於祖，如草木於山焉，山之澤不涸，故草木不敝。然益自栽植茂翳，以蒙覆陰潤，山之澤其愈長乎？燔焚斫伐，澤且竭矣，而亦何可恃之有？是故今日之稱祖德也，不以幸而以戒。

書先公遺帖後

鄭康成云：「天不欺至誠者。」先君子平日多見忽於人，而蒙神諒，凡叩卜祈禱，及夢寐感通之事，鮮不應者。此事地等脱難後，先君子每每言之。是時，先慈夫人亦夢神告：汝家出賊，須初夏初秋耳。至四月九日，伯父始劫賊巢，拔兩口。七月七日，合門生還，皆顯異也。明年丁酉八月朔，父又夢大父與同郡先正蔡虚齋先生合居，壁間語録盈滿，記其語云：「寒暑非可意定。」故隨時爲靜中功夫，不可知爲何祥。然父生明季士習披猖之時，動以先儒訴病，乃獨多蓄程、朱書，及同郡蔡、林諸公講説，諄諄教授諸子。精誠交通，蓋非偶然者。越七年癸卯之冬，地鄉舉刖歸，父一日忽曰：「科目行有變，汝等讀書俟之。」明年，果改策論，而地丙午以是售，亦未知其感何魄兆也。是冬，又夢入關侯廟，見有偉然丈夫翔步者，或指曰侯也。父拜問前程事，曰：「屯初一爻，牢記在心。」父曰：「非盤桓居貞之云乎？」侯曰：「固然。」至甲寅，閩中大亂，親疎日以利害相劫。父曰：「神警在斯乎，可不勉諸？」時二賊多誅夷不從己者，甚更爲釘鑿之刑，以威士大夫。父拳拳一意，憂危彌厲。嗚呼！不肖遺孤之免於隕其宗，非父之教，祖考之餘德，而神明之顯佑與？父平生孝誠不以自居，動曰神庇也。此紙季弟藏之，後三十年，地捧讀於京師，哽塞如覿音容。回念少壯幾何，而今白首，蒿棘之悲，欲報安極？敬書其後，以示孫子。

策問

己丑會試策問

問：先儒論學之旨，一曰主敬，二曰窮理，三曰踐行。此三者爲學入德之方，亦即尊主庇民之道。是故其敬純，則所以不欺幽獨，靖共夙夜者在此矣。其理明，則所以通達治本，周悉世務者在此矣。其行粹，則所以潔己奉公，憂國體民者，亦在此矣。

我皇上學貫天人，道符堯、舜，於近代程、朱之書，尤惓惓表章焉。良以其標持敬以爲宗，揭知行以爲要，有默契於聖神之心者也。夫義理不窮，則於賢聖精微，古今事變，不能知也。踐履不篤，則於特立獨行，遺大投艱，不足賴也。然必先之以敬者何與？敬爲知行根氐，朱子論之詳矣，而或者以析知行爲支離，提主敬爲增添。然則朱子之意，其亦可尋源極委而親切言之與？唐、虞命臣，必曰「欽哉」，傳曰「君臣主敬」，則敬之一言，於事君尤所重。易之乾三言誠，坤二言敬，程子又曰「誠則無不敬」，無乃存誠者即居敬之實與？二字所以分合之旨，又何謂也？夫修身致主，同條共貫，多士涵濡聖澤，數十年於茲，所以講於儒先而爲自獻之資者，必有在矣，其抒所學以對。

問：周官之法，溝洫以防旱潦，委積以備凶荒。蓋統天行人事之消息，而爲之計，意至周也。我皇上於河渠水利之要，窮極精微。日者南北二河，悉經聖謨指授，濬渠修堤環千里，水澤荒區，淤爲沃壤矣。又推之江、浙列郡，使大吏巡行相度，因地勢高下，建閘啓閉，潦有所洩，旱有所資。詩所稱「原隰既平，泉流既清」者，何以加焉。復以積貯爲生民大命，常平之外，又推行社倉之法，無非所以責成有司，加惠元元，廣蓄儲而豫振救也。夫河渠之大者，患其潰溢，則隄防宜急，小者慮其填淤，則疏濬宜勤。常平之筦於官者，則主守之出納宜嚴，社倉之貯於民者，則鄉正之選擇宜慎。將無講畫之詳者存乎法，行法之善者存乎人歟？我皇上宵旰民瘼，慮周萬世，而有司奉行良法，未能盡著成效者何歟？漢召信臣之水利，耿壽昌之常平，所以使民稱便者，其要安在？朱子之社倉，行之數十年，而一縣無憂荒歉者，何道之遵也？諸士異日皆有民社之責者，其矢心竭慮以對。

問：經道汙隆，與世盛衰。故漢、唐、宋、明之興，莫不敦尚經術，所關可謂重矣。我皇上所以尊經崇道者獨至，而且篤信周、程、張、朱之書，以統壹諸儒之説。經學之盛，千載一時也。夫經者天下之公理，非一家之私言，故有後人發明之功不可誣者，亦有前人傳述之勞不可泯者。考五經傳註，朱子手定易、詩二者而已。夫京、焦卦氣，孰與邵圖？王弼清虛，何似程傳？朱子宗程、邵以作本義，其視前儒淺深醇疵之致，可以約略指歟？齊、魯、韓嬰之詩不傳，而毛氏孤行，其説果盡孔門之舊歟？考亭、東萊之辯，孰爲得失也？餘三經者，朱子未有成書，而或者盛詆尚書古文，以爲贋作，訾議春秋三傳，以爲謬於聖人之意。至於黜儀禮，疑周官，莫不推之爲漢儒之過也。夫禹謨、伊訓、説命，傳道之書，可得而詆與？春秋三傳，去聖最近，可得盡訾與？儀禮、周禮，周公經世大法，可得疑且黜歟？漢儒守先待後之勤，朱子蓋屢稱之，後學紛紛之論，其果有當歟？夫溯聖經之源流，辯先儒之同異，信而好古，以仰贊尊經崇道之化，學者事也。其敷陳所見於篇。

問：歷代史書，多有律曆一志，所以授人時而興王道也。論者謂二事相爲表裏，理則然矣，然其立法紛紛，從來靡定。至我皇上，曆數在躬，聲律身度，以故天官之職，超邁古今。其於律呂隔八之法，圍徑之數，莫不審究根源，考定密率。誠千古疑誤，至今日而始明者也。夫曆法古稱地平，今則曰地圓，古立歲差，今則曰恒星行，古推贏縮，今則曰高卑度，古紀五緯順逆伏留，今則曰星輪。非今之故爲異，實測則然也。其所以然之故，可縷而指歟？黄鐘律管，司馬遷曰八寸一分，班固曰九寸，吕覽又曰三寸九分，三家果不同與？抑未嘗不同，而其説各有當與？胡瑗、蔡元定知蔡邕圍徑之非，其所定律管，則仍徑一圍三之疏率也，不遇聖神，孰審其真與？夫律曆二者，皆生於算。古算術有勾股，有弦矢，於以割圜測弧，亦綦密矣。今則有勾股、直角，又有鋭、鈍二角，而三角之形始全。有弦線、矢線在圜之中，又有切線、割線在圜之外，而八線之用始盡。二者之算，又皆歸於四率，而比例以得之。其理精微，豈無能明言其致者與？夫禮樂曆象，儒者宜知，九章之名，列於六藝，多士或言其理，或陳其數，以仰佐制作之盛焉。

榕村全集卷二十三

講義一

鼇峰講義有序

康熙五十六年二月，安溪先生還闕，道過三山。世遠時應中丞陳公聘，主鼇峰書院，九郡之英，咸來就學。因率諸生請先生詣講堂，於時陳公暨學使車公咸至焉，環鑑亭而觀聽者，無慮千人。世遠請先生教言，以開誘後生，先生讓於陳、車二公，二公遜謝良久。世遠復舉性理一章以請，先生曰：「子爲諸生講之素矣，諸生豈有疑義相質者乎？」世遠顧謂諸生前問難，先生誨示明切，諄諄不倦，聽者充然若有得也。講席既散，諸生願記之，以備觀省，垂永久。因與同學陳君萬策及先生從子鍾旺、孫清植，同憶所聞，條之如左。受業漳浦蔡世遠謹書。

陳生羅登問：「未發之中，程子謂不可於喜怒哀樂未發之前求中，李延平謂觀喜怒哀樂未發前氣象，未解其義。」曰：「朱子初年説未發之義，謂日用間大要俱是已發，但就裏有天命之性一層，便是未發。後來見程子有所謂未發之時，方疑未發有箇時候。年四十後，遂變前説。人自有思慮未起，耳目未交之時，未發、已發，恰有兩箇時候，不得以日用間皆爲已發也。程子所謂中不可求者，蓋以未發之際，著不得求字。求便有思索，有思索便是心已動，不可謂之未發矣。延平觀字，須活看過，非是另有一心，以觀一心，只是時常提醒此心，不令放逸昏惰。要之，喜怒哀樂未發之前，只有涵養工夫，更不得有思慮以雜乎其間。蓋人心至虚至靈，本自光明，惟存而不放，則此心常在也。」

問：「上蔡所謂常惺惺法者，即此謂與？」曰：「然惺惺中，自有未發之中在。敬字，原自通貫動静。如當無事時，而如見大賓，如承大祭者，此涵養也。至見大賓，承大祭，而敬行乎其中者，亦涵養也。蓋見大賓，承大祭，人多打起精神，惟當無事時，能自提撕警覺，敬所以無間斷也。其實雖當應事接物時，涵養之意，何嘗不在。凡其中之澄然清明者，即是存心，即是主敬，不可專指涵養爲屬静一邊也。中庸『道也者，不可須臾離』至『君子必慎其獨』，舊説滚成一片，謂不睹不聞，所以必戒懼者。蓋不睹聞雖甚幽暗，然莫見莫顯，即在於此，是以君子慎之。程子亦因此説，朱子始分作存誠、謹幾二義，其理最精，誠傳心之要也。下節章句，自戒懼而約之，以至於至静之中，即是由動而推至靜，所謂敬以直内也。由謹獨而精之，以至於應物之處，是由初動而推至動，所謂義以方外也。方外直貫至應物處，獨只是幾之方動，事之起頭。自此謹之，無乎不謹，以至於事理完當，皆屬方外之事。朱子分此兩節，以兩故字作眼。道也者三句，恰對莫見乎隱二句。是故君子以下，對故君子必慎其獨。二義既明，凡經中所謂敬以直内，義以方外，以義制事，以禮制心，丹書所謂敬勝怠者吉，怠勝敬者滅，義勝欲者從，欲勝義者凶，理皆如此。直内方外，所謂内者即心，所謂外者即事。凡義利、公私、是非、邪正，皆就事上見得。敬只是收斂此心，使常醒覺，自然清明在躬。若昏困便是不敬。事至然後有義利、公私、是非、邪正之可言，件件剖别處置，停停當當，便是和，便是方外。」問：「通書誠無爲，幾善惡，其旨如何？」曰：「亦是此意。無爲不是萬慮休置之謂，只是實心實理，徹始徹終，初未涉事，故曰無爲。幾是由靜而動之介，是非真妄，皆從此判。此處審之既精，而後事爲不至大段差錯，所以謹獨爲要也。」

問：「格物之義，陽明固爲異説，但程、朱所謂窮至事物之理者，事理儘多，從何處下手？」曰：「舊説解格作來，溫公解格作去。如來之説，則當作感召天下之物。如去之説，則物是物欲，如耳目之官不思，而蔽於物之物。言能去其物欲，則心體便自虛明。陽明以格爲正，物爲事，正事者，格其不正以歸於正也。凡此諸説，自然非是。程、朱以格物爲窮理，當矣，然亦須就要緊處格將去。如舜明於庶物，察於人倫。人倫中平庸無奇，何可思索？不知就上須大段與他思索一番，方得透徹。子孝臣忠，如何方是孝？如何方是忠？大有事在。物物各有一性，性即理也，物性猶吾性也。物各有牝牡雌雄，是其夫婦之性。海燕哺雛，雌雄代至，飲食之恩也。羽毛稍長，引雛習飛，教誨之義也，是其母子之性。同巢鳥獸，無不相倡相和，是其兄弟之性。類聚羣分，是其朋友之性。就中必有爲之雄長者，是其君臣之性。蓋物雖殊而性則一，此處窮盡，便見得萬物一體，廓然有民胞物與之意，而所謂生之有道，取之有節，此心自不容已。至如草木臭味，種種各別，此則醫家之所宜悉，而非儒者急務。陽明因見一竹推格不去，遂不以程、朱之言爲然。殊不知格物原非止留心於一草一木之間，而欲其忽然頓悟。然苟因此遂廢却格物工夫，則何處可以著心乎？大學所謂格物，中庸又謂之明善，孟子又謂之知性，蓋格物只是明箇善，明善只是知箇性。」

王生世仁問：「性反之别，如孟子所謂動容周旋中禮者，性之者也，行法俟命者，反之者也。竊疑行法君子，豈必因干禄而後經德不回，此處何從分别？」曰：「謂之行法，則是有法在而君子行之也。性之者，聲爲律而身爲度，不可以行法言。故曰由仁義行，非行仁義。蘇子由言聖人之爲善，如水之必寒，火之必熱。其不爲不善，如騶虞之不殺，竊脂之不穀者是也。經禮三百，曲禮三千，中間冠昏喪祭之等，依樣做去，所謂行法也。」

史孝廉大範問：「爲己、爲人之義，學者最宜蚤辨。今日諸生圜聽，如何是爲己切要處，求詳明剖示。」曰：「象山喻義講章，最爲親切，所宜熟看。爲己非是使人不仕，言寡尤，行寡悔，禄在其中，君子三月無君，則皇皇如也，何嘗不仕？蓋父母望子之心，君子致用之學，得科名，膺爵禄，亦是分内事，未便是爲人，只看他意思是何如。且如諸生作爲文章，只求心得，便是爲己。打量去行世沽名，便是爲人。爲官而思所以濟人利物，亦是爲己，必自爲身家之謀，方是爲人。然爲官而爲子弟謀田宅者，此固爲人。若訓飭子弟，使之循規矩，秉禮義，能自守其家業，雖是爲子弟謀，却是爲己。要之，只須義理之介，辨得分明而已。」問：「南軒有所爲、無所爲之説，是何如？」曰：「南軒之説，須看得活。凡人做事，豈有無所爲而爲者？即如爲己，亦是爲著自己，便是有爲。聖人許多事體，須做出來，豈不是有爲。只是爲著理所當爲，如見孺子入井，而有怵惕惻隱之心，便是爲孺子。南軒所指，蓋謂涉於私心而爲之，如内交要譽，惡其聲之類耳。」

元亨利貞

臣謹案元、亨、利、貞者，天之四德也。天德雖無形，而於春、夏、秋、冬見之。蓋方其春也，生意初動，萬物資之以爲始。而此生生不窮之理，周流貫徹，實統乎一歲之始終，是則所謂元也。及其夏也，生氣滿盛，雲雨交作，萬品之物，悉流其形，是則所謂亨也。至於秋，則物已成就，其形之所成，與夫氣之所稟，用之所宜者，乃物之性命也。至此莫不秩然而各正，是則所謂利也。至於冬，生意收斂，而太和之元氣，渾然包涵於内，有以爲復生之機，是則所謂貞也。以春夏言之，生意動則必通，故曰：「乾元者，始而亨者也。」以秋冬言之，性既完具，而情之發生者，已伏乎其中，故曰：「利貞者，性情也。」以春生之氣之統天者言之，則氣之初動，藹然一生物之心，是之謂乾始。是心也，無所偏私於其外，故動而能以美利利天下，無所留滯於其中，故靜而又能不言其所利也。於是而總贊乾德之大，曰「剛健」云者，謂其元亨之時，流行通達，莫之能禦，承始亨而言也。曰「中正」云者，謂其利貞之時，收斂堅固，莫之能摇，承性情而言也。曰「純粹精」云者，謂其生物之心，肫篤而至純，潔白而至粹，微妙而至精，蓋無一毫私僞之雜，無一毫偏倚之駁，又無一毫形迹未泯，渣滓未融之粗也。此又承「乾始，能以美利利天下，不言所利」兩句而言。臣惟聖人之言天德，於此盡矣。是以帝王體之，動而法天之元亨，則德澤旁流，民物各遂其生。其在卦象，則九五一爻，兼統六陽而居尊位，如乘六龍以御於天，有以興雲氣，雨下土者是已。靜而法天之利貞，則大化既成，民物各得其性。其在卦象，則九五居尊，上下順應，如一人首出於上，垂象端拱，而萬國之遠，太和翔洽者是已。天以一元生成萬物，故帝王亦體元以育正萬類。所謂體元者，體其生生之心也。生生之心，發於性之自然，無所爲而爲者也。其存於中也，無計功謀利之意，其及於民也，無市恩干譽之私。亦如天之以美利利天下，而不言所利焉。故天德即聖學也，聖學即王道也。易言天德，曰「爲玉爲金」，詩言聖學，曰「如金如錫，如圭如璧」，先儒言王道，曰「如精金美玉」，皆謂其至純、至粹、至精。非如俗學之名利，霸者之驩虞，疵累之未消，而粗惋之未化也。臣愚見如此，未審是否。

消息盈虛

臣謹案消息盈虛，亦於時見之。春爲陽氣之息，夏爲陽氣之盈，秋爲陽氣之消，冬爲陽氣之虛。息則盈，盈則消，消則虛，虛則又息也。在時序爲消息盈虛，以世運言之，則曰治亂盛衰。治猶陽氣之息，君子道長，民物孳生，如歲之春，溫厚之氣行，而草木萌動也。盛猶陽氣之盈，人民衆多，物力豐阜，如歲之夏，炎熱光明，而品物繁庶也。亂猶陽氣之消，君子道憂，民物殘剥，如歲之秋，肅殺之氣行，而草木摧傷也。衰猶陽氣之虛，人民蕭條，物力耗匱，如歲之冬，寥落慘澹，而萬類彫枯也。是故易之取象，以天道之消息盈虚，倣人事之興衰治亂。雖然，一歲之消息盈虚，天爲之也。天爲之者，雖有生長收藏，而於物無傷。其消與虚也，乃陽氣斂息之常，正所以爲發生之機也。一世之盛衰治亂，人爲之也。人爲之者，欲動情勝，利害相攻。其亂與衰也，至於逆天理而悖天心，人道或幾乎熄矣。是何也？天心之仁，萬古不變，而人欲之肆，横流無窮。故方其衰亂之極，復開治運，如沍寒之後，再啓陽春。此天心之不變者爲之也。由此觀之，治生於天者也。方其盛治之極，變爲衰亂，則民物相殘，而與草木之順化凋零者異矣。此人欲之横流者爲之也。由此觀之，亂生於人者也。

吉凶悔吝无咎

臣謹案人事之有吉、凶、悔、吝，亦如四時之循環也。吉屬春，吝屬夏，凶屬秋，悔屬冬。吉者祥和之氣，故屬春。然吉之後，必有肆意徇情之事，而可羞吝者。亦如春後之有夏，陽盛既極，微陰萌生也。凶者慘殺之氣，故屬秋。然凶之後，必有愧恨感悟之心，而圖改悔者。亦如秋後之有冬，陰道既窮，一陽來復也。恥過作非，可以招禍，故吝必致凶。亦如夏後之有秋，陰氣漸盛，必至摧傷也。改過遷善，可以求福，故悔必致吉。亦如冬後之有春，陽氣漸長，馴致休和也。吉者必有所得，凶者必有所失，悔者必有所憂，吝者必有所虞。虞者，安也，樂也。吉凶其已著者也，故曰言乎其失得。悔自凶而趨吉，吝自吉而向凶，其未形者也，故曰言乎其小疵。四者之外，又有所謂无咎焉，則如四時之有沖氣也，又如五行之有土也。人無日不在吉、凶、悔、吝之中，亦無日不欲避凶而趨吉者。然避凶之心勝，必至於害而苟免。趨吉之心勝，必至於利而幸邀。惟君子之心則不然，曰吾求无咎而已。求无咎者，修其可吉之道，而無心於獲吉。至於既吉，而其惴惴於无咎之心常在也。去其取凶之道，而亦無意於避凶，不幸而凶，而其怛怛於无咎之心常安也。是故「震无咎者存乎悔」，悔者所以能无咎之機也。悔而无咎，則可以至於吉矣。吉而无咎，則不至於可吝矣。吝而无咎，則必不至於凶矣。凶而无咎，則亦無所可悔矣。故曰：「懼以終始，其要无咎，此之謂易之道也。」凡此者，皆以常理言爾。天下固有作惡而獲吉，修善而遇凶者，然此其變也，非常也。變者不足以勝常者，故曰「貞勝」。貞者常也，言以常者爲勝也。天地陰陽，亦有愆過，然而以常者觀示也。日月光景，亦有災謫，然而以常者著明也。天下之動，氣數參差，人事錯糅，固紛然而不齊矣。然既以常道爲勝，則其所常者，豈有出於一理之外哉？故曰：「天下之動，貞夫一者也。」禹曰：「惠迪吉，從逆凶，惟影響。」益曰：「滿招損，謙受益，時乃天道。」成湯曰：「天道福善禍淫。」伊尹曰：「惟上帝不常，作善降之百祥，作不善降之百殃。」此之謂貞夫一，而其道常伸於千古者。彼夫回邪之福，无妄之災，時所偶致，不久而復其常耳。吉、凶、悔、吝，生乎動而貞乎一，此易所爲因貳以濟民行者也。

易與天地準章

或問：「『易與天地準』以下，言聖人窮理盡性至命之事，無與於易，何也？」曰：「章首以『易』字冠之，則是三節者，皆言易也。首節自『易與天地準』至『情狀』，是言易之作，盡天下之理也。準者則也，效也，所謂天地變化，聖人效之是也。蓋仰而觀象於天，俯而觀法於地，則知陽明陰暗，陽施陰納，幽明之故可通，而易中之晝夜有自來矣。遠取諸物，而原其所以始，反其所以終，則知陽變陰化，死生之説可悟，而易中之進退有自倣矣。近取諸身，精氣聚而爲體質之軀，魂魄交而生思慮之變，則知陰靜陽動，陽伸陰屈，而鬼神之情狀可測。凡易中之成變化而行鬼神者，莫不自此通矣。自『與天地相似』至『能愛』，是言易之既作，體天地之性，而與之相似也。陰陽、剛柔、仁義，是三極之道，性之蘊也。天道光明而下濟，故易之一陰一陽，周遍无方，而其實理皆濟乎事物者，天也。地道順天而有常，故易之一陰一陽，旁通不滯，而其定理皆截然方正者，地也。天以理爲主，而涵氣數之變，故易中三極之道，有以樂天理矣，而復可以知氣數之命。此其道所以不憂，而與高明者遊也。地在氣之中，而含生物之性，故易中三極之道，有以處氣數矣。而復有以厚所性之德，此其道所以能愛，而與博厚者體也。自『範圍天地』至『无體』，是言易之既作，至天地之命，而範圍其化育之功也。萬物者化之迹也，易之理，陰陽迭用，能曲成之而不遺。晝夜者化之機也，易之理，陰陽互根，能貫通之而周知。所以然者，化者變易而已。天地有存主之神，合一不測，故其推行之化，通復不窮。易之神合一不測，如天地之无方，則其易通復不窮，亦如天地之无體也。大抵此三節，是申第二章變化進退之義。故第一節，以進退、晝夜言也，第二節，以陰陽、剛柔、仁義三極之道言也，第三節，又合陰陽、剛柔、仁義、進退、晝夜而統言之也。」

堯典五條

「厥民析」之類，驗之於民也。「鳥獸孳尾」之類，驗之於物也。然百穀草木之生落榮枯，乃時變之著者，而不及之何也？蓋言東作，言西成，則是專主耕穫之事爲重，而百穀草木，皆在其中矣。

堯時，冬至日在虚，今則在箕矣。古法皆以爲日行有差，實則日行無差也，其所以差者，由於恒星有行度耳。古人以恒星即爲天體，亘古平運，而日月五緯之行，有速有遲。

新曆則以亘古平運者爲宗動之天，一氣渾轉，無光象者也。恒星與日月五緯，皆行於其中。日，日行一度。月，日行十三度奇。金、水隨日，亦日行一度。火，二日行一度。木，十二日行一度。土，二十八日行一度。至恒星，則六十七年奇乃行一度。因恒星之行最遲，故人莫之覺，而以爲不動耳。惟恒星六十七年奇而移一度，故日躔之在恒星者，亦六十七年奇而差一度。今改歲差爲恒星行，理異而法同也。

王氏克耘以「寅賓」之類爲曆象日，「星鳥」之類爲曆象星者，極確。然未言曆象月辰者在何處也。蓋「曆象日月星辰」一句，是總綱，「分命」四節，則曆象日星之事也，「汝羲暨和」一節，則曆象月辰之事也。日紀於星而成歲，故有分至啟閉之節。月會於辰而成月，故有朔晦望弦之分。分至啟閉者，民事之所關也，故以定其節候爲先務。朔晦望弦，雖非民事所關，然亦於天道相爲經緯，而於庶政相爲紀綱者，非有以參合而整齊之，則亦五紀亂而歷數乖矣。是故測日晷，考中星，是所以曆象日星，而使分至啟閉之無失節者也。推交會，置閏餘，是所以曆象月辰，而使朔晦望弦之無失期者也。必至是而後曆事就，故上云「敬授人時」，而此以「定四時成歲」結之。

「克諧以孝，烝烝乂，不格姦」，似當專承象傲而言。蓋「諧」之一字，非所以用於事親，而「姦」之一字，亦非所以施於父母也。夫父母之不愛舜，以有象耳。使舜不能與象和諧，則益拂父母之心，安能孝乎？故能和諧於象者，乃其所以盡孝也。象之姦甚矣，驟欲格而正之，適長其惡耳。舜惟以和氣薰蒸而嘿治之，而不格正其姦惡。如孟子萬章所述之事，雖未必有之，然亦可想見其親愛和厚，而無幾微藏怒宿怨之心也。

人不能順于父母者，由不能和于兄弟也，不能和于兄弟者，由不能刑于寡妻也。故凡人之情，有妻子而友愛薄，友愛薄而孝道疎矣。堯聞舜之孝友，而又聞其有鰥，故曰：「我其試哉。」欲試其既有妻室，而能孝友之不衰也。

舜典六條

舜「濬哲文明」，則非啓明而嚚訟者比也。「温恭允塞」，則非象恭者比也。五典從，百揆叙，四門穆，則非方命圮族者比也。「乃言底可績」，則亦非靜言庸違，而績用弗成者比也。一一與堯典相對。

正日正字，非用力字，蓋如正月之正，乃是日之端首，謂二至二分之日也。此處不差，則其餘皆不差。如五器，孔説亦有所據，然於如字費解，不若從傳。

肇州節，疑即使禹治水之事。肇非獨訓始，如所謂「肇修人紀」、「肇造區夏」，皆有整而理之之意，即所謂「九州攸同」也。封山，即所謂「九山刊旅」也。濬川，即所謂「九川滌源」也。其州數與禹貢不同者，疑舜之前，原有諸州之名，舜始定爲十二。至禹治水，又並爲九。未必舜之肇州，在禹治水之後也。殛鯀與禹是一時事，如此則無嫌於在四罪之前矣。

經理山川及明刑，兩事最大，故舜首重其事，而其後必使禹、皋陶專掌之。四罪一節，上係明刑之次，以見刑法之服人心，下起咨牧命官，以見用賢之先去惡也。如堯典亦先記其辨共、驩、伯、鯀之奸，然後能咨岳以舉舜，義例相似。

以服字對宅字，似當爲衣服之服，如赭衣之類是也。三就，應氏可備一説，然對三居言之，亦當以古説爲愈。

陳氏以命專爲君命，與傳義異。然命即言也，納言是官名，納兼出，納在其中，言兼命在其中。如今勅書與章奏，自君視之，則皆國家之政事，均謂之命可也。

人心道心

人心，人欲也。道心，天理也。兩句分別極明白。然試於人身驗之，則口之於味，鼻之於臭，耳之於聲，目之於色，四肢之於安逸，所謂人心也。貌之恭，言之從，視之明，聽之聰，所謂道心也。二者同出於耳目口鼻，而有天理人欲之辨，何哉？蓋聲色臭味，生於耳目口鼻者也，恭從明聰，則雖發於耳目口鼻，而非生於耳目口鼻者也。無主宰是者，而使耳目口體，徇其聲色臭味之好，是心役於物也。性制於形，志受命於氣，是之謂人欲之流。有主張是者，而使耳目口體，效其恭從明聰之職，是心役物也。形制於性，氣禀命於志，是之謂天理之正。譬之一家，主人用事，而妻妾、子弟、奴僕，聽命分職，則所爲莫非正理。如妻妾、子弟、奴僕，各行其志，無所檢束，則人人私意用事矣。又如一國，大君制命，則自左右近習，至於百官有司，莫不守法奉令，惟理之循。不然，則臣下各行其私，政事豈有不亂者哉？就耳目口體中分别理欲，其大致不過如此。孟子曰：「耳目之官不思而蔽於物，心之官則思，先立乎其大者，則其小者不能奪也。」蓋此意也。夫聲色臭味，耳目口體之所欲也，恭從明聰，則豈爲適耳目口體之欲而然哉？蓋天生蒸民，有物有則，其本然之理，當如是也。南軒張氏曰：「無所爲而爲者，爲天理。」蓋此意也。

蒹葭

序者以蒹葭喻秦俗，白露喻禮義，闊矣。何不曰蒹葭者守禮義之士，而白露者爲秦俗乎？歲寒然後知松柏之後雕，蒹葭蒼盛，而霜露既降，則惟有晦隱以善其身而已。是以影響昧昧，若恐聞於人，而混迹人間，初不異乎衆也。

下泉

「洌彼下泉」，説者以洌泉喻衰政，蕭稂喻下國，似非詩意。易曰：「井洌寒泉食。」泉之洌者，宜乎溉良田，殖嘉穀也。今所浸者，苞稂耳，苞蕭耳，苞蓍耳，此所刺與候人同意。蓋爵禄不加於善士，而惠澤不下於良民，皆亂國之常也。如是，則何爲而念周京乎？以王命不行，故小國無政。若四國有王，如郇伯者奉命布之，則陰雨之所膏者黍苗，彼稂莠蓬蒿，安得奪其潤哉？

常棣

常棣，思兄弟也。首章言「凡今之人，莫如兄弟」，而次四章皆申其意。蓋朋友之墓，有宿草而不哭焉，則原隰之裒，惟兄弟求之而已。朋友有同患憂歎之情，而無不反兵之義，則急難禦侮，亦惟兄弟赴之而已。曾是無喪無亂安寧之時，而謂兄弟之好，反不如友生乎？故曰莫如兄弟也。後三章，則言友于之道。凡兄弟之情不親者，乾餱之愆，而妻子之言間之也。常人孺穉之時，兄弟同食同嬉，故其情相篤，長而日益遠焉，則疎矣。故必籩豆酒食，日相飽飫，則兄弟備在，莫遠具邇，而無異於孺慕時也。常人未有妻子，則其情專，一有妻子而不同心，則骨肉爲之離間。故必妻子好合，如瑟琴之同調，則兄弟爲之聯聚，不但和樂，而且耽慕以終身也。然則敦兄弟之好者，必宜爾室家，而無有忿爭之事，樂爾妻孥，而無有離異之端，然後兄弟之情可終。人試究之圖之，此豈不誠然乎哉？後三章之意如此，與舊説異。

伐木

伐木，思朋友也。然其後及於諸父、諸舅兄弟云者，此詩蓋與常棣相首尾。常棣之詩，疑於朋友不如兄弟矣。然朋友者，同氣相求，同聲相應，以德義相成就，去暗昧而即高明，若出幽而遷喬也。可以人而不如鳥乎？然而世之朋友，多所謂酒食游戲相徵逐者，故有薄其所厚，而雖有兄弟，不如友生者矣。必也友朋之驩，自父舅兄弟先之，友朋之樂，與父舅兄弟共之。然後親疎厚薄，不失其倫，所謂不順乎親，不信乎朋友者，其相孚之誠，相成之義，亦不能舍此而見取於賢人君子也。是故常棣之詩，得伐木而其理始備。

鶴鳴

鶴鳴之詩，盡取友求益之道。鶴鳴聲聞，誠則必動，易所謂「居室言善，而千里之外應」也。在渚在淵，心同跡異，易所謂「君子之道，或出或處」也。樹檀矣，又有擇穀焉，尊賢容衆，易所謂「包荒」也。石以攻玉，取益無方，風所謂「採葑採菲」也。上截是一意，皆言其志合道同者。下截是一意，皆言其弘收節取者。

白駒

白駒，勸隱之詩也。賢者之去，同僚惜之，故欲縶維朝夕，而喜其賁然相顧。然又決之曰行也，使爾爲公爲侯則憂深責重，暇豫未有期矣。韓子云「子之中棄，天脱曅羈」是也。優游者，猶豫遲迴之意，言其不必優游，而可以勉決其遁思。士大夫之相勇於去如此，其周德之衰乎？亂章乃望其音問之常通，此則朋友之情也。

小宛

鳩一生九子，以爲兄弟之喻。鳩飛戾天，喻人之能自奮也。故思念父母，其心憂耿，達於明發，則其守身之志決矣。惡旨酒者，以顧養也，畏天命者，子之翼也。中原之菽，蕃其種也。螟蠃之子，肖其類也。草木昆蟲，猶有種類，人受教誨於父母，而不以善似之可乎？此所以日月征邁，以求無忝。此兩章，申有懷二人之意也。桑扈而啄粟，瘝寡而岸獄，民物失所甚矣。當此之時，何以修身而避咎乎？溫溫矣而惴惴，惴惴矣而戰戰兢兢，惕彌深也。集木矣而臨谷，臨谷矣而履冰，危彌至也。此其所以守身，而庶幾其不辱親也。此兩章，申「各敬爾儀」之意也。

蓼莪

蓼莪，思親也。孔子曰：「立身行道，揚名於後世，以顯父母，孝之終也。」傳曰：「父母既没，欲爲善，思貽父母令名，必果。欲爲不善，思貽父母羞辱，必不果。」蓼莪孝子，其斯志也夫。父母有善而不能繼，不猶「蓼蓼者莪」之一變而爲蒿蔚乎？然則劬勞憔悴而生我者，不能無忝所生，是亦可哀也已。缾受酒於罍者也，缾罄則罍耻。子受身於父母者也，子而無善可稱，則是爲父母羞辱而已。故寡德之民，其生也不如死之久，哀之至也。失其怙恃而銜恤靡至者，情也。念其生成鞠育而思報其德者，義也。南山之茂，而飄風摇落之，則其草木㦬不滋矣。父母之年，而奄然奪之，則其子安能成立乎哉？穀善也，害傷也，人莫不善，而我何罹傷？人莫不善，而我何不終？蓋終篇皆有自責意焉，如徒曰遭亂感時，則寡味矣。

楚茨

「楚楚者茨」，始言祀先祖，饗神保，降神迎尸之事也。繼言賓客助祭，共爲獻酬於神，三獻之事也。「笑語卒獲」，非謂人之笑語。記云：「齋之日，思其居處，思其笑語。」於是見祖宗之如在，則所謂笑語卒獲者矣。繼言工祝致告，飲福受嘏之事也。繼言送尸廢徹，而備言燕私，則祭畢而燕於寢之事也。祀事之始終大致，盡於此詩也。

旱麓

「瞻彼旱麓」，終篇多以時物起興。旱麓廣大，則榛楛濟濟矣。君子有愷悌之德，協於山川，福禄之生也，亦濟濟焉而已。有玉瓚則黃流注之，君子有愷悌之德，比於金玉福禄之降也，亦舍是安適哉？然而愷悌之實，作人是也，物各從其類，而君子善類之宗。故韓子曰：「志同而氣合，魚川泳而鳥雲飛也。」此愷悌之實也。清酒騂牡，序其事也，有干禄之本，有愷悌之實，然後可以修祀事而祈大福矣。有柞棫之材，則民之所燎也。有君子之德，則神之所勞也。此祈福而神報之之應也。條枚正直，而葛藟自附之。君子修德，而正直感通，其求福也，豈有邪曲之行哉？終干禄愷悌之意也。

臣工噫嘻

臣工、噫嘻，祭稷詩也。句龍主社，而棄主稷，三代共之。周家受命推后稷爲太祖，郊祀配天，則社稷之祭不敢斥言后稷，故呼保介之神而祝祈之。先儒所謂農官之副是也。先嗟嗟於臣工，代神命人之意。後嗟嗟於保介，代人祈神之辭也。春之既暮，麥秋將至，故欲其助上帝以錫康年，使我得率衆人以觀刈穫。後章又言自周公相成王，制禮秩祀，而既昭假於爾有神矣，故爾當率是農夫，以勤耕而終事。蓋其生也專職，則没世主之。二詩繼思文之後，故知爲郊社相附也。嗟嗟噫嘻，稼穡艱難，念民命而發歎。夏有雩祭，取於吁者以此。

榕村全集卷二十四

講義二

論語詩三百章

「詩三百，一言以蔽之，曰思無邪。」非言作詩之人思皆無邪，亦非言詩之辭義無邪，蓋言詩之爲教，所以禁止人邪心而已。「無」字亦當與「毋」通。夫子言「詩三百」篇，而其爲教，則可以一言蔽其義，不過禁止人之邪心而已。夫先王之教，詩、書、禮、樂，孰非所以收放心、養德性之具。然至於諷詠優游，感發興起，使人之邪慝自消，則未若詩教之切。詩之爲教，人事洽於下，天道備於上。然其要，所以道性情，使人以勸以戒，則蔽其義者，未若「思無邪」一語之精也。此「思無邪」三字，與「毋不敬」語氣相似，皆當作戒詞看，則文意自然明白。「詩三百」亦删後之詩，所以垂世而立教者。纔道「詩」字，便有「詩教」二字意在裏面，非尋常謌謡絃誦之詩也。若言作詩之人思皆無邪，則如鄭、衛許多篇什，序文雖以刺淫釋之，然極有辭意穢褻，不似諷刺者，真不可通也。朱子與東萊吕氏反覆辨難，其差在此。然緣當日未指出此章「無」字作戒詞，故使文義解釋之間，亦多勉强，而終無以破東萊之疑也。

點爾何如節三條

夫子與點處註，當分作三段細看。「曾點之學，蓋有以見夫人欲盡處」云云，是一段，乃言前意思，故其動静之際從容如此。「而其言志」云云，是一段，乃言中意思。「而其胸次悠然」云云，是一段，乃言外意思。在點當日言志，不過以己未願仕，但就目前之境而樂寓焉，就目前之樂而志存焉，如此而已。推其所得力，則必其見地透徹，世間利欲無所入於其心，故能超然自得如此。且以其言外之意觀之，則又浩然有與天地萬物同流得所之妙。故程子以爲已見大意，又以爲堯、舜氣象，皆自他人觀之如此耳。非是點胸中便横塞了許多天理，又著了一段堯、舜氣象也。

夫子明言「如或知爾，則何以哉」，而點絶不及酬知之意。蓋點所對，謂不願仕也，故先發其端，曰「異乎三子者之撰」，非是抹了三子，蓋即自述不願仕之意耳。子曰「何傷乎」，或出或處，「亦各言其志也」。點即言其志之所樂，樂之所寓。此與漆雕開不願仕之意同。而點高明和樂，有狂者之風，漆雕開沉潛篤實，有狷者之操。故夫子一説而一與之，而程子以爲皆見大意也。

點也之樂，固可以庶幾於顔氏之樂，然春風沂水之樂，則與陋巷簞瓢之樂不同。何也？陋巷簞瓢本無可樂，顔氏之樂，不以陋巷簞瓢。而改春風沂水，原有可樂，點也之樂，則以春風沂水而見。推點之樂，亦將可以無往而不存。但就其所言之志觀之，則見其藹然和樂，而有對時育物之意。故知道者往往有契於其心，推而極之，則以爲堯、舜氣象也。

不患寡而患不均節

「不患寡而患不均，不患貧而患不安」，下文解釋當云「蓋均無寡，安無貧」，方與上文義相對。今乃不然，又添出「和」字、「傾」字，此見聖人立言之精密。而解者往往失之，故爲之説曰：「均則無貧矣，何寡之足患？均而和則並無寡矣，和而安則並無傾矣，何貧之足患？」此但取其文意相足而已，未得聖人立言之意也。蓋凡物兼並則多，均分則寡，均未必無寡也，富者多危，貧者多安，安未必無貧也。古人之意，以爲寧寡而不可使不均，寧貧而不可使不安。故所患者在彼而不在此。夫子又推論其理，謂古人所以不患寡而患不均者，蓋均則各得其分，不相侵奪，雖或有寡，不至於貧。且均則各得其分，不相侵奪，其和可知。和則有無可以相資，盈虛可以相濟，並可不至於寡矣。此古人所以貴於均也。古人所以不患貧而患不安者，蓋安則內變不生，外釁不作，雖或不免於貧，而決不至於傾矣。夫爲國家計者，慮傾危耳，無傾危之慮，則貧猶不足患，而況於寡乎？此古人所以貴於安也。

孟子不動心章

或問不動心章。曰：「是必先知告子之說，而後有以得孟氏之意。蓋告子之事心也，以爲吾儒之事心者外也，或憑依於語言文字，而以識見知解爲心，非心也，或倚附於綱常名義，而以氣魄精神爲心，非心也。故其說謂，若不得於言，則但以言視之可耳，而不可求之於心。蓋求之於心，是以言爲心也。不得於心，則但於心求之可耳，而不可求之於氣。蓋求之於氣，是以氣爲心也。其學自有明心之法，而不在於識知見解之間。自有定心之術，而不藉於氣魄精神之用。最與後世釋氏之道相近，故能倡性命之說，與孟子爭衡。而不動心之效，實堅且速，稊稗之熟，先於黍稷之秋也。」曰：「孟子之非之也，如何？」曰：「孟子之意，以爲氣魄精神之用，較之於心，容有本末之可言。至若心以知爲體，以思爲職，奈何以言之不知者，而以爲非心乎？且究極言之，志氣亦一體而相爲本末，非截然二物也。故曰志至、氣次云者，言志之所至，氣必至焉。即下志壹動氣之説也。蹶趨之所動者氣也，而心亦震掉驚悸者久之，況夫卒然之臨，積盛之勢，其氣之動有萬於蹶趨者乎？此則氣壹動志之説也。志之當持，而氣不可暴也明矣。暴猶害也，害其氣者，失養者也。以直養而無害，明不可暴也。譬之樹然，志則根也，氣則枝也，撥根則傷枝，然披枝則亦敗其根也。譬之水然，志則源也，氣則瀾也，塞源則絶流，然堙流則亦潰其源也。由斯以言，告子以氣爲非心者，亦豈識心者乎？」曰：「孟子所以異於告氏何也？」曰：「孟子不以言爲非心，故必知言也。不以氣爲非心，故善養其浩然之氣也。至大至剛，以氣之本體言也。其所以塞天地者，配道義者爲之也。氣與道義渾然一物。告子之不知氣而外氣者。其原生於不知義而外義也。告子視一切之義，以爲皆安排裝綴而有，故視夫人之養其氣者，亦以爲假區區之義，震厲張王而生，皆非心也，皆非内也，故不足事也。孟子謂我之浩然之氣，是集義而自然生者，非借義而可掩取者。蓋此借義掩取之人，其行必有不慊於心，而氣隨以餒矣，安能如是其浩然常存者乎？告子乃獨不察於此，而以義爲外，以氣爲非心。我故不獨曰告子不知氣，而曰告子不知義也。是故人之事心也，但當有事於集義，而不可取必於心，又不可忘、不可助長，則庶乎其可耳。四者相因，然其病至助長而極。告子之外義也，無事而忘者也，其先我不動心也，取必於心，而助之長者也。宋人以有事於芸，爲無益於苗，故揠之以助長於苗。告子以有事於義，爲無益於心，故制之以助長於心。孟子之意，若曰苗則槁矣，其先人而長者，是宋人之害其苗也。吾恐心亦槁矣。其先我不動者，豈非告子之害其心乎？蓋後代釋、老之學，棄捐倫理，而立定坐忘，直指人心，而成佛見性。其道冥然，正與告氏同歸，而背孟子之所大戒也。彼方以爲心學大成，而自聖賢觀之，其心則已枯槁而不足用矣。」曰：「襲取亦有正助之病否？」曰：「固是。但襲取是襲取氣，其所助在氣。告子不求於氣，而直取必於心之不動，其所助在心。襲取氣者較粗。」曰：「其以持志爲言何也？」曰：「此因告子不得於心，勿求諸氣之云而言。告子之不以氣爲心，故不得於心，則但當强制其心而已。持志者，制其心之謂也。夫持志之功，吾儒亦有之，但吾儒所持者，義理之志，持之之功，貫動静而不偏。告子所持者，空虚之志，持之之功，偏於静而無用。是則不待究論夫氣，而所謂持志者亦已非矣。孟子不之言者，以方較量志氣而未暇及。至下所謂無事而忘，正心而助，則正指其持志之誤，而不動心之適以害其心也。」曰：「朱子或問之云，及程子之説，似以持志爲敬以直内之事，而集義養氣爲義以方外。信乎？」曰：「以字義觀之，似矣。細尋文義，則持其志者，即不動其心之別名也。然氣不在心之外，則養氣之功，亦不在持志之外也。告子持其志而必外其氣者，空虛之心也。孟子持其志而不暴其氣者，義理之心也。是告子以置氣者求心，而孟子以求心者養氣也。以求心者養氣，而氣之成則爲有輔於心，此所以其道一貫，其用同歸也。必有事焉而勿正，心勿忘，勿助長，持志之事，養氣之功，不動心之要也。若曰何者爲敬，何者爲義，何者爲事於義，何者爲事於心，則恐觀者割裂穿穴，紛如亂絲而不可治矣。」曰：「告子之亦得爲持志者，何也？」曰：「程子固言之矣，釋氏敬以直内則有之，義以方外則無也。夫學豈有義外之敬，敬外之義哉？釋氏無義，烏有所謂敬？就其近似而言之耳。故程子又曰，既無義以方外，即直内豈有是處也。告子持志，何以異是？」曰：「孟子之喻志氣交動，而有取於蹶趨，何也？」曰：「凡氣之動於外者，兩端而已。一則驟感而不能持也，一則方盈而不能止也。如蹶者之傾跌爽容，如趨者之喘息未定，舉是類之，天下傾危嶮岨之乘，吾身蕩軼馳騖之餘，其爲蹶也趨也大矣。而氣有不撓且亂，而心有不惶且惑者乎？」曰：「詖淫邪遁何謂也？」曰：「以正路譬之，詖則稍偏側爾，淫則一出一入於此疆彼界之中也。邪則棄大路而趨小徑，遁則陷草莽，墜荆棘，而無所於歸矣。蔽陷離窮，以此意求之，則得之矣。」曰：「此其爲指人言耶，己言也？」曰：「人言、己言，等言也。孟子所謂知者，他人之言也。然而曰聖人復起，必從吾言，則自知其言之不易也。告子所不知者，亦他人之言也，而既入於詖淫邪遁而不自知矣。是故其不動心之病，生於外言與氣，外言與氣之病，生於外義，外義之病，生於不知義。不知義故不能知言，外義故不能養氣。於是而能不動其心者，祇以害其心而害及於政事而已。」或曰：「告子既無事於言，而何詖淫邪遁之有也？」曰：「夫言與氣，烏得而無也。釋氏自謂芟去語言，不立文字矣，而荒唐之説，爛熳而無極。自謂不著色相，無所滯礙矣，而張皇震耀，神通變化之迹，方且以爲美譚。此與告子之詖淫邪遁，正心助長，正相等耳。告子蓋亦知言與氣之不得而無也，至所欲無者義也，欲無義，不得不以言與氣爲粗而外之。故自論知言養氣以下，舍曰告子不知言，不知氣，而曰不知義云。」

禹掘地而注之海節

尚書禹言：「予決九川，距四海，濬畎澮，距川。」此其治水之規模次第也。蓋先使大水歸海，而後使小水入川，則下流既通，而上源自滌。故禹貢紀經營九州之序，始於冀、兗，次及青、徐、揚，然後次及荆、豫，以終於梁、雍者此也。此節言掘地而注之海，即決九川，距四海之事。下文所謂水由地中行，江、淮、河、漢是也，即濬畎澮，距川之事也。蓋前此者，懷山襄陵，水不行於地中。今行於地中，而有江、淮、河、漢之名，則泛濫之水，各有所入，而無復浩浩滔天之勢矣。當水未入海，則蛇龍居之，民之大害在此。掘地注海，則遂驅蛇龍而放之，先除其大害也。然山林川澤，險阻之處，鳥獸盤踞，以害民者尚多，必待水由地中，處處循軌，所謂「九山刊旅，九川滌源」，然後險阻盡平，而鳥獸之害亦消矣。先海而後江、淮、河、漢，先蛇龍而後鳥獸，各以害之大小輕重言，而施功之次序，因亦可見。下者爲巢，避蛇龍也，上者營窟，避鳥獸也。得平土而居之，則二者之患亡矣。

周室班爵禄章

諸侯之卿，不命於天子者，其禄秩與大夫等，命於天子者，不論大小國，其禄皆當四大夫也。但大國三卿，皆命於天子，故視大夫四倍。次國三卿，二卿命於天子，其一與大夫同禄，則以三卿與三大夫總較，惟三倍耳。小國三卿，一卿命於天子，其二與大夫同禄，則以三卿與三大夫相較，惟二倍耳。故曰：「次國之上卿，位當大國之中卿，中當其下，下當其上大夫。小國之上卿，位當大國之下卿，中當其上大夫，下當其下大夫。」當大夫者，皆非命卿也，秩既相當，禄亦相等明矣。

中庸仁者人也親親爲大二節

以五品五常配四序而論之，父子主仁而屬春，君臣主義而屬秋，此陰陽之純，仁義之正也。兄弟近父子而殺於父子，則自仁而即義。朋友近君臣而殺於君臣，則自義而即仁。故長幼之序，主禮而屬夏。夏在春秋之間，禮在仁義之間也。禮之窮處則恐文勝實，故朋友又主信而屬中央土也。夫婦之分，繼乎君臣，而道開乎父子。父子兄弟，天合者也。朋友君臣，人合者也。夫婦男女兩體，則是人合之終，是生父子，則又爲天合之始也。明所生於天地，知自别於禽獸者自此始，其道亦仁義參焉，故主智而屬冬。此二者又陰陽之交，仁義之互藏其宅者也。天地之陰陽大會在夏，不大會則不别，故秋繼之。長幼朋友，人倫之大會也，爲其統四海皆兄弟也。陰陽大别在冬，不大别則不合，故春繼之。夫婦人倫之大别也，爲其本兩人之身也，是以聖人因其會而嘉其會，因其别而厚其别也。此言仁義禮之施，親親賢賢以及等殺，其管乎五達道者備矣。於智不言所施，何也？曰：知人知天者，智之所施也。知人知天者，乃專言之智，猶修道以仁，乃專言之仁，故無專屬也。雖然，知人知天者何哉？知其所以生生云爾。周子曰：「乾道成男，坤道成女，二氣交感，化生萬物。」此生生之原也。知人知天者，亦知之於此而已。西銘亦以天地父母推究，然後有以明體性之所自來。則智之爲知人知天，而分屬乎夫婦者，其道大矣，又豈容以居室之近屑屑言之乎？

至誠之道可以前知章

有人問：「前知之學，聖人不貴，而中庸稱至誠之道，可以前知，何也？」曰：「貴者理也，不貴者數也」。「理與數二乎？」曰：「理者天之意，天之意當知者也。數者天之事，天之事不當知者也。有人於此，於子親而厚，凡子之所行所爲者，彼必知其意焉，則子悦之。何則？人之意，未有不欲人相知者也，況天心之至公乎？若子之所行所爲者，彼必察其事焉，則子尤之。何則？人之事，未有盡欲人預知者也，況天機之至幽乎？且夫知子之意，則事有若相反者，而彼不疑也。而覩子之事也明，察子之事，則意有若相反者，而彼不知也，而誣子之意也甚。斯二者，天人之故也，子何懵焉。」曰：「易言極數知來，何也？」曰：「聖人者，知天之意，又察天之事者也。雖然，其察也以迎，不以豫。或天既動焉，或人既動焉，因而推之，是之謂迎。若天未動焉，若人未動焉，從而推之，是之謂豫。迎則幾之有兆者也，而濟民行也深，豫則術之無端者也，而惑民志也大矣。是故京、郭之流，古謂之亂常人，康節之學，程、朱猶不尚焉者此也。」其人曰：

「子之論可謂高明。」

周子太極圖説六條

周子言動静在兩儀先。蓋自漢以下，説天地者多如此，謂未分天分地之初，當有瞬息不停者，爲元氣未嘗死之驗。横渠所謂塊然之氣，升降飛揚，未嘗止息，然後浮而上，降而下，以分清濁。亦此意也。然此直懸揣之耳，兩大未全，固莊生所謂存而不論者矣。孔子作繫辭傳，先言天尊地卑之定體，次及雷霆風雨之鼓動，寒暑之運行。其贊易象也，亦以天地定位者先之，然後及於雷動風散六子之用。此則聖人之言天也。故曰：「天地設位，而易行乎其中矣。」又曰：「乾、坤毁則無以見易。」

一動一静互爲其根者，氣之流。分陰分陽兩儀立焉者，質之對。陽變陰合而生五行者，質之對。五氣順布四時行焉者，氣之流。陰陽則先氣而後質，五行則先質而後氣者，何哉？曰：動静，元氣之呼吸喘息也。元氣不壞，喘息呼吸不窮。兩儀則清濁判，上下分，開闢而後有者也。夫未生五行，則五者之名何有？五者生矣，故以其氣上配於天，造化則然，非苟於立言而已也。陰根陽，陽根陰，於動静言之，兩儀之立，其互藏者可以觸類而知。水陰根陽，火陽根陰，於變合見之。四時之行，其交根者，可以不言而喻。

圖解所謂「生之序」、「行之序」者，當善觀之。愚意謂當云，推其所由生，則水木陽也，火金陰也。指其所自盛，則木火陽也，金水陰也。生之序與行之序皆然。如此，則四時之分明，五行之性得，而於朱子之意，亦不相悖矣。

五行各一其性，偏所從起也。五性感動，過所從生也。過而不已則惡，惡者過之極而已矣。然則人生而靜之初，純粹至善，何惡之有哉？至哉！周子之言天人之際也。天地五行以生萬物，形神五性以出萬事，萬物終始於天，萬事生化於心，一也。此實三才合一之機，窮理盡性至命之源也。

天有陰陽，氣也，四時具之矣。地有柔剛，質也，五行統之矣。人有仁義，德也，五常該之矣。自無極以下，立人極以上，三才之藴備矣。故特舉大傳之言證焉。陰陽、剛柔、仁義，未及太極也，而所稱引止此。周子之意，以爲太極不離乎此也。夫離陰陽、剛柔、仁義，則無所謂太極，況離太極，而更有所謂無極乎？紛紛之疑，可以釋矣。

朱子謂陽也、剛也、仁也，物之始也，生之説也。陰也、柔也、義也，物之終也，死之説也。信乎？曰：其義精矣。萬物終始於天，萬事生化於心。萬物不出乎陰陽、剛柔也，萬事有出於仁義哉？通乎陰陽、剛柔、仁義之道，豈徒知形氣死生之説而已哉？所以死生之理，可體而順也。

通書誠上章

誠者，天之所以爲命，而人之性稟焉。聖人之所以聖者，盡性而已，非有加於性之外也。故曰：「誠者，聖人之本。」此句是一章之綱，以下皆發明其意。乾元者，天地生物之心也，萬物各得其心以爲心，是誠之所自來也，故曰源。乾道變化者，二氣五行之錯綜也，人得之以爲人，物得之以爲物，品質一定，不相假借，是誠之所以成也，故曰立。夫一元生生之理，固無有不善矣，及其變化以成萬物，則雖偏正通塞，雜糅不齊，然既有是性，則莫不有是善，故統而言之，則皆純粹至善者也。繼，即資始之謂，謂天人賦受之際，莫非善也。成，即各正之謂，謂萬物並育於天地之間，莫不有性也。引此二句，正以發明上文之義，至是而性之說明矣。又言其在造化者，元亨乃太極之動，實理之流行而通也，利貞乃太極之靜，實理之歸根而復也。此二句，是言天之所以爲命者，乃性之本也，其理皆具於易，故曰「性命之源」。

通書動靜章

動而無動，靜而無靜，即張子所謂「兩在」也，所謂「合一不測」也。動靜以陰陽言之，互爲其根者也。陰陽一神也，水火以五行言之，互藏其宅者也。五行一神也，所以然者，五殊二實，二本則一。惟其理之一，所以其神不二。神也者，其天地萬物之至一者與？理也者，其天地萬物之所以一者與？自五行而上，上而陰陽，妙於神，統於極，混焉者此神爲之，此理爲之。自五行而下，下而萬物，各一其神，各一其極，闢焉者亦此神爲之，此理爲之也。

通書聖學章

通書言作聖之功二，一曰思，二曰無欲。思所以致知而窮理，無欲所以養心而盡性。此即程、朱知行之學也。

通書理性命章二條

物各有理，然物顯而理微，故其彰者即其微者也。非通微之睿，孰能明之哉？氣質之生，有剛柔善惡之殊，惟善而又得剛柔之中者，則合乎性之本而至矣。天命流行，賦予萬物，故萬者本於一，一者散於萬。

理具於物之中，彰者至顯之象也，微者至隱之理也。性賦於氣之内，剛柔善惡稟氣之偏也，中者受衷之正也。命立於理性之原，一實萬分，乾道變化，各正性命也。是萬爲一，維天之命，於穆不已也。知顯之微，可與窮理矣。知偏之中，可與盡性矣。知萬之一，可與至命矣。此章之文，至簡而深，凡程、朱所言性與天道，一皆權輿於此。

通書精藴章二條

聖人之精，畫卦以示，伏羲之易是也。聖人之藴，因卦以發，文、周之易是也。精謂太極陰陽之本，藴謂萬事萬物之撰，立象以盡意故曰示，繫辭焉以盡其言，故曰發。惟其理之精也，故爲五經之原，惟其藴之富也，故天地鬼神之奥盡矣。

聖人之精，畫卦以示，邵子所謂「先天之學」是也。聖人之藴，因卦以發，邵子所謂「後天之學」是也。邵子又曰：「先天之學，心也，後天之學，迹也。」「心」、「迹」二字，出文中子，不如所謂「聖人之精」、「聖人之藴」者意義渾然也。

通書乾損益動章

乾乾不息於誠，主敬存誠之學也。懲忿窒慾，遷善改過，謹幾克己之學也。主敬存誠，則中庸所謂「戒懼」。謹幾克己，則中庸所謂「慎獨」。此章所謂「慎動」者，即謹幾也。然必於乾損益之外，又特申明之者，所以致丁寧之意。

通書家人睽復无妄章

大學云：「欲治其國者先齊其家，欲齊其家者先修其身，欲修其身者先正其心，欲正其心者先誠其意。」此章即大學之指也。前章言存誠以克己，此章言克己以立誠，首尾相需，聖學盡矣。

張子西銘

塞者，天地之氣也，化也。帥者，天地之心也，神也。化以迹言，故曰事。神以心言，故曰志。所以述之繼之，亦曰踐道於身，體道於心，而於體性之本然者肖焉。至於窮神知化，則德之盛焉爾。未能知化，則不媿屋漏，行合神明，踐道之事也。詩曰「夙興夜寐，無忝爾所生」，共爲子職者以之。未能窮神，則存心養性，事我天君，體道之事也。詩曰「夙夜匪懈，以事一人」，永言孝思者以之。

榕村全集卷二十五

頌

皇帝省方頌

皇上撫宇之二十八年，念九域安寧，疆理及於方外，區廣民繁，阜成惟亟。且吏道澄淆，土俗澆樸，既坐照於九重之上，穆清之中。然稽古神后，不廢時巡採風，詩聞謡誦，旌賢黜幽。施勸懲之典，視民好尚，知其淫辟奇邪而設教焉。是故望顔承幸，而爲之歡忭歌舞，服誨畏神，而爲之震疊恪恭。文象、詩、書、禮、傳之所昭垂，是爲制治保邦，諴民凝命之本。爰以正歲八日，再舉省方，扈侍之官，僅餘三百，芻茭之峙，郊遂靡供。臣謹案王通云，古者巡狩，而國不費，民不煩，護衛少而徵求寡也。方之聖代，毫末無取，徒旅不驚，豈特少與寡而已哉？甫涉山東，預免明年正賦，至江南弛舊逋，駐蹕浙江，詔蠲除獘賚，風厲禁飭凡十餘條。皇上所加意於黎元甚厚。所在循良吏，每擢以右職，常調不拘，賞舊勞，録死節，皇上所訓迪於臣工至隆。禮岱宗優嶽祀，南渡浙水，親祭夏后氏之陵。返駕鍾山，奠明祖而展拜焉。皇上所施敬於明神甚恭。河、淮二瀆，利害之説，自古棼然。在京時，羣臣表請臨閲，上可其奏。於是往返相度，躬親指授，聖謨之遠，洞若蓍龜。皇上所勤懷於國儲民命至悉。抑臣聞之，聖人之能感人而莫不悦者，仁也，誠也。臣等觀六御所經，氓民擁聚，雷動稽角，趨迎者懽呼，追扳者霣涕，芹菽之貢，無異私親。蓋書有父母之文，詩有子來之頌，亦言其誼均情等耳，從未有皤老髫穉，依戀輸跡之閒，日以數十萬爲羣者，竟三千里投懷趨膝，真如赤子之怙慈愛。臣等乃今所謂見而知之者，詩、書所稱，未足云也。非天下之至仁至誠，詎能與此乎？載考周詩樊之章、般之章，言時邁巡狩之事，皆有頌聲傳之無窮。皇上戢戈耆定，六服承德，蓋熙熙乎懷柔裒對之世矣。臣於是時，代匱清班，而且歷受皇上超遷眷顧，不世知遇。臣實叨之，每念高天厚地，曲成一物之恩，中夜汎瀾，未知所以稱塞。在諸臣之中，才藻最下，言詞最拙，不自度量，作爲頌詩，與衆旅進。知無能圖繪日月之光明，竊比葵藿傾向而已。謹拜手稽首而獻頌曰：

天命皇清，奄壹萬邦，攸函攸履，靡不率從。天命我皇，大皇清之烈，籲勺内狂，遂鉏外蘖。歲惟甲子，九域大定，東禮嶽宗，百神受命。薄觀其疆，至於南紀。兹已之春，肆浹五祀，民氣日康，民志日臧。皇謨孔長，皇心如傷。曷吏其肥，曷民其腓，曷風其微，曷俗其非。六御不嚴，三辰不練，載焉省方，曰民之見，知民所天。寬租已責，加惠東人。爰覃吳、會，知民所父，惟牧惟司。我進其良，顧貪者誰。雨露瀼瀼，含靈畢沾。或謳於序，或抃干閭，或喦於津，或拔於犴。順彼春陽，天施同散，黄流激激，南下清淮。今昔之議，或濬或排，孰抉羣瞀，需我皇斷。以洄揚瀦，以固徐漫，禋於宛委，思夏后之迹。朕方心其心，有不翼翼，忠厚之風，鍾阜之恭，天祚我盛德。夫安有窮，萌萌者黎，其性孔明，曷比匪仁，曷格匪誠。燕、越之袤，餘三千里，夾路緣隈，千萬赤子，扳攄睠戀，言出淚垂，非發天彝，而孰使之。臣之所聞，國惟民視，相厥歸皇，如怙如恃。臣之所聞，天在民心，相厥歸皇，犇淵鶩林。臣之所聞，民繄德懷，我皇之德，海蕩嶽崔。神人既洽，迅首歸路，皇極萬年，昭回百度。

表

進朱子全書表

玆者伏蒙皇帝陛下，命臣等編校御纂朱子全書，總六十六卷，刊刻已竣，謹裝潢成帙進呈。臣等誠惶誠恐，稽首頓首上言。伏以道光載籍，統承四子之傳，德備文明，象應五星之聚。非爲一時而出，樂有後聖之知，果不虚行，殆同親炙。蓋繼天出治，職兼總乎君師，而稽古右文，功乃隆夫作述。五百歲之遥源斯在，二千年之丕緒聿新。臣等竊惟危微心法，肇自伊耆，終始大成，集維元聖。中間言天言性者，則有禹、皐、成湯，言德言學者，乃由阿衡傳説，丹書垂乎敬義，周禮著夫中和，逮洙、泗而發揮無餘。歷漢、唐而明昧相半，直至濂溪，默契道體，親授二程，爰得考亭剖析精言，兼綜諸子，斯文賴以不墜，後學由此弗迷。然其道湮鬱於江沱，惟其書流行於海内，前代雖頒行學校，知德者稀。全編則剥蝕經坊，研精實寡。從未有紹其道，傳其心，典極累朝尊異之隆，文經乙夜校讐之久，如今日者。欽惟皇帝陛下，心晝羲爻，身符夏度，功巍文焕，猶兢兢業業以勅幾，仁熟義精，方矻矻孜孜而論道。謂朱子爲諸儒之醇粹，不難以聖而下學於賢，故其書爲六籍之津梁，將俾沿河而東至於海。崇其禮秩，方自廡以升堂，薈其遺編，乃命官而授簡。發凡起例，無非稟聖心之裁成，提要刊繁，逐一經御筆之删定。雖至微文碎義，周覽甚詳，轉注諧聲，摩求必當。沍寒蒸暑，未嘗輟誦於萬幾之餘，夜漏晨壺，不聞停披於寸晷之暫。是用規模晝一，條理分明，自小學、大學以開端，漸及四書、六藝。合道德性命而一貫，極於聖統王功。文約而彌該，義備而不複，權衡取舍，必得其肯綮之精，次第後先，一準於施爲之序。歷選六百年來編朱子書者，其得詳略輕重之中，誠未有如我皇上者也。非夫心心相繼，不隔絲毫，聖聖相承，如合符節，孰能與此哉？加以親製序文，冠諸書首，大義微言之秘，啓發靡遺，修身覺世之方，會歸一致。於是頒諸宇内，使儒林有入聖之階梯，布在學宫，凡來者得窮經之指要。敎思若風行而雨化，徯志自谷應而鐘鳴。臣等章句習深，經籍道邈，生逢堯、舜，尚慚比户之民，少學魯、鄒，誰是及門之士。纂言不如韓愈，惟荷訓誨以成編，校書遠遜更生，幸藉指撝而識字。身遊道化之盛，奮而忘愚，名掛典冊之端，榮以爲愧。臣等無任瞻天仰聖，激切屏營之至。謹奉表，隨進以聞。

進性理精義表

兹者伏蒙皇帝陛下，命臣等編校御纂性理精義，總若干卷。刊刻已竣，謹裝潢成帙進呈。臣等誠惶誠恐，稽首頓首上言。伏以文明式焕，五百年道運重光，刪定聿新，億萬載儒宗有統。契聖真而行王事，沿近派以泝遥源。惟道術一歸於醇，信羣言必折諸聖。臣等竊惟伏羲始畫，中涵性命之精，堯、舜相傳，顯抉危微之奥。是以孔門垂敎，推本於執中，鄒嶧揚風，求端於性善。聖賢心法，於古昭然，理學源流，其來尚矣。下不雜於功利，故管、晏不免事業之卑，高不入於空虛，故鄒、莊大爲賢智之過。秦、漢而下，申、商、黄老代興，魏、晉以還，釋典禪宗相煽。推其言厖而道散，皆由學絶而風微。爰及周、程，首尋聖緒，輔以張、邵，悉闡天機。太極建圖，依然易卦之指，皇極經世，蓋取洪範之書。體仁孝者莫如西銘，乃孝經之要，義發性情者莫如定性，本艮象之微言。以故朱子之生，得因五子之師承，上遡六經之聖制，一倡羣和，無愧當日鄒、魯之風。蓋有開必先，實啓於今唐、虞之運也。欽惟皇帝陛下，道符天載，德合健行，學緝熙於光明，治允升於淳古。初踐基於大寶，日披簡以窮經，中削亂於四方，尚投戈而講藝。默成性命之理，允矣單心，坐徹天人之宗，判若指掌。以今日行仁義之有效，知古人論道德之非虚。凡宋儒皆獲表章，至朱子尤加尊異。斯實前賢之厚幸，得蒙後聖之深知。謂性理大全之書，修於前代永樂之際，採摭綦備，而芼擇未精，門目雖多，而部分失當，恐學者貪多而無益，使斯道反晦而不明。特發宸衷，重加纂輯，務令揚粃糠而取精鑿。故記録之汎濫在所芟，不欲醨元酒而和太羹，故衍説之支離在所棄，約其義類，如綱在綱。切於進修，猶階有級，詳而有要，簡而無遺。雖屬羣賢之成編，亦存至當之精義。學必謹其純雜之辨，治必酌於古今之宜。一稟睿裁，盡經皇斷。縱使諸儒復起，必奉聖人以爲折中矣。賜弁序文，頒行學校，從此學者先河後海，悟斷潢絶港之差，望牆入宫，識宗廟百官之富。學以從政，人心正而人材興，習焉成風，大道行而大化茂。臣等業同蝕蠹，技比雕蟲，叨服章逢，清夜有慚儒行，徒仲佔畢，白頭未睹賢關。謬受役於編摩，幸日親於指示。與聞至教，信雄、況之非真，取成聖心，允游、夏之莫贊。遂使臣等枯株朽質，賴薪槱以舒光，腐草微明，乘陽蒸而發照。遵道遵路，思無玷於前修，是訓是行，期有立於聖世。臣等無任瞻天仰聖，激切屏營之至。謹奉表，隨進以聞。

擬清文鑑書成刊行謝表

伏以鳳篆龍書，大啓同文之治，金繩玉字，弘昭一代之風。經睿智以裁成，功參造化，稟聖謨而採擷，理盡包羅。遊韻海之鏗鏘，聲驚律吕，入字林之錯列，目觸琳琅。一宇昭回，萬方作睹。臣等誠惶誠恐，稽首頓首上言。竊惟圖書宣洩，文字始興，卦畫肇開，書契爰作。象形會意，歸於指事，以盡物情，假借轉音，純乎諧聲，而窮風氣。司徒所掌，與六德六行而並頒，行人所司，必七年九年而一協。蓋雖鄉校之小學，實爲王化之大端。故漢庭之學童試史，必諷萬言，吏民上書，皆通六體。然而義沿支流之失，人趨簡易之歸。史籀、倉頡之章，變而造隸，凡將、急就之作，續以纂編。厥後形體差訛，土風相謬，平上去入之分部，猶限偏方，齒舌喉脣之切聲，未叶正始。韻英作於天寶，有百五十韻之新加，字學成於雍熙，以二十一字爲獨得。邵堯夫唱和之法，用補中原雅音，周德清母子之書，實開洪武正韻。要以元聲既邈，世變風移，制作不親，家殊人異。未有句譚字議，盡語言義理之詳，門別部居，極律吕聲音之本，如今日之盛者也。兹蓋伏遇皇帝陛下，濬哲在躬，文明出治，規制齊乾坤之矩量，經緯同日月之輝光。舉六籍之宏綱，經文復旦，撮諸儒之機要，道業常新。以至冊府藝林，罔不窮漢濱而求照乘，旁及天官地志，一皆罄荆石而得連城。固已極典學之盛隆，仰崇文之大化矣。惟是國書之重，實爲昭代之文，出納所關，風行於中外，紀載攸係，典垂於億年。雖爲上下所通行，未有綱目之條舉。鴛行鷺序，既鮮問字之揚雄，舊德遺民，亦少疑年之絳老。浸焉忘舊，久漸譌真，將爲一代之成書，綿至卅年而未集。於是躬勤蒐討，親定規模。分領於羣臣，旁稽之壽耉，大開四庫，包括三倉。與治同興，言必存乎訓戒，稽古徵事，義必實以典謨。下該草木蟲魚，無煩注雅，精極道德性命，寧異詮經。部分爲三十六區，自成義例，遡原於十有二母，冠以提綱。蓋字頭之書，原與五音六律相表裏，而連字之法，實取偏傍協韻而折衷。是以一經聖裁，聿成鉅典。窮事物之要，將以治萬民而察百官，推聲氣之原，直可通大樂而回正雅者也。於焉弁之御序，共欽玉麗之章，頒之庶僚，同凜金科之守。斯誠聖天子繼志之善，勞瘁窮年，故使我國家受命之符，光昭萬世。臣等職忝校書，陋慚識字，手提一槧，未曉方言，目睹七章，無緣正讀。沿流忘本，誤有甚於豕魚，棄實採華，識莫明夫豹鼠。審音辨畫，猶難列於瞽史之林，弄墨燃脂，徒自擬於抄胥之職。祇遵裁決，稍效編摩，伏願文化彌隆，淳風常扇。心畫微妙，淋漓筆墨之先，性道流行，洋溢文章之內。同倫同軌，敷三重以徵民，天文人文，察二儀而化世。則如天垂象，羣仰日月之華，與化同流，莫竟乾坤之藴。傳弈禩以無極，邁前古而有光矣。臣等無任瞻天仰聖，激切屏營之至。謹奉表，稱謝以聞。

擬平定朔漠方略告成刊布謝表

伏以皇威遠暢，極萬里以揚旌，聖武遐宣，垂億年而作範。超金匱玉鈐而上，獨握元機，得五權三至之微，自操常勝。有征無戰，功不待於逾時，以攘爲安，道永存乎方冊。用昭謨烈，式示儀型。臣等誠惶誠恐，稽首頓首上言。竊惟弧矢原於易象，義取諸睽，鳥蛇始自軒圖，數符於井。合六卿而作誓，首嚴左右御馬之方，命九伐以專征，莫大進退金鐃之節。凡以民必教而後戰，師以律而始臧，仁義與節制兼行，文德並武功共焕。鬼方深入，殷宗不愛勤勞，玁狁興師，周后用申奮怒。萬全而動，獨斷乃成。漢武登漠南之臺，躬操武節，唐文駐蓋牟之域，親繫戎衣。未至犂庭，仍然阻固，猶且功光史冊，志見歌詩，爲行邊之美談，成陟迹之勝事。然或運籌在己，師武須人，封山而還，聞登臨於去病，呈圖以進，志方略於營平。空撰金弢，未嫻玉帳，所以禦戎新録，輯自儒生，籌邊有樓，開於作牧，未得代謀之勝，難收永定之勲。未有動九天之上以發機，功成衽席，極窮荒之外以稽顙，烈照縹緗，如今日者也。茲蓋伏遇皇帝陛下，乾健天行，震威雷動。春生秋殺，鼓萬類於洪爐，賞勸刑威，躋斯民於壽域。方行天下，來自昔不賓之臣，化遍寰中，拓從古未開之土。龍沙、象郡，固已一尉候於西東，青海、朱崖，早見混車書於南北。顧茲蠢爾，自絶並生，翕張蜂蟻之羣，崛强雞鹿之塞，靡修鄰好，致其叩款以歸朝，敢逆諭言，狡焉倡狂而啓宇，而且摇動邊鄙，煽誘外藩，潛渡瀚海之區，闌入烏瀾之地。既敗創以遵約，復反覆而渝成，勢將難圖，罪在不赦。於是皇赫斯怒，親總六師，我武維揚，躬臨絶域，身先士卒，不避風雨勤勞，指畫軍儲，預籌駝車轉運。密勅東路，爲左犄右角之形，分布西師，作首擊尾應之勢。重兵既壓，文告疊頒，三面祝螯，尚拓恢恢之網，一朝脱兔，竟罹肅肅之罝。震皇旅以宵犇，遇伏師而晝衂，僅以身免，盡喪軍資。朔漠遊魂，知餘灰之不焰，廟堂深計，稔根本之務除。於焉再駕而至鄂爾多斯，三駕而至狼胥山麓，招携黨羽，遏絶路途，致部落之盡歸，旋元凶之就殪。自茲要荒稟職，絶塞同風，雖周之詰兵治戎，振王威於薄海之外，漢之撞鐘伐鼓，朝藩國於清渭之濱，曷克方茲，未容遠譬也。爰以兵非得已，須知創業之艱，謀必務成，欲使臨事而懼。特命載筆，編纂成書。凡調兵措餉之規，無遺纖悉，及發策決機之要，必究精微。累紙連編，歸於神武不殺，垂世行遠，總令耀德休兵。弁以王言，即序事而存儆戒之意，勒成大訓，如成功而作雅、頌之詩。誠令典之不刊，仰聖謨之無斁。臣等幸叨班列，未歷戎行，讀閫外之春秋，有懷壯士，感兵鈐之問對，俯愧書生。淮右紀功，筆極慚於唐雅，燕然勒石，志切陋夫漢碑。虚縻給札之榮，妄希實録，莫盡運籌之妙，難測神機。伏願不戰屈人，止戈爲武，弘邇安遠來之德，普容民畜衆之仁。大化涵濡於域中，生成覆載，湛恩洋溢於方外，血氣尊親。則荒磧沙陀，無匪同懷之赤子，朔垂寒露，盡爲世享之外臣。占風雨和調而知聖人，窮日月出入以崇天子。職方長琛賮之貢，宗社永磐石之安矣。臣等無任瞻天仰聖，激切屏營之至。謹奉表，稱謝以聞。

榕村全集卷二十六

疏一

蠟丸疏

臣李光地謹題，爲密陳機宜事。臣自二賊搆亂以來，遁逃山谷中，賊遣人延致，至於再三。臣抵死固拒，幸到於今，未汙清節，以辱朝廷。然踪跡孱危，尚未知草莽孤臣，復能幸全腰領，以再瞻天日與否。蟲蟻微命，無足言者，臣不敢自惜。獨至於一隅安危，大勢所繫，敢冒萬死，蹈不測之禍，希徹天聽，惟皇上垂察焉。臣惟八閩疆宇褊小，糧税稀薄，今自二賊蹂躪，兵革不休，椎骨剥膚，民以大弊，而賊之勢亦窮矣。此時官軍誠宜以急攻爲主，不可置此一方，曠日持久，恐粤東、江右，必生他變。然所謂急之之道，不可不審也。今耿逆方悉力於仙霞關，鄭賊亦併命於漳、潮之界，獨汀州一道，與贛州接壤之處，防備極疏，耿逆置守禦不過千百疲卒。竊聞北來大兵，皆於賊兵多處盡力鏖戰，而不知出奇以搗其虚，此計之失也。以臣愚度之，仙霞地連浙江衢州等處，杉關連江西廣信等處，漳、潮連惠州廣城等處。此三者本地經制之兵，堅壁深藏，虚張聲勢，自足以控制覊縻之。至於汀、贛一道，爲宜因賊防之踈，選精兵萬餘人，或七八千人，詐爲入廣之兵，道經贛州，遂轉而向汀界。贛州至汀州，七八日耳，而汀州至福州、泉城來往非月餘不至。比二賊聞知，則大軍入閩久矣。此所謂避實擊虚，迅霆不及掩耳之類也。此時賊方悉兵外拒，内地府州縣盡致空虚。所在殘黎，望大師之來，正若時雨。苟出汀州小道，横貫其中，則三路之賊，不戰自潰矣。漳州守臣黄芳度，嬰城固守，以待大師，此不可以不急救。而汀州、漳州，地略相屬，接應尤極便易。臣乞皇上密馳詔旨，勅總兵官間諜虚實，隨機取效。仍恐小路崎嶇，更須使鄉兵在大軍之前，步兵又在馬兵之前，庶幾萬全，可以必勝。臣今者雖已爲樊鳥湯鷄，然葵藿之心，晞見太陽，尚幾幸於萬一。倘有可採，伏乞睿鑒施行。緣在患難之中，奏對失體，仰惟聖明照亮。

覆平糴倉米疏康熙三十八年三月二十一日

臣李光地謹題，爲詳請循例咨明事。該臣看得存貯餘剩米粟，原係題定每年春間發糶，秋後買粟還倉。康熙三十八年應糶米粟，經臣循例咨請發糶，户部移咨，以秋收果能一定買還，應令具題到日再議等因。行據守道高必弘呈稱，平糶米粟，實爲濟民善政，各屬秋收之後，自能買粟還倉，即偶遇薄收，亦不過稍緩時日。至於不肖有司那移虧空，出於意外，未便以後日難料之事，置良法於不問。仍請援例題請，發糶等因前來。理合具題，謹題。

請借倉拯濟贊皇疏康熙三十八年四月初八日

臣李光地謹題，爲借倉貯拯濟窮黎事。該臣看得贊皇一邑，深居山僻，向因紙蝴套匪類爲害，附近居民，悉多逃避。乃於去年荷蒙皇上德威遐暢，撫安寧謐，盡屬良民，而昔年逃避者，紛紛歸里。但此輩失業既久，資生無術，若不設法拯濟，勢必轉徙流移。兹據守道高必弘詳議，暫動倉糧，借給牛種籽粒，俟秋收還倉等情前來。臣思積貯米穀，原因拯救窮黎起見，今贊邑歸里之民，既鮮資生，議動倉穀，借以牛種籽粒，似屬允當，謹題。

條陳清查錢糧虧空疏康熙三十九年正月二十一日

臣李光地謹題，爲請嚴虧空之法，以除積弊事。臣蒙皇上天恩，畀以重任。竊見目前因循之積弊，未有甚於虧空者也。夫賦税有民間之逋負，米穀有雀鼠之耗蝕，即或地方有萬不得已之事，因公那移，亦所不免。然此等皆爲數無幾，法雖難寬，情可原宥。惟是有不肖各官，不問公私，任意侵那，動千萬計。至歲終盤察之時，或將銀錢那新掩舊，或將米粟借指支吾。更有錢糧不清，假捏完報，其盤察上司，多牽於情面囑託，不即舉發，至積年不清。又知失察有革職之條，遂不得不扶同支飾，以倖一時。故現任官員，各項悉報無虧，奏銷盡結實在。及陞遷事故，無不人人虧空者。上司復懼有處分之例，多將歷年虧缺倉庫，捏作現年揭報，以圖脱卸。迨參究之後，又慮本官舉發，曲爲庇護。無論盈千累萬，止以那充公用擬罪，其至重者，不過以擬流準徒。定案塞責，積習因仍，視公帑爲私藏。萬一地方有賑救災荒之事，必至倉貯皆空，誠不可不立法申飭，以期釐清宿弊者也。謹臚列三條，以備聖明採擇。

一、雜項錢糧，應同正項盤察也。州縣府道收貯錢糧，於地丁正供及常平倉糧之外，如不入奏銷案内之承追銀米，減糶漕糧各案餘剩核減，存貯一切錢糧，經手之官，以爲考成可以那掩。該管上司，亦以不在盤查之列，任其抵飾。移彼補此，滋弊無窮。似應將此一應雜項錢糧，責成該管上司，於盤查正項時，一並照例盤察保結，則項款肅清，而那移之弊杜矣。

一、盤察例限，宜量爲寬展也。上司盤察屬庫，例責年終。所轄地方遼遠，盤察一處，動經數日。且定例時限甚迫，勢不能親身周歷，何能嚴察屬員支飾之弊？嗣後應將年終盤察之例，酌量寬展。請責令該管上司，於所屬本年地丁正供，及不入奏銷案内一切雜項存貯錢糧，自該年十月起，至次年奏銷以前止，於此半年中，親至轄屬，秉公清察。如有虧短，立行揭報。若現存無虧，據實出結。自具結奏銷後，有虧空發覺者，即照定例，治以失察之罪。則期限舒徐，可以逐項周察。道府各官，利害切膚，未有不知自愛，而甘於扶同徇庇者也。

一、虧空審明那移之後，當分别錢糧多寡定罪，以示懲戒也。官員虧空錢糧，那移之罪，律例雖有正條，但止擬流準徒，而本案革職者，例得免罪，别案革職究審虧空者，遇恩赦熱審，又得寬免減等。法輕易犯，致無顧忌。嗣後應將那移之官，如其數上千百，那用有據者，仍照現例擬議外。如錢糧那移至五千兩以上，或倉糧及粟折米至六千石以上者，無論已未革職，仍予滿流，不準折贖，不得以雜犯準徒各例完給。即遇恩赦熱審等典例，亦不準減免。庶人知畏法，而庫藏加謹矣。

請定倉穀春糶秋糴之例疏康熙三十九年正月二十七日

臣李光地謹題，爲循例請糶餘米事。切照直屬米粟，除按大中小州縣，分別均貯米石之外，餘剩留存者頗多。而各處倉廒缺少，收貯不固，其高阜地方，不過露積散堆，低窪之處，每多潮濕蒸爛。所以米穀屢報虧空者，固係不肖州縣任意侵那，而因歷年浥爛，以致耗折者亦不少。臣查每年俱有春賣秋買之例，原以平市糴，更陳舊也。近雖康熙三十七年小有收穫，三十八年各處豐登，然至青黄不接之時，農事方殷，市集頗稀，無業之民，未免難於貿易。且春夏之交，地氣潮濕，米粟腐爛，正在此時。發糶餘米，蓋於平價便民之中，而寓推陳出新之法，宜每歲常行者也。向例咨部題請，屢經部覆，以致允行之日，或以愆期。臣乞自今年始，勅部著爲成例，每年值應發糶之候，只咨存案，不用瀆請。至春糶之米，秋成如數買還，年終盤查，不容虧短，皆有報部文冊，似可通行無弊。謹題。

請開河間府水田疏康熙三十九年七月二十七日

臣李光地謹題，爲備陳濱海水利，更請幹練能員，仰乞特簡，以課後效事。切河間府昔稱九河下流，近代因運河堤岸，南北横亘，出海之口更窄。其水自西南來者，大水如漳、滏、滹沱，小水如大陸澤所受之水，及正定諸山水，皆合流並勢，由獻縣、河間，經清縣、靜海，以入於淀，而與十五河之水，並出於西沽之一線。源大末小，勢易横流。是以直隸水道之宜講者，惟河間爲最。臣近因修子牙河，及築大城、河間、獻縣等堤岸，採摭見聞，參考形勢。此一帶原屬窪下水鄉，雖復歲治隄防，但足補苴萬一，倘遇潰決，仍付淹没，非有變通之策，終非永賴之計。查南方水田之法，行之畿輔，往往有效。曩者涿州水佔之田，一畝鬻錢二百，尚無售者。後開爲水田，一畝典銀十兩。即今淀中浮居村莊，歲收蒲稗菱藕之利，無旱暵之憂。其資生未嘗減於高地也。臣愚謂靜海、青縣上下一帶水居之民，正宜以此利導之。其可興水田者，教之栽秧插稻之法，其難以成田者，則廣其蒲稗菱藕之利。使民資水以爲利，則不患水之爲害矣。至於獻縣、交河等與正定接壤之處，係鹽河之上游，若能修治溝洫，雜興水田，則水勢漸分，將下流之水勢亦日減。是資水之利，即以除水之害也。然舉行方始，若非有熟識情形，歷經試用之人，使之實心任事，恐托之空言，無裨聖政。查管河同知許天馥，籍貫江南，諳曉農事，現居河職，源委周知，前曾任文安知縣，教民修治水田。聞此數年，文安水田殆且半縣。乞皇上將許天馥特授河間府知府，即令於職事之暇，興舉水利，三年之後，課其成效以爲功過，或有微績，以廣聖世愛養之方於萬一也。伏乞睿鑒施行。

條議學校科場疏康熙三十九年八月初二日

臣李光地謹題，爲遵旨議奏事。康熙三十九年七月二十八日，據户部筆帖式德明齎到禮部轉遞内閣文，開大學士伊桑阿等，奉上諭：「直隸巡撫李光地、河道總督張鵬翮、湖廣總督郭琇、廣西巡撫彭鵬此四人處，著將部院揀選筆帖式，各遣一員，限期前往。將郭琇條陳學道事務，鄭惟孜條陳鄉試之處，經九卿會議事宜，及禮部議覆滿普條奏科場事件，俱令抄齎往，令看九卿禮部所議者，得其當否，若何施行，方得無弊，永遠稱善。著各殫心詳議，務期歸於盡善，即具本付遣去人員齎回啟奏。伊等皆居官素好，行己清廉之人，此事若瞻徇諸臣情面，不務求盡善，殫竭乃心，從公議奏，則伊等一生讀書制行，俱有忝矣。欽此欽遵。」並禮部抄疏到。臣仰惟皇上加意作人，澄清士路，既嚴主考、同考之處分，又重學院、學道之差遣，今復因督臣及滿、漢言官條奏學校科場之事，九卿禮部業經議覆，仍特諭臣等，俾各殫心詳議，務期歸於盡善。此誠堯、舜清問之盛心也。愧臣所見凡近，不足以窮利弊之源，求至當之歸，贊裨文明，增光大典。獨念今日遭逢聖代之盛，實由昔時草茅呫嗶而來。學校科場，是臣等進身之階，若有知不言，則爲上負聖明，下忘所自。敬將督臣、科臣、臺臣條陳，及九卿禮部覆奏，分學校、科場兩項，一一議明。

有未盡者，仍列臣愚昧之見於後，仰候皇上裁鑒施行。

遵查學校弊端。如督撫司道之需索陋規，知府之要挾包攬，以至情面書札，乞恩討賞之類，誠如督臣郭琇所陳，業經九卿議定處分，督撫、司道、知府及該學院道等嚴例。此時正當天下歲考，百弊叢集之際，誠宜作速通行直隸各省，嚴飭督撫、司道、知府及學院道等官，實心奉行，以除積弊者也。臣愚又謹推廣四條，以備採擇。一、則學臣宜經考試也。學臣職司文教，不但考校之日，務須秉執清公，而教養三年，尤宜竭盡誠悃。近來得此差者，不能盡教士之職，以仰贊育材之化。揆厥所由，雖因人品之未樹，亦緣學植之久荒，欲推所業，以及於人而不可得也。今皇上方簡任清端之士，而人之心術操行，或難遽見。仰請於點用學差之時，自翰林官以下，俱令到内廷考試。窮日之力，試以一書、一經、一論、一策，擇其文理最優，議論有本者，欽點差遣，則學醇者行必不悖。且教士衡文，取諸素業，自不至漫不關心，迄無成效矣。仍乞於試日，皇上臨軒親命題目，以杜預擬。及陛辭之際，仍加天語訓飭，庶幾自愛。一、則教職宜稍清汰也。學臣之有教官，猶督撫之有府州縣官，所賴以宣教承流者也。闒冗庸陋，則學校日以頹廢，而斯文無從興起。臣請嗣後選授教職，其應選前一年，宜令各省督撫，會同學臣，查明挨次將選之人。若歲貢年甚老耄，眼目昏眊，不能動履者，給以職銜，令其休致。捐納人員，年未三十，稱幼輕佻，難以服衆者，且令需次。至三十歲以外，再行考驗。其有全無文理，不能成篇者，亦應考驗，令其休致。造册先期咨明吏部，按所存扣，以次銓除。至於現在教職，亦令督撫會同學臣，按此三款，詳慎虚公，酌行澄汰。庶幾司鐸之席，可以漸清。一、則士習宜正也。自賄買風盛，文武生員，多不識字、無行義之人。其購買衿頂之意，不過以爲護身之具。故保官告官，抗糧包糧，興滅詞狀，武斷鄉曲，甚至窩盗藏奸，罪惡甚衆。其讀書識字者，所行便不如此。是賄買生員之弊，不但孤寒爲之不伸，而風俗因以漸壞也。今除學臣納賄處分，經九卿議覆，郭琇條奏已定嚴例外，臣愚請申禁直省文武生員，敬遵現在頒行學政全書條約，雖有切己之事，止許子弟家人代告。若有出入衙署，上書陳言，保留官長，包攬錢糧，唆証詞訟者，悉犯明條，地方官立行詳革。仍乞勅下禮部，撮取學政要語，推廣舊時卧碑，詳明剴切，作爲誡條。更立新碑各學明倫堂上，務令學臣地方官，及學校師生，恪謹遵守。庶幾閉户讀書，安分守己之人衆，而習俗日變，人才日出矣。一、經學宜崇也。皇上表章經術，以正學養天下士。而邇來學臣，率多苟且從事，以致士子荒經蔑古，自四書本經，不能記憶成誦。其能者，不過讀時文百篇，勦習雷同，僥倖終身。殊非國家作養成就之意。前歲，皇上旨下學臣，使童子入學，兼用小學論一篇。其時幼稺見聞一新，胸中頓明古義，此則以正學誘人之明驗也。然書不熟記，終非己得。

宜令學臣於考校之日，有能將經書小學講誦精熟者，文理粗成，便與録取。如更能成誦三經以至五經者，仍與補廩，以示鼓勵。庶幾人崇經學，稍助聖世文明之化。又童生既令通習小學，以端幼志，生員及科塲論題，似當兼命性理、綱目，以勵弘通。今孝經題目至少，以致每年科塲論題重複雷同，似宜通變。

遵查科塲弊端。自皇上將敗檢考官，嚴加處分，大小臣工，稍知自愛者，當無不慚懼警省。又念大臣官員子弟，夤緣倖進，恐妨貧寒之路，特諭諸臣議另編字號，均數額取。仰見皇上天地無私，不遺側陋，甚盛典也。至臺臣鄭惟孜監生回籍之疏，經九卿議覆，在九卿之意，以爲國學觀瞻之地，不可虛無其人。其論誠是也，然數科以來，營鑽奔競之弊，信如臺臣所云。夫士習江河，未可驟挽，故後輩樂於苟得，先達意在樹私，始進不正，終身豎立無不苟且。則暫令回籍，以稍息奔營，亦捄弊之一法也。然每年順天南北監生，各有應中額數，如令就本省鄉試，而不帶回原額，未免有不平之嘆。朱子議貢舉學校云，欲革奔競之弊，則宜均諸州解額，而稍捐太學之額。臣謂正宜採用朱子之説，將每年監生應中額數，均之各省，量增其本省中額，俾各歸試。惟現在八旗教習及内閣中書兩項，仍準在京鄉試。敕部以人數另編字號，酌量取中，囂競之風，似當少息。其非鄉試之年，各項監生，仍聽其照常到監考職，庶不至虛無其人也。至禮部議覆科臣滿普請除鄉試之弊一疏，稱直隸各省鄉試時，將三品京堂官以下，一並開列等語。臣愚謂各省或可仍由舊章，惟順天都畿重地，勢利環集，宜如部臣議，將三品以下開列，聽皇上特簡大臣差遣。蓋身既列在大僚，萬一不公不法，致受辱如李蟠等之事，皇上即寬其處分，亦當愧恨，不敢自齒於衣冠之類矣。至房考，亦將京官、外官盡行開列，恭聽欽點。又嗣後旗人、漢人點名授卷後，即入號房，不許混亂行走，及踰牆找尋代作等語，俱應如部臣議，以塞弊端者也。臣愚又復推廣三條，以備採擇。一、則容首告也。查得每年分房考官，亦有頗知自愛，而逼於勢要，不得已而收受者。嗣後如有此等勒收關節之弊，應許房考據實出首，即與優陞。如此則不惟無所懼，而且有所勸，似亦可稍懾營競者之心也。一、則嚴外簾也。近來鄉會二試，不但有換卷倩作之弊，且有帶人到場中代作，而本生空手閑坐，直待交卷者。又有徑僱一人頂名進場，而本生身在場外者。此等大弊不能察出，則外簾之官，虛負職掌，亦已極矣。臣前年提督學政，考校八旗時，親見貢院牆垣破壞卑矮，巡綽軍人及瞭望守門人役，無一非受賂代爲傳遞之人也。此輩下人，惟利是嗜，無法可以禁止。惟知貢舉之部臣，及外監試御史，大破情面，竭盡精神，關防檢衛，庶幾不致恣行無禁。若瞻徇縱容，漫無防檢，勢必外堂收受之卷，半屬假僞，內簾但就文取士，雖有至公之人，難免誤收矣。臣乞嚴飭外簾監試，嗣後務精密嚴肅，盡絶此等弊竇。仍於鄉會試之後，特遣一二人臣，會同禮部禮科，傳集中式之人，當堂覆試一義，驗其真草筆跡，是否符合，且觀其文理之通否。與原卷相對，則假僞之弊，似可稍除矣。一、則儒士宜斥也。數科以來，鄉會試場中，用儒士八人。歷年作弊，皆由此等。蓋分卷之時，某卷分入某房，既可以暗行其奸，而十餘房考官，心腹未孚，聲氣不接者，亦皆此輩往來聯絡之。臣戊辰、辛未兩年，主文武會試，深知此輩情狀。近經言官論奏裁革，部覆未準。臣竊以爲，扣數填名，寫榜謄録之事小，而積慣作弊，壞亂科場之罪大，似宜永遠革逐。臨期行文各衙門，保送繕寫書手應用。

以上學校、科場兩項，臣謹就愚昧所見及者，遵旨議明，附以微臣管見。自知凡陋，無確當之議以報聖明。伏祈皇上恕其庸愚，臣不勝戰慄慚惶之至。

覆馬廠疏康熙三十九年十二月十一日

臣李光地謹題，爲遵旨事。該臣看得八旗馬廠地畝，臣先經與守道高必弘，會同各都統臣佟吉、辛玉等，分翼查勘覆奏。準部文稱，除二十二年丈過準其納糧地外，將現今廠内開墾地，從何年開，有無納糧，行令查明等因，隨檄守道仍照原案清查。除東翼馬廠餘地數目，未經各都統查明，臣業咨準部覆另行扣限完結外，其西翼正黄、正紅、鑲紅、鑲藍四旗廠内餘地，原係臣同都統查清之項，臣專委河間府知府許天馥清查。該府親至滄州、鹽山、静海、青縣、天津、文安、大城、霸州、武清、楊村等各州縣衛，會同地方官，細查餘地一項。有現在水佔不可開墾者，又有從前無知愚人，舍自己城薄之田，偷墾餘地，因無收穫旋抛者。更有三十八年秋後，搜掘蝻種，於蝻子生發之處，遍地耕犁，竟似開墾，無人承認者。除此等地土外，其可耕餘地，河間府知府許天馥，因去年十二月内，奉旨：「耕過地畝馬廠，無益馬匹，能有幾日牧放。已經耕種地畝，仍著給民耕種。欽此。」該府遵布皇恩，勸民不必驚懼偷墾之罪，投首認墾。現在民人認墾餘地三萬二百一十六晌零。至部臣行查開墾情由，查無知愚民，因自種糧地城薄窪下，舍自己之田，偷墾餘地，原未多佔漏糧。所當仰懇皇恩，寬小民從前開荒之罪，使之各安耕種，照則輸糧。至現今水佔，及旋耕旋抛、翻掘蝻種等地，現今無人承種，容臣檄各該州縣，相視有可耕者，陸續召勸，擇地報墾，照墾荒之例陞科。目下轉盼東作，除東旗查明另題外，應將西旗查出願耕餘地，先行奏請。使小民及時興農，以副皇上憂恤黎民之至意者也。再查正黄旗餘地，今年四月間，臣準都統移送啓奏清摺，開地係三萬四千五百九十五晌零。隨據地方官冊報，地數相符。續準户部咨開，餘地係三萬七千三百二十五晌零。今知府許天馥查報地畝，正與四月間都統移臣存案清檔，及地方官冊報，數目符合。又鑲紅旗餘地，四月間都統移送啓奏清摺，開地係六萬五千六百七晌五畝，隨據地方官册報，餘地六萬六千五百五十九晌零，續準户部咨開，餘地六萬九千八百七十四晌。今知府許天馥查報地畝，正與四月間地方官原報數目相符。此二旗餘地，部咨所開數目，與當日會丈原奏，及地方官册報，少有不符。臣已咨開户部，將都統原奏清摺，抄譯咨覆，以便備細核對在案。應俟查明之日，彙入本案完結。除將已經認墾餘地花户起科糧銀細册，俟查造到日送部，並將現在分別已墾未墾餘地總册，咨部查核外，理合具題，伏乞睿鑒施行。

請嚴定承審虧空處分疏康熙四十年五月初八日

臣李光地謹題，爲請嚴承審虧空處分之例，以除積玩事。切惟錢糧絲毫爲重，虧空殊干法紀。臣近經條議清查之法，嚴定處分在案，但虧空之官，固當嚴行治罪，而承審之官，每多積月更年，寧受遲延參罰，終不肯定是侵是那之案。查承審侵那，並非承追賍産，難於完結者比。如問官果能秉公察訊，其是侵是那，何難片言定斷？無如積習成風，臣於虧空各案，雖屢行嚴催，屢次參處，而承問各官，展轉稽遲。如前撫臣沈朝聘等所參，滄州王洪遠、交河縣金廷宣、懷來縣白有斌，已經三年，臣任内所參開州沈宏緒、高邑縣吴秉智等案，將及二年，俱未完結。一遇限滿，守道仍不過以州縣承審遲延，揭報塞責。凡此弊端，若非本管上司，素有點染，爲州縣所挾持者，不敢據實明正其罪。則必州縣央托權勢，壓制上司，不令據實審結。上下相徇，一味以遲延僥倖巧脱。若不再行嚴定承審處分，則案件終難完結。臣請嗣後凡虧空之案，專責守道，於部文原行到日，嚴督府州縣各官，務遵四箇月定限，將是侵是那情由，作速審明招解。如於四月限滿不能完結者，揭參遲延。後又有四箇月之限，鞠訊非難，更當上緊催審，勒限完結。若再有以承審遲延報參者，應將本管知府，一並揭參。俱照易結不結嚴例議處，以除積弊。再查被參虧空官員，多非潔己謹愼之人，承問者當以錢糧爲重，據實審擬，懲一儆百。近多虧空，大概藉口於修城池，蓋倉廒，濬河渠，葺學宫等項公事，那移爲詞。豈有操守不謹，虧蝕錢糧之人，反能留心政務若此者乎？不過借此以減其侵欺之罪。又明知言無情理，巡撫勢必駁覆，若一經駁覆，又可以遲緩年月，而中其遷延僥倖巧脱之計。今若定承審之嚴限，而不禁絶其假捏之虚辭，仍難以清件結案。嗣後似應嚴飭守道以下承審之官，務必確實審解，如果那移因公有據者，方許從實開具。如繫假捏，將承審官以徇縱例嚴加議處。仍應通行申飭，以後地方官，果有欲修理城池、倉廒，完葺學宫，開濬河道者，雖係私捐，亦必通報巡撫守道，而後興舉。則虧空之後，無所容其抵飾，審問不煩駮詰，而案件得以應期結清矣。理合具題，伏乞勅部議覆施行。

報河工完竣疏康熙四十年五月二十二日

臣李光地謹題，爲恭報工程完竣情形，仰祈睿鑒事。切霸、保、文、大一帶，沿河水淀州縣，地處窪下，歷被水患。仰蒙皇恩軫恤，修築各處河隄，爲民除害。臣等去年所修子牙等清河，已報完工外。今歲承修永定河，自郭家務至柳岔口，開河築堤並釘樁下埽七十餘里，大城縣西堤，樁埽工七十餘里，又子牙廣福樓新河，接修至賈口等處，兩岸堤工五十餘里，並雄縣去年水佔民堤，未完工程二十餘里。於二月間，恭蒙皇上巡幸，訓飭臣等及時興工。臣等欽遵親行催督，至四月内垂成之時，又蒙聖駕周流察視，並於永定新河，放水暢流。臣等扈駕後，復將各堤土工樁埽稍有缺略之處，填補豐滿，今俱已完工訖。又四月二十一日，恭逢皇上視河時，特命永定河石堤之下，接修樁工一百餘丈，及南北岸堤，速行動庫補修，又修大城南堤，並河間、獻縣等險工。以上工程，俱務於發水前先竣。臣等欽遵，查接石堤樁工，原限二十日修完，南岸坍堤，原限十五日，北岸限一月内完工。今臣等將工料銀兩，星夜解交分司，責令色圖渾、齊蘇勒嚴督興工，俱可先限早完。又新築大城南堤，及河間、獻縣等險工，臣等已發銀委員，及時趲工，俱不日即可告竣。欽惟皇上德比神堯，勤深大禹，念水鄉淀居之民，歷被淹澇之苦，特命開河築堤，無間寒暑，屢煩車駕。臣等欽遵聖訓，各項工程，一時並舉。仰賴皇上至誠感格，指示精詳，清、渾等河土工樁工共數百里，先後告竣。現今沿河各州縣，田土涸出，二麥豐收，士民謳歌聖澤，真同覆載。除此後保守之法，另疏恭請訓旨，並堤岸道里用過工程物料錢糧，俱俟查明另行報銷外，謹將完工情形，特疏奏報，謹題。

請裁河兵疏

臣李光地謹題，爲請節錢糧，預修築，以濟河防事。該臣看得永定河南北兩岸，設立河兵二千名，原備險工，不時搶修防護之用。今據分司齊蘇勒、色圖渾呈稱，一年内工程緊急，惟桃汛麥黄，伏秋時候，此時搶修防護更急，時或十日、半月不等。遇水勢洶湧，埽壩工程，一時並舉，其繂縷、繂繩、運土、運料、捲埽、堆埽、釘樁、鑲墊，每工必須二百餘人。各工將河兵按數分派，每工只得八九十名，不敷所用。更兼兵遇緊急工程，率多逃竄，以致堵禦不速。及水緩停工，嚴冬無事，則又坐食糜餉。請於二千河兵中，揀擇存留八百名，每工均派三十名爲釘樁下埽，守堤鑿冰之用。汰去其餘一千二百名。若各工遇一切工程，於附近村莊，僱募民夫充役。即於所裁兵餉銀一萬六千四百餘兩内動用，餘剩者解還道庫。再原築大堤，奉旨傳來勒限一年，保守人員，賠修者甚少，且互相觀望延挨，終難告竣，並請動項，及時修築。仍向原修之員，照坍塌丈尺之數追補。如有來工賠修者，仍準賠修等因，條議前來。臣查額設二千河兵，按工分派，停修無事之時，坐食縻餉，頗覺其多。至遇搶修險工，又以分布不能敷用。且所募之兵，凡於夏秋需用時，每避勞逃竄。似應照該分司所議，揀選年力精壯、熟悉樁埽、有籍貫誠實者八百名，分給各工，以爲釘樁下埽，守堤鑿冰之用。其餘一千二百名，全行裁汰。餘餉銀一萬六千四百餘兩，於工程緊急時，僱募附近民夫充用。至河兵餉銀，例於房山等十二州縣内撥解。今除應存八百名兵餉，仍照舊例外，其應裁兵一千二百名多餘額餉，若仍令各州縣征解，恐緊急時緩不及事。似應仍解道庫，令分司於需用時，呈請撥給可也。再查保守原修堤岸人員，賠修殘缺處所者，止十之三四，其不行賠修，展轉延挨誤事者甚多。臣屢行察勘，業經彙疏題參在案。今麥汛將至，亦應如分司所請，暫支正項錢糧，令分司督率各工，核實修築完固。仍將用過錢糧，於原修之員，照依坍塌丈尺應賠數目，於本旗及各省原籍追補還項。如有赴工賠修者，仍準令照數賠修。庶河銀無事虛糜，修防得以及時矣。理合具題。

榕村全集卷二十七

疏二

請嚴定承審命案處分疏康熙四十年十月初一日

臣李光地謹題，爲請嚴承審人命之例，以杜弊端，以免淹累事。竊臣蒙恩簡畀畿輔重任，日以鰥曠職守爲兢兢。俯惟吏治民生之要，莫如錢糧、刑名二事。倘積案不清，曠日持久，未有不爲叢弊之藪者。臣前因屬員錢糧虧空，其是侵是那之處，積年不行審明，曾經陳請嚴定承審期限之例，已奉旨欽遵，通行在案。伏查刑名中最重大者，乃命案、盜案，而命案又與盜案不同。蓋盜案内或有渠魁未獲，等候提拿，或有贓證未明，須待質對，更有官役人等，挾仇扳誣，賄買銷案，指良爲盜等項，必須反覆研審真情，原非可以速結之事。至人命一項，雖有謀故、仇鬬之分，然斃命告官之日，原被証佐，多係同邑同里之人，承問官立可勾拿質審。如真凶果有脱逃未獲，又例不扣限。非如盜案未經獲賊，先行勒限緝拿者可比。所以命案從前原與盜案俱扣限一年，後因人命易結，改限半年在案。今各州縣於人命事件，告官通詳後，或已犯證提齊，情是真實，而乃塵積一二年，不行招解。且有賄囑道府，托故番駁，改招易罪等弊。以致命案久懸，每難審結。臣思命案，若凶犯證佐已經到案，承問官秉公察審，斷無難結之理。只因地方官遇有人命之事，或爲權勢制壓，或以利慾薰心，故爲遷延遲緩，以圖出入開脱之法，且又事情重大，耳目難欺，一則牽於財勢，一則怯於公論，遂拖延歲月，意在監斃原告，以滅口完案者。更有聽惡役借端苛索，無故牽連鄰里，株逮無辜，名爲研審真僞，實係借命居奇者。種種弊竇，總以命案限滿，不過以遲延題參，而承審有司，罪止罰俸，未有嚴定上下處分。以致任意稽延，歷年積歲，事久則要挾營求者愈多，獄淹則疾病死亡者益衆。而且波累良民，匍匐千里，羈留一二年，不得耕商生理者，一案之中，動以十數。誠不可不嚴立承審限期，以求速結而清弊端也。臣請將一切命案，照例勒限半年，專責巡道，嚴催府州縣速行完結。如初次違限不結指參，仍照常例議處外，自參遲延後，又有四月之限，儘可審解。如再有不結，復行揭參遲延者，必將巡道府州縣上下承問各官，亦照臣題定承審虧空新例，以易結不結嚴行參處。如有聽訟不平，鍛鍊失實等項，另行嚴查究劾。庶命案無久稽之虞，而刑名之弊可清，官吏之奸可破，囹圄可無幽滯，而良善得以安生矣。伏乞勅部議覆施行。

覆廣平縣不可築堤疏康熙四十年十月二十六日

臣李光地謹題，爲欽奉上諭事。恭惟皇上念切民生，修防水利，近以永定河、清河各處工完，沿河田畝，漸次涸出，復念廣平縣當漳水之衝，其田上多有被淹，特差臣等察勘。此誠己溺己饑之盛心也。臣等查勘得廣平縣，係歷年積水所佔，田地拋荒頗多。今臣親看得該縣東西水淹之地，長六十里，廣七里，俱生短雜蘆葦，百姓歷年未能耕種。經今道府縣丈勘，查明被淹田共二千一百四十一頃零，但該縣一帶土鬆河深，從來漳河遷徙不定，開河則旋淤，築堤則旋塌。詢之鄉紳士民，咸稱不可築堤。且歷考漳河經由之處，所淹不過一縣，如以前曲周、肥鄉、成安等縣，水淹地方，今皆已涸出，共成沃壤。不過目前被水之縣，耕種維艱，該地方官民，惟有仰希聖恩，於被水鄉村，暫除一年錢糧，容其將就食近縣之民，招回墾種。如明年河道遷流，水勢消涸，則所淹田畝，悉可耕種，下年即行照舊起科。如明年水勢未消，則仰乞聖恩，再蠲一年。總以荒田墾種之年，即爲起科之限，而一邑數十鄉村之民，可以稍蘇矣。臣等愚昧所及，伏乞睿裁。

覆漳河分流疏康熙四十年十月二十六日

臣李光地謹題，爲欽奉上諭事。臣等欽奉皇上面諭：「漳河現在分流，須令永久分流纔好。若並而歸運，則於漕道有妨。並歸子牙河，則民田受害。爾等再往詳看來奏。欽此。」臣等遵奉諭旨，查看得現在漳河，分爲四支。一支自直隸大名府之魏縣、元城縣，流至山東館陶縣地方，歸衛入運。一支由直隸廣平縣，至山東邱縣地方，復分爲二。其一俗呼老漳河，自邱縣東北分流，經直隸之威縣、南宫、棗强、景州、武邑、阜城、交河等地方，至清縣杜林木村，與完固口之支流合，至鮑家嘴歸運。又其一俗呼小漳河，亦自邱縣西北分流，經直隸之鉅鹿、廣宗、平鄉，至寧晉，與滏河會，又經束鹿、冀州，與滹沱河會，由衡水至獻縣完固口，復分爲兩支。一支自完固口流至清縣，會老漳河，至鮑家嘴歸運，一支經河間大城爲子牙河，出王家口歸淀。查漳河現在末流所分四支，三支歸運，一支歸淀。然歸運三支，水勢頗弱，其歸淀一支，水勢獨强。約其水勢，三支之水，僅可以敵一支。是則此時漳水，一半歸運，一半歸淀，運道既無難受之虞，子牙河亦得分殺之勢，誠有如聖諭所云者。臣等竊觀此時水勢，惟經寧晉、冀州，會滏河、沱河一支，最爲深通。其歸館陶及清縣入運之兩支，水勢頗淺，或恐將來淤塞。臣等議得，應令所經由各地方官，每年於水未發時，分段挑濬，臣等按季察視，務令此兩支俱疏通無滯，以殺小漳河之勢。如遇水大時，仍用挑水壩等法，逼水分流，庶幾北不至挾滹沱以侵田，南不至合衛河以害運。臣等愚陋之識，未必有當，伏乞皇上訓誨指示，遵行。

請興直隸水利疏康熙四十一年八月二十六日

臣李光地謹題，爲請興行水利事。臣惟畿輔荷蒙聖慈，濬河築堤，蠲租除逋，連年五穀洊登，雖下窪之地，俱免湛溺，白叟黄童，無不歌謳聖德。竊繹今春聖訓，深慮天行難恃，申飭臣等預爲之謀，誠古帝王儆戒無虞之盛心也。臣惟屢豐者，天心眷顧之常，而備豫者，人事綢繆之責。查北方土性，往往苦旱爲多，然麥穀黍豆之類，原屬旱種，稍得澆灌，便獲收穫，非若南方純賴稻田，必日日浸潤者比也。直隸泉源甚衆，隨處可以通溝灌田。若近河鄉地，則又可築壩逼水，引渠廣溉。至於無泉無河之處，勸令民間鑿井，亦足以濟水利之窮。再如正定府之隆平、寧晉、冀州，順德府之任縣、廣宗、鉅鹿，廣平府之成安、廣平、肥鄉，大名府之内黄、南樂、濬縣等處，又苦於地窪水多，各有應修應濬大小河道，必並去水之害，然後可以興水之利也。顧此興利大事，必邀聖諭下頒，乃可鼓舞吏民，課其成效。中間更有旗民、鄉紳豪富之地，故意阻格者，又有接連鄰省地界，愚民爭執，不容修濬者。如係奉旨事宜，自然遵行，不敢違撓。又通溝、鑿井、修河等事，雖出民力，然多有貧民開濬無資者。敢乞聖俞暫借道庫，量行資給。如借至十五萬以上，則容臣等三年捐俸補還，十萬以下，二年補還，五萬以下，本年補還。再查近京處所，通衢平野，輦轂所經，不便多行開鑿。至於各府州縣窮鄉僻壤，似皆可一例施行。但事關通屬利病，臣愚陋之見，恐無足採，伏乞聖明裁定。謹題。

覆糴積貯米石疏康熙四十二年二月初八日

臣李光地謹題，爲移咨事。康熙四十一年十二月十八日，準户部咨江南清吏司案呈。康熙四十一年十二月十六日，内閣來文，内開户部議給事中徐賓，條陳州縣所存米石之事折本。大學士馬奇等，奉旨：「預備存倉米粟，關係甚要。徐賓條奏之事，著抄寫行令各省督撫等，照所奏應否可行之處，各出意見，明白議奏。欽此。」相應抄録條陳原疏，移咨各該督撫，欽遵施行。計粘抄一紙等因到臣。臣欽遵查得直隸各屬州縣，現存米粟，以粟折米，共不過一百萬六千五百四十九石一斗二升零。總數既自無多，即各州縣中，惟南宫、南樂、長垣三縣過二萬石，其餘多者皆不能滿二萬之數，少者不過數千而止耳。如有賢能官吏，設法收貯，以時晾曬，亦可免浥爛之虞，而不致有虧空之事。今如將米穀糶銀繳庫，既恐日後一遇薄收，價值騰貴，買賑艱難，又恐地方有司，一奉賣銀解庫之旨，借名米穀陳腐，相率以賤價希圖收受，動煩增駁。臣愚謂積米太多之處，如南宮、南樂、長垣各縣，可照科臣所陳，各存二萬石，餘者易銀繳庫。但此繳庫之銀，不許其零星賣交，似應於每年各屬撥給兵餉項內，就近將米穀搭放，其餘州縣，存貯原不至甚多者，仍舊加謹存貯。至每年出陳易新，法非不善，但地方官吏，奉行未必有方。樂歲之民，不願借糴官米，則有勒買攤借之患。如遇荒歉，則秋成買補之時，追比紛然，民且重困。今既多貯米穀之處，減其額數，則各處所存米穀，皆不過數千至一二萬石。仍嚴飭地方官，設法收貯晾曬，倘值收成歉薄之年，應行發糶者，呈詳題請可也。理合具題，伏乞敕部議覆施行。

覆虧空霉爛米穀例疏康熙四十二年二月初八日

臣李光地謹題，爲欽奉上諭事。康熙四十一年十二月十三日，準户部咨福建清吏司案呈抄，蒙本部案驗江南清吏司案呈。該臣等會議得康熙四十一年十一月二十五日，上諭大學士馬奇等：「各省府州縣經管錢糧官員，虧空庫銀，理合照定律處分賠補，其虧空霉爛存倉穀石者，既經賠完，仍行治罪，似屬太過。且各州縣存貯米穀甚多，倉廒不能盡貯，在各處分貯。且南省地方，又係潮濕，米穀易至霉爛。爾等應與九卿會議具奏。欽此。」仰惟我聖主洞鑒下情，上諭諄切。查存米穀年久，不無虧空霉爛之虞。嗣後凡官員將存倉一應米石虧空霉爛者，該督撫題參，仍照革職留任，限一年賠補，賠完免罪復職。如逾一年不能賠完者解任，再限一年賠補，賠完仍準復職。如二年外不賠完者，照定例擬罪，著落家産追賠可也。康熙四十一年十二月初四日題，本月奉旨：「著行文各省督撫等，照此議行可否之處，各定議具奏。欽此欽遵。」相應行文該督撫，欽遵施行等因到臣。該臣看得存倉米粟，關係緊要，虧空處分，定例甚嚴。荷蒙皇上俯念虧空霉爛米石，既經賠完者，仍行治罪，似屬太過。復命臣等定議具奏。臣恭繹上諭，虧空霉爛米石者，蓋謂因米石霉爛以致虧空者耳，非謂任意侵蝕至於虧空，而可與霉爛者同邀寬典也。查倉貯米穀，歷年俱經行令加謹收貯，至新舊官交代之時，又例有開倉盤驗，其參雜糠粃及陳腐不堪者，皆鼓扇换補，然後收受。是則本官任内，雖逐年霉爛，或所不免，然亦不過十分之一二耳。今若不計虧空多寡，皆準其留任賠補，則不肖官員，或將米穀盡數侵盜，藉口霉爛，亦未可知。至於僥倖留任之時，則又功名心重，此一年之内，必至私派病民，以補空缺。以臣愚見，嗣後如有虧空，發覺指稱霉爛者，令該管上司，核其所虧分數。如於本州縣存貯額内，虧三分以下者，應如部議，革職留任，限一年完補復職，不完者解任。再限一年完補，仍準復職。其虧空三分以上者，不準混稱霉爛，仍應以虧空倉庫論，照例解任，審明侵那。除侵欺按律處分外，若果係那移，能於解任一年内如數賠完者，亦免治罪，仍準復職。此兩項人，如限内不賠完者，照定例擬罪，著落家産變賠。如此，則官員既沐皇上體恤之仁，又不得因此而耗倉儲於平時，累閭閻於事後，似於積貯稍有裨益也。伏乞勅部議覆施行。

請汰河工冗員疏康熙四十二年十月初三日

臣李光地謹題，爲請汰河工冗員，以專職守事。竊照永定河設立分司筆帖式等官，定例三年限滿，保題議敘。後於康熙四十年九月内，奉旨：「筆帖式等官，保守年限，從今春爲始，滿日查明保題。」欽遵在案。今三年將滿，容臣另行查明具題外，臣查永定河兩岸，設有分司二員，正筆帖式十八員，副筆帖式十八員，把總四員，及情願在工效力之人甚多。雖保守河工，需人料理，然員冗則難覈其賢否，責專則易課其功過。如多容年幼不經事之人夾雜其中，不無糜費錢糧，貽誤修防之弊。臣愚謂此等正副筆帖式，似應俟其今年限滿之後，量行裁缺。其收發錢糧，保守工程，應留用幾員之處，令分司自行酌量揀選，呈臣題明，永爲額設。此外俱行裁去。倘分司瞻顧情面，仍將才具不堪，與幼小未諳之人，混行保補，貽誤河工者，應將分司嚴定處分，以責實效。惟是直屬清河，因無歲修錢糧，將工程交與地方官保守。永定河既有歲修錢糧，又有分防筆帖式等官，所以地方官並無責成。但河工於搶修要緊之時，如僱覓人夫，採買物料，非州縣官和衷協助，或致呼應不靈。嗣後永定河歲修，遇有僱夫採買等事，似應令分司足發價銀，與沿河之霸州、固安、永清、東安等處，協同僱備。如分司發價短少，應行參處，如州縣僱備怠玩，推諉貽誤者，亦降清河一等，定爲處分之例。庶地方官與河員，有共相保護之責，其於工程似有裨益也。臣再有請者，永定河雖有兩岸，而河止一道，且兩岸相隔不遠，舉目可周。若將分司裁去一員，只留一員總理河務，似爲責任專而無彼此隔膜之異。是否可行，伏乞聖裁。

請發倉賑借仍酌行平糶疏康熙四十二年十一月初八日

臣李光地謹題，爲特請發倉賑借，仍酌行平糶之法事。看得直屬今秋低窪州縣，報被水災，經臣將永清等處被水民人，題請賑借米穀，並聲明沿河災甚地方，如有應賑應借之處，察明報部等因具題。部覆奉旨行令查明，作速賑借，並有應賑應借之處，察明具題，到日再議等因。行據守道宜思恭呈覆前來，臣查得永清、寶坻、廣平、安州四州縣，及大名府屬各州縣，已準部文行令分别賑借。其餘沿河窪下州縣，經報災者，如薊州、豐潤、玉田、武清、梁城所、慶雲、故城、鹽山、南及〔一〕、青縣、滄州、景州、静海、天津衛、雄縣、新安、大城，以及永清縣之小惠家莊十二村等處，再有不成災而亦被水，如吴橋、東光、阜城、任丘、高陽、寧晉、唐山、曲周、雞澤、清河等處，經臣駁察明白，皆應分别賑借，以恤窮民。但臣伏思，今歲米價，比常頗騰，發倉以濟貧民之食，其施有限，而平糶以出富家之穀，爲惠無窮。今除被災稍甚，無力買糴者，仍應分别賑借外，其餘所存米穀，俱令道府察明實在數目，交與州縣，確訪時值，量減平糶。如時價稍平，即復量減，務令富室不得擅困倉之利，庶小民不致有升斗之艱矣。如地方官出納不清，實未賑濟，而妄報賑濟，及借出米穀，假捏非實，至明歲借口民窮不能還倉者，除勒該州縣賠補外，仍行參處。至平糶所賣過價值，皆即時解交道府，至收成時領買實儲。其價值務須比時值逐漸量減，争差三二十錢之間，方許開報。如有與時價大相懸絶，借口賤賣者，必係官吏侵蝕入己，仍行追賠參處可也。伏乞勅部議覆施行。

覆社倉疏康熙四十三年三月初四日

臣李光地謹題，爲欽奉上諭事。户部會議社倉一案，奉旨：「這事情著差人問直隸巡撫去。欽此欽遵。」臣恭惟皇上念切休養，深求備豫之方，既於直隸各省，設立常平倉儲，復考古社倉之制，分貯鄉村，不使有司經管。恭繹諭旨：「直隸地方，有滿州莊頭，可會合數村，立一社倉。其管理社倉事宜，令於莊頭内，有伊等願付托之人選出，交與收貯。若係民人村莊公設社倉，則於民人内，伊等願付托之人選出，交與收貯。誠爲區畫精詳，可以廣積蓄而裨民生者也。」臣自去歲奉旨後，即通行各府，妥議詳籌，鼓勸輸將。因去歲適值米貴之年，富民出穀未能甚多。據現在報到，永平、宣化、保定、正定、順德等府，米穀等項二萬七千一百一十二石零，尚有順天、河間、廣平、大名數府，未經冊報，約亦不下一二萬石。如今年夏麥秋禾，洊獲豐登，則好義願捐者必益衆矣。但立法之始，應有成規，除旗民村莊，俟冊齊日，分别量地設倉，收貯看守，另行奏聞外。可否分上中下歲，上歲加謹收貯，中歲糶舊貸新，下歲量口發賑。並應否令地方官，勿得預其出入之權，但令主其事者，每秋後開單報官，俾有鈎考。伏乞勅下九卿詳議，面請聖明裁決指訓。庶可以遵守奉行，貽永利而不至於滋羣弊也。臣謹就直隸現行之事條對，其各省或土俗不同，事宜各别，應聽九卿行查。臣謹奏請聖裁。

辭大學士不允恭謝疏康熙四十四年十一月

臣李光地謹題，爲恭謝天恩事。康熙四十四年十一月二十八日，準吏部咨，爲微臣叨恩非分，冒罪控疏瀝辭，仰冀聖慈俯察誠悃，以紓微臣忝竊之咎，以安微臣報效之心事。康熙四十四年十一月十九日，奉旨：「覽卿奏知道了，已有成命，不必控辭，該部知道。欽此欽遵。」移咨到臣。切臣學淺才庸，起家寒陋，早歲叨登科第，歷受聖朝厚恩，謬列清華，洊膺卿貳。自承特命，提督順天學政，繼以巡撫直隸，前後九載，力小任重，愆過多端。中間如水利農田，河渠堤岸，及一切備災振窮之政，皆籌自聖心，並有成策，且復屢煩鑾輅巡閱郊畿，凡地方事宜，莫不面承方略，而臣奉行無狀，績效不彰，難逃六計弊吏之條。況值三考黜幽之候，恭逢皇上仁同覆載，念其爲久次舊臣，蕩滌斑瑕，保全終始，恩光下照，寵賚宏施。真求之千載而難逢，矢之三生而莫報者也。伏念臣自守土外吏，躐長六卿，非分所安，至今惕息。兹乃欽承新命，俾佐綸扉。恩出踰涯，懼深覆餗。昨披瀝微悃，仰瀆聖聰，實出惶怖之私心，非敢襲控疏之陳迹。復荷恩旨下逮，慰諭有加，載感載慚，措躬無地。顧庸虛之陋質，彌凜淵冰，撫衰暮之微軀，重虞尸素。惟有仰承聖誨，勉竭駑鈍，依附天光，幸完晚節，上覿皇上萬世無疆之盛化，下酬微臣平生未報之恩私而已。爲此具本奏聞，伏候勅旨。

萬壽六十謝恩疏康熙五十二年三月

固山貝子領侍衛内大臣，滿、漢大學士，八旗滿州、蒙古、漢軍諸臣，九卿、詹事、科道，公同謹奏，爲恭謝天恩事。欽惟皇上至仁性植，景福天申，躋一世於春臺，享萬年之曆服，大德得壽，聖有明徵，昌後燕天，詩歌炳焕。兹者恭逢萬壽六十，自近畿遠省，暨於海澨邊陬，老幼扶攜，犇趨闕下，盈千累萬，祝聖瞻天。此真發於愛戴之公心，故不覺其歡呼之同願。自三月朔日起，至二十一日，日霽風和，塵霾不掛。輦輅所經，萬姓跽伏焚香，填塞道路，咸得仰觀芝宇，俯愜葵傾。蒙皇上賜席數千張，沿途擺設，醉飽天恩，普及氓隸。逮至祝頌事畢，二十二、二十三兩日，甘雨應時，淋漓普遍，貽我來牟，兆啓豐穰。臣等愚昧，有以窺天意人心，上下響應，斷斷乎其不爽也。更蒙皇上軫念遠來官民，於二十五、二十七等日，舉行養老之典，且使臣等在朝滿、漢大小臣僚齒及格者，皆得與焉。皇上御門，親酌臣民老者酒，又命諸皇子皇孫，執爵傳觴，遍行勸侑。二十八日，又宴八旗年老婦人數千於皇太后宫中。隆儀渥澤，振古稀聞。凡兵民男婦年六十五以上者，賜緞匹銀兩有差。又進臣等於内六十五以上者，賜煖涼帽、袍褂靴襪、賓硯各有差。《詩》所稱般賚之恩、旨酒之燕、衮黼之錫，未足爲喻也。至於舊臣以詿誤落職者，皇上憫其年老，還以原官，使完晚節。其中大臣有逮事世祖章皇帝者，則復特加宫保，以示殊恩。故事，恩詔封蔭，止於現任，特旨準休廢在籍諸臣，亦得均霑。此皆歷代之所未有也。皇上又手撰諭旨，示天下老人以朝廷優養之恩，實爲草野風厲之本，俾各歸家教導子孫，力行孝弟，以篤風化之源，以興禮樂之基。訓辭深厚，臣等跪讀之下，莫不悚然動心焉。伏念臣等生際明期，躬逢曠典，平昔之所未聞者，今日乃得親見。千載一時，欣幸何極。況乃共沐恩波，光榮逾分，感極生愧，又未知枯朽之身，何以仰酬雨露於萬一也。臣等不勝懽忭感激之至，謹合詞具奏，稱謝以聞。

進方略疏

臣李光地謹奏，爲纂修方略，繕寫已竣，恭呈御覽事。臣等恭惟皇上聖德神功，超越前代。御極以來，内收叛亂，外靖凶殘，絶島窮荒，靡不歸命納款，固已輝煌史册，照耀古今矣。乃者厄魯忒必𠃵其鴟張，摇我邊鄙，屢逆明旨，致犯天誅。皇上欲詒中外之治安，不憚聖躬之勞瘁，三臨遠塞，盪滅元凶。自兹萬里朔漠之區，同奉五服要荒之職，功尤邁於曩昔，事宜播之無窮。臣等遵奉綸音，纂修方略，祗憑記注，用效編摩，不敢虚飾一詞，庶幾徵信萬禩。惟淵謨睿慮，非管蠡所能窺，而大烈耿光，愧覲揚之不盡。臣等謹率在館官員人等云云。

恭請調護聖躬疏

固山貝子領侍衛内大臣，滿、漢大學士，八旗滿洲、蒙古、漢軍諸臣，九卿、詹事、科道，公同謹奏，爲大孝之尊養已隆，聖躬之調護尤亟，伏乞勉循古制，俯順輿情事。臣等竊惟皇太后違豫，皇上憂焦，以致頭暈足腫，仍勉强親詣寧壽宫看問。皇太后握手心傷。復移御幄，次於蒼震門内，衣不解帶，輾轉中夜，未曾安寢。聖躬因而勞瘁，頭愈眩暈，不能支持。臣等不勝恐懼，合詞奉摺懇請回宫。奉旨：「朕昨住帳幄，因體不能支，今暫移房舍。欽此。」臣等既未遂回宫之請，又恐皇上至孝純誠，皇太后脱有不虞，必欲盡情盡禮。仰惟皇上春秋已高，又值時適抱恙，倘或哀勞不節，此臣等之所大憂懼也。臣等謹按，禮稱六十不毁，皇上聖算已瀕七旬矣。夫力不能養，則有菽水之恨，養不逮年，則有風樹之悲。古今孝子，緣此傷痛。今皇上富有四海，以天下養而皇太后聿躋上壽，受備物之奉者幾六十年。是皇太后之福，皇上之孝，皆極古今之所稀。言念及此，聖情亦可以寬慰矣。至於禮之儀節，臣等雖愚，豈不知皇上孝思維則，爲萬世師。然考漢儒鄭康成，最精於禮，其論國有大憂，而君有疾者，使子執事。朱子深以其言爲是，議之於朝。即朱子謹禮終身，及暮年有疾，遇家祭祀，坐視子孫拜跪而已。此皆禮典之明證，前輩所已行。伏乞皇上深抑聖情，俯衷古制，如有不諱之事，命諸皇子悉心經紀，凡拜跪行走，一切勞力禮節，聖躬切未可身親。萬分保攝，以仰體宗社之重，以上慰皇太后之心，以下愜朝野臣民之望。臣等不勝迫切懇款惶悚之至，爲此謹奏。

【校勘記】

〔一〕「及」字疑誤，似當作「皮」。

榕村全集卷二十八

劄子一

覆發示朱子全書目録及首卷劄子

臣李光地謹奏。臣伏讀諸臣所進御纂朱子全書目録及首卷，竊惟朱子平生著述，除注釋諸經諸子，如四書集註、或問，易經本義、啓蒙，詩傳，儀禮經傳通解，太極通書、西銘註，以至韓文考異、楚辭辨証、參同契考異諸成書外，其門人所編文集及語類，又不下數百卷，弘深奥衍，與諸成書相爲發明。明永樂間，所採入性理全書者，殊爲未備。恭遇皇上特命儒臣，依倣門目，逐類增入。自此朱子譚經論道，以及講世務、評人物之言，披卷粲然，無復遺憾。誠聖代表章之盛規，儒林折衷之要典也。謹詳諸臣所編，皆出文集、語類二書，而諸成書孤行於世者，不復採入，最爲得體。即明永樂間性理全書所收，亦據文集、語類二種，不敢離析成書也。但閲諸臣採摭，尚有易圖説、楚辭註一二條，此類似應删去。再詳諸臣各段下所註，既有語類、文集等字樣，又有朱子經濟文衡、性理小註，及朱子節要、朱子近思録等字樣。臣愚謂經濟文衡，即就朱子文語編出者，似不應或謂之文集，或謂之文衡也。性理、太極圖等小註，即是節取文集、語類附入者，只應於性理本篇中兼載，亦似不應纂入他處，另立小註名色。又明邱濬有朱子學的，高攀龍有朱子節要，近年汪某者，合二書爲朱子近思録。此等書皆出於文集、語類之後，所採俱在文集、語類之中，亦似不應另立名色。臣愚竊謂，性理原文，每類皆應悉仍其舊，其下註六字云「以上性理原文」。其餘續添者，出文集則註明文集，出語類則註明語類，而總註四字云「以上續入」。此外諸書名色，總不出文集、語類二書之中，似可無庸分别。伏候聖裁。

進朱子全書首卷並請改定書名劄子

臣李光地謹奏。臣於四月十二日，蒙皇上面發朱子全書首卷一册並稿本一册，命臣接原任左都御史臣吴涵編次，仍與原任大學士臣熊賜履商議酌定者，欽此。臣等即會同重加校勘增改，註明語類若干條，文集若干條。其出自文集，應註明某篇者，亦逐一註於每條之下。今另將首卷繕寫進呈。恭惟皇上躬膺千載之道統，默契列聖之心傳，於近世儒哲，尤特重朱子之書，自深宫以至巡省，無不留神覽閲。其選擇之精，折衷之當，誠非臣等愚陋，所能仰窺萬一。伏候皇上睿覽，裁定發下。臣等又伏思御纂之盛意，蓋分别門目，以便學者誦習，所以嘉惠天下後世，至明切也。書名應否改爲類書，統候聖裁，以光大典。謹具摺奏聞。

進朱子全書第三册並請改祭祀神示目劄子

臣熊賜履、李光地謹奏。本月十五日，蒙皇上發回朱子全書首册、次册凡四本。臣等祇受捧讀，其第二册内簽二處，謹已欽遵改正，仰見皇上覽閲精詳，無微不到，臣等雖校讐數十過，不能及也。所有校畢第三册，相應一並呈進。内有「論祭祀神示」一目，臣等切思上篇既有「祭祀祖考神示」，則此篇之義，已包之矣。今語類及性理大全復以祭祀神示爲目，似涉重複。且神示者，謂天神地示，皆尊稱也。細尋此篇所論，多世俗怪神、土木淫祠之類，則統以神示之號，似亦非宜。臣等謹擬改爲「雜論祭祀鬼神」，未知可否，旁貼浮簽，統候聖裁。謹具摺以聞。

賜諭停覽朱子全書覆奏劄子

臣熊賜履、李光地恭請聖安。七月三十日，學士等自行在寄信到臣等，内開七月二十八日，傳旨：「前發朱子全書第二冊、第三冊後，微有目熱多淚，一切奏章，照常批發，而朱子書尚未能細閱，即書字亦未曾寫。近時存養目光，今已全愈，仍當朝夕披覽。爾等可傳諭大學士李光地知之，勿謂朕久疎文翰也。欽此。」臣等恭惟皇上念典之勤，前超漢、宋心傳之妙，上接唐、虞。不特臣等曲學末光，難賡二曜，即古來理義象數，盡炳中天矣。而猶宅衷彌虚，遜志時敏，就將不倦，動巽無疆。偶因觸熱而停披，即以惜陰而賜諭。跪讀之下，備見聖心。退誦之餘，祇增臣愧。伏惟緝熙者日月之運，傾向者葵藿之私，仰祈頤養天和，稍紓睿覽，俯徇誠款，庶遂瞻依。臣等不勝感激懇悃之至。

條奏朱子全書目録次第劄子

臣李光地恭請皇上萬安。本月初二日，南書房發出朱子書一封，御筆批：「此書送南書房，交大學士李光地。欽此。」臣祇領檢讀，已欽遵指示改正訖。所有繕就第十二卷至第十四卷謹送交南書房進呈，伏求聖誨。臣查前進呈目録内，其讀書法及讀經、讀史等題，原在力行、教人、人倫等題之後。臣愚陋淺見，切惟讀書、窮理，乃一事也，故朱子行宫便殿奏劄，有云：「爲學之道，莫先於窮理，窮理之要，必在於讀書。」此朱子告君之定論也。然則讀書法與讀經史諸題，似應與致知相次，不應在力行之後。又有理欲義利、君子小人之辨一題，原在力行條下。臣愚切惟明辨於理欲義利、君子小人之際，實致知之事也，辨之明，知之真，然後行之果而守之固。則此題似亦當與致知相次，不應在力行條下。臣謹稍移其序，繕卷進呈。但恐愚昧寡識，於理有悖，伏乞皇上明賜指誨，以啓迷蒙。或應仍舊，即可改正，另行繕寫。

臣又更有請者，查原目録內，首十數卷論學之後，即繼以四書六經、諸儒諸子、歷代人物等目，然後及於治道。臣切惟大學格致誠正，與齊治平相爲表裏，孔子告君，達德達道，與九經相爲經緯。蓋天德王道，同條共貫，自堯、舜、禹、湯，至我皇上皆然也。臣妄謂首十數卷論學之後，似即宜繼以論治。而論治諸目，則宜以奏疏爲首，然後以君道臣道、養教兵刑、用人理財等目次之。如此，則開篇數十卷之中，而内聖外王之道備矣。然後繼以四書、六經，以證明之，又繼以聖賢諸儒、諸子百家，以折衷之，又繼以歷代人物，以參考之。似爲得先後緩急之序，而使天下後世學者，知爲學爲治之出於一，不作兩意推求也。臣無知臆度，愚妄已甚。今繕至四書，暫停候聖旨明訓，或可接寫治道，或應仍舊接寫四書、六經等類，統容臣遵訓行。臣又按朱子當日，有手自紀録與蔡元定講論之語，名曰翁季録者。此書自宋人罕見之，然近年（下闕七字）〔一〕家有此書，後因兵火失落，則是猶傳於人間也。恭遇聖駕南巡，乞旨下獻此書者給賞。倘幸而復得，以備朱子之微言，則萬世學者幸甚。臣煩瀆聖聽，不勝悚惕之至。

命移商熊賜履朱子全書條目覆奏劄子

臣李光地恭請皇上萬安。臣於本年六月初二日，奉旨：「朱子全書關係緊要，交與熊賜履、李光地纂修。今所奏目録次序，有未畫一之處，著李光地移會熊賜履，商酌妥當，畫一奏明。然後將書呈進。」又於本日奉旨：「此書完竣，欲發與熊賜履看，若到彼時有所辯駁，則從頭更張，必致擔閣，而書無完期矣。須乘此時商酌妥當，則趲日纂修，方無遲悮。欽此。」臣即具書並詳列應商條件，連前後寫就書卷，專差家人前往江寧府，投遞熊賜履家。今得其回答手劄，於七月十七日到京。其現在論知行處數卷，臣已依熊賜履舊目編纂，經熊賜履留去人住三日，一一看訖。今恭呈聖覽，乞睿裁指示。所有向後目録，臣恐路遠，難以零星商議，總列劄後，俟熊賜履逐條批定。今得回字，令臣於重複處酌而刪之。謹將熊賜履回答原劄，附呈聖覽。以後編纂，庶幾畫一，無復參差，以仰副聖明鄭重責成之意。臣不勝戀慕悚切之至。

請發朱子全書磨對劄子

臣李光地謹奏。臣奉修御纂朱子全書，所有未完各類，謹繕寫爲八卷，恭呈聖覽。通計全書凡八十二卷，其目録次第，遵依聖諭，以四書、六經爲首，然後分類編次，自理氣以下，至於詩文而止，奏牘及自著書序跋兩類，舊目所無，皆遵旨添入者。謹將目録一卷，一並呈覽。臣竊惟朱子之學，粹然孔、孟之傳，誠有功於人心，有裨於世教，元、明以來，雖家誦户習，然未有傳其心，嗜其書，躬踐其道於修身齊家之間，而實驗其效於治國平天下之遠，如我皇上者。所謂先聖後聖，如合符節，孟子之言，信不爲誣。此書之纂，條條皆經皇上覽閲斟酌，間有筆畫及句讀訛謬，隨貼内簽，命臣改正。近又面奉諭旨：「首以四書、六經，次分門類，足見朱子平生精力，盡在研究經書之指而闡明之，平生議論，無非源本經書之指而發揮之。朱子之學，即孔、孟之學，一披卷而原委昭然矣。」聖見高明，尤非從來諸儒編集以流傳於世者，所能幾望萬一也。臣愚昧淺謭，雖一一稟承聖誨，繕寫成編，次第進呈已畢，然此書關係甚大，伏乞聖明裁定之餘，召臣面諭可否。又書之卷數既多，前後恐不有臣愚陋未能通曉者，因得隨事面請，逐句記憶，以便遵行。無重複參錯，更乞皇上全覽後，盡行發下，容臣通融全部一一磨對。如有重複參錯之處，更改抽換，另繕進呈。庶幾不至譌舛，以干罪戾，臣不勝惶悚。

進校完朱子全書劄子

臣李光地謹奏。前因臣承修朱子全書告竣，面請聖旨，乞將陸續進呈卷册，盡賜發下，便臣從頭磨對。其目録次第，奉旨改正者，逐處改正。或因篇帙浩繁，前後有重複參錯應抽換者，逐處抽换。荷蒙俞允，將全書發下，已兩月餘。臣謹細加覆閲，逐類編摩，所有目録次第，悉遵明旨，釐定卷數。内有重複數十條，及遺漏數條，俱已更换補備訖。凡爲卷八十三，分作五十五册，裝成八套，相應恭進御覽。仍將奉旨並請旨條件，開列於左。

一、性理、語類諸書，所分門目，原以理氣、太極、陰陽爲首，臣面奉天語，朱子平生功夫，在於發明四書、六經，須以四書、六經爲首。臣仰見睿識高卓，遠出宋、元、明諸儒萬萬，片言之下，遂令朱子之書，規模一新矣。謹遵依序列編端，然後繼以分門云。

一、朱子有萬言封事數篇，竭忠愛之誠心，實理亂之龜鑑。若破析分入各類，則無以見其立言先後本末，委曲詳盡之致。臣面奉天語，奏疏須自爲一門，不可破析。聖見高明，又從來編集類書者之所未知也。謹遵依另立門目，以封事奏劄論道經邦者居前，以謝恩辭官進禮退義者居後，俱録全文，不敢破析。

一、臣於聖駕避暑前請旨，奏疏敘於朱子内外任之後，荷蒙聖俞，今遵依列序。

一、臣於聖駕避暑前請旨，治道中所有細目次序，頗覺雜亂，似當略倣六曹職掌，次第編列，荷蒙聖俞，今遵依更行寫定。以上數條，皆係奉旨事理，其餘篇目先後繁簡，俱是熊賜履在時，與臣斟酌議定者，無所更改。

一、理氣門類下細目，先以總論，次太極，次天地，次天度曆法，次天文，次雷電風雨雪雹霜露，次陰陽五行時令，次地理潮汐。臣愚見竊謂，陰陽五行時令，似應接太極天地之後。蓋周子太極圖説，首言太極，即繼以陰陽兩儀五行四時也。天度曆法，似應接天文之後，蓋有日月星辰，然後有行度，然後有曆法也。地理似應即繼天文天度曆法之後，蓋有天文即有地理也。雷電風雨雪雹霜露，似應在地理之後。蓋此數者不可謂之天文，乃地氣上交於天，絪緼聚散於兩間者，則當附天地之後也。然臣所見，未能確當，故原本不敢更改，謹別寫二冊，另封請聖明教誨。或可採，則乞發下南書房詞臣，檢對换入。如無當於理，則仍用原本。統希皇上裁定施行。

覆朱子全書刪節幾條劄子

臣李光地謹奏。魏廷珍、王蘭生、梅㲄成傳旨，十月初五日，奉旨：「朱子全書已看完，選得皆妥當，惟『吾與點也』章太多，有可刪者，就刪去幾條。欽此。」臣謹遵旨覆閲，此章所收，果屬冗長，其間説曾點實能爲堯、舜事業處，亦似稍有過當。恐門人記録朱子之言，不能無誤，謹擬刪六條，逐處簽貼。乞聖裁。十月初八日，奉旨：「『其次致曲』章，『問其次致曲』條，隨其善端發見於此，便就此上推，致以造其極。發見於彼，便就彼上推，致以造其極。與引蘇軾數語，其意有似乎釋氏所謂『專用想於一處，而不他適』者。見李光地説與他仔細想，若於道理無害，就存著，若有啓人疑惑處，就去了。欽此。」臣仰見皇上辨理之精，入於毫芒，非臣等粗淺之慮所能至也。細看後，數行以仁義爲言，又似不礙儒者功夫。乞聖裁。十月初九日，奉旨：「易首卷『一二三四九八七六最妙』條，註云『丙丁合辛壬合』，有錯否？問李光地。欽此。」臣按十干日數，丙與辛合，丁與壬合，今云丙丁合辛壬合，意未明白。聖鑒極是，上一「合」字，似當改作「與」字。乞聖裁。

覆發示圖象第一劄子

臣李光地謹奏。本月初九日，蒙行在發到臣易學圖説共三件，仍奉上諭：「朕避暑山莊，常多幾暇，參河、洛數目，偶得數之合於古書者有幾條，欲問通達易理者，無一人知道。卿留心易學最久且明，若細察可以知朕之用心矣。但易理無窮，失傳已久，此圖此論，未必甚當。況自己之意見，不敢即爲是，卿看此論，自然明白。若未合於理者，直言勿隱，倘有些須可用者，朕再細察，另畫圖樣並用法開列寫去。欽此。」恭惟皇上聖學淵深，妙極道數，發遺經之閫奥，探皇古之端倪。蓋有歷代鉅宿名儒，所未能測窺者。臣章句末學，所知不踰文義之近，忽承封示聖製圖書，又賜諭旨，令臣詳看，且許以直言無隱。臣伏讀連日，茫不得其涯涘，真如籬鷃之乘長風，井蛙之遊滄海，目眩心迷，疑是而非，雖欲從之，末由也已。賴皇上條畫詳明，立象以盡意，撮要以盡言，俾臣下愚，亦得按圖循文，粗見髣髴。至於賾理精義，尚多未通。恭遵明旨，敬附所知，逐條開列於後。其愚蒙未曉了者，亦因奏請聖誨。自省於高深無所發明，惶悚累息，言多舛差，伏乞聖慈矜恕。

一、天尊地卑圖，次第相乘，得天地始終全數。臣恭繹此圖，正與司馬光潛虚圖樣相同。但司馬光衍河圖數，一一得一，二二得四，三三得九，四四得十六，五五得二十五，六六得三十六，七七得四十九，八八得六十四，九九得八十一，十十得百，合之得三百八十五。數雖有合於易爻三百八十四中，含虚一之理，但天地之大數，猶未全也。今以所得乘數，逐旋相乘，極於三百六十二萬八千八百，然後天地終始之數，周而無餘，變化盡而能事畢矣。

一、三皇歲數。臣謹按邵雍之説，謂一元有十二會，如一年有十二月。天開於子，如一年之子月，陽氣回也。地闢於丑，如一年之丑月，土膏動也。人生於寅，如一年之寅月，萬物萌芽也。儒者取此以證三皇之説，故謂天皇十二人，是十二會全數，各一萬八百歲者，每會一萬八百年也。地皇十一人，是從丑會算起，去子會而言也，亦各一萬八百歲者，每會亦一萬八百年也。人皇九人，是從寅會開物算起，至戌會閉物而盡。前去子丑，後去亥而言也，亦各一萬八百歲者，每會亦一萬八百年也。據此説，則當依綱鑑補作一萬八百者爲是。但據此説，又須改古書十三爲十二方合。又一本作人皇兄弟九人，合四萬五千六百歲。按九會之數，九萬七千二百年，今以開闢至中天折半算，得四萬八千六百年，亦須改古書五千爲八千方合。未知是否。

一、河圖衍六層之數。臣恭繹圖象，河圖四面之數，衍以六層，凡三百有六十，當期之日，而且縱横與天地之數，無往不合，可謂妙矣。又按朱子説蓍策，亦起於河圖四面，其西之老陽九，合於北之太陰六，其東之少陰八，合於南之少陽七，皆得三百六十。今玩聖明所衍，則其西其北之數，得百八十，亦老陽老陰之合也。其東其南之數，得百八十，亦少陽少陰之合也。蓍策所謂「當期之日」者，實以此爲根原。此朱子所未言，至皇上而始發者矣。

臣自少受經，於文義多所未通，前儒訓解，亦未詳晰。如尚書洪範曰：「月之從星，則以風雨。」切疑日行月行，俱經列宿，而獨云月之從星，何哉？又禮記禮運篇曰：「天秉陽，垂日星，地秉陰，竅於山川，播五行於四時，和而後月生也。是以三五而盈，三五而闕。」又切疑天有三光，日月星皆懸象於天者也。今獨云天垂日星，而以月爲天地之和，何哉？積思累年，猶未省豁。今伏讀圖說，乃悟所謂月之從星云者，不獨謂風雨陰類，月實主之。蓋其行度一日而離一宿，故以二十八日遍歷周天二十八舍。此則月從星之義也。又悟恒星與七政，獨月與人最近，故凡萬物胎產，皆以月爲節。皇上所謂「『月』字乃『肉』字，係於下土，居中爲人」者，豈非天道聖奧，精微不傳之蘊哉！惟月爲天地之和，故人爲陰陽之會。孔子禮運特揭之指，於是可通矣。且皇上之發明人道，又不特此也。恭玩諸圖，皆以天地二者之數合而成人，因悟洛書四正四維之位，其一三九七，順而左旋以相乘者，參天之數也，二四八六，逆而右行以相乘者，兩地之數也，中五特立而自乘者，乃天三地二之合，是人位也。人爲天地之心，而皇又爲人類之首，故洪範於中五曰「建皇極」，明乎天地之性，全具於人，立人之道，皇爲之標。皇極建，則上天下地之理，於此合矣。由此觀之，古所謂三皇者，即皇極之皇也，天皇云者，猶言天之帝耳，地皇云者，猶言地之祇耳，人皇云者，則正謂繼天地、統萬類之主，洪範所謂「爲天下王者」是也。其所著人歲之數，不過推元會以見三才並立之原始，表曆數以示皇極配天之無疆。古書多隱語，故神奇其説如此耳，豈真有兄弟迭興，沕沕穆穆於羲、黄、堯、舜之前者哉？我皇上既以三皇之號，盡歸之理數，義以天地之道，悉統之人皇，足以破邃古之荒唐，啓河、洛之秘要。皇上之膺道統而衍心傳者，於是在矣。臣幸荷聖教，略有開悟，然螢爝之光，所照咫尺，恭遵聖諭，揣度妄言，譬如捏眼生花，總非實象。自知庸謬，悚慄良深，伏乞皇上裁削開示。

覆發示圖象第二劄子

臣李光地謹奏。本月十九日，臣因奏摺，奉御批：「卿之所看極詳。摺内有洛書四正四維之位，其一三九七，順而左旋者，參天之數也，中五特立，乃天三地二之合，人位也等語，正在第二次發去圖中，所有之理。卿未見之前，已知之矣，不用朕多諭。今將大圖隨報帶去，卿再細察便知。」又批：「自三三圖至十十圖，在算法統宗内有，其理全無。欽此。」臣謹披圖伏讀，歷晷移辰，未能得其端緒。恭惟皇上躬上聖之姿，性與天合，而且探賾索隱，積慮功深。豈臣愚下淺陋，一二日之間，所能曉了。潛神累夜，略見端倪，但恐億度之言，不能屢中，謹條列所見，恭求聖明教誨，以指迷蒙。

一、大圖所衍河圖全數，有微圓積數之法，有平方乘法，有立方乘法，逐位注明，逐層結斷，算術源流，已盡於斯。然從來爲算學者，率於本源未徹，惟我皇上心通至道，即數窮神，寫天象地形之真，發太極三極之奥，倣結繩而作天尊地卑之圖，若網在綱，有條不紊。不獨操籌握算者通之，其用至博，而窮理盡性者得之，其妙無窮矣。

一、微圓逐層積數，與三三至百子八圖，相爲表裏。然則微圓積數者，三極之天象也，八圖者，亦容方之地形也。天圓地方之象，天三地四之數，皆於是乎顯矣。

一、臣謹按三三圖者，即洛書之數，神禹所爲敘九疇也。從來説洛書者，皆以五行生尅言之，惟「三三」兩字，最盡其妙。蓋神禹所敘者，三才之理，而又三其三，以爲九疇也。

一、臣謹按四四圖者，易互卦之數也。易卦有六十四，以中四爻互之，只得十六，邵子所謂「四象相交，成十六事」者是也。

一、臣謹按五五圖者，古龜卜之數也。龜卜之數，起於五行，洪範所謂「雨、霽、蒙、驛、克」者是也。重之爲二十五，又重之爲一百二十五，周禮所謂「其體百有二十」者，去五純體，故云百有二十也。今其法雖不傳，然洪範、周禮注疏尚可考。

一、臣謹按六六圖者，甲子之數也。干支相乘，究於六十，六其六而一年之數周矣。

一、臣謹按七七圖者，蓍數也。大衍之數五十，而其用止於四十有九。蓋一年三百六十五日四分日之一，以日法四乘之，得一千四百六十一，以月法三十除之，得四十八十分之七。四十八者，蓍之揲策也，應三百六十日之整數也。十分之七者，蓍之掛策也，應五日四分日之一之盈分也。故孔子繫辭傳，以之象二氣四時期月閏法，蓋爲此也。

一、臣謹按八八圖者，卦數也。易卦有八，重之爲六十四。

一、臣謹按九九圖者，算法之總數也。數有十，而用止於九。蓋至十則還於一，而十無位故也。此數之所以乘除消長，而無終窮。隸首造九章，與伏羲畫八卦同功者，以此。

一、以上諸圖者，天地文理粲然列於其中，羣聖製作範圍於其内。顧自理數之學分裂，至我皇上，然後天人之道，一以貫之。曆數在躬，造化在手，萬幾之暇，研極深微。羅列諸圖，溯厥原本，自羲、農以來，不傳之精藴，揭於中天矣。

一、十九歲一章，氣朔分齊，每歲十二月，得二百二十八箇月，並七閏月，爲二百三十五也。圖中下層，硃書十九，上列墨書二三五，恐是此數。

一、二十八歲七閏日之法，及圖下層硃書二八，上列添墨書三字，臣未能通曉，姑以妄意揣測。每年三百六十五日四分日之一，其三百六十五日，整日也，四分日之一者，零分也。零分積至四年，又成一整日，古曆法謂之景復者是也。四七二十八，故零分之積，至二十八歲，當得七日。此二十八歲七閏日之説也。二八兩字之上，添注三字者，蓋以月二十八日週天之數計之，則一歲凡十三週天，又餘一日四分日之一也。若以週天十二爲一歲，則每歲只得三百三十六日。計二十八歲之中，得月週天之歲二十八，得月週天之月二十八，得所餘之日又二十八，而七日之閏分，尚在其外。因歲月日三者皆二十八，故圖中注三字於二八之上，或是此意。未審是否，伏乞皇上明白指示。

覆發示圖象第三劄子

臣李光地謹奏。本月初一日，臣因奏摺奉聖諭：「七日來復的意思，大概有了，未必全是。卿十分留心，朕以理數爲根，件件要細察。圖還有好些，若全發去，念卿閣内事多，有年紀之人，恐累著，所以卿摺字到時，纔發去。欽此。」臣謹將發下圖一幅、説一冊，熟讀精思，僅得彷彿。蓋天人之道，極其廣大，而理數之學，窮於幽微，雖蒙皇上前後以圖説開示，因此推彼，略能明其大意。然至於聞一知十，以達於性道之淵源，觸類引伸，而畢乎天下之能事，則非微臣之所及也。況臣素之所學，僅能記誦經文，解説詁義，拘於末習，迷彼大方。是以連日伏觀聖製，始則駭而驚，繼則疑而思，稍有所得，乃欣然以喜。但所揣摩而似是，未必義理之誠然。恭逢聖人，不敢自匿，謹陳疑悟之端，雜以膚凡之論，伏候聖誨，以啓愚蒙。

一、臣伏讀七日來復之説，乃知前日圖説，不特以十九歲七閏月，二十八歲七閏日，而盡來復之義也。蓋七之爲數，乃曆算之根。何則？天三地四者，理數之原也。勾三股四者，算法之本也。以天三地二言之，則五數者，二三兩數之合也。以天三地四言之，則五五之積者，三三、四四兩積之合也。故五爲人數，合德天地，而與之相配也。三三之積九，四四之積十六，五五之積二十五，並之得五十。然開而方之，則不盡一數，而止於四十九，故曰大衍之數五十，其用四十有九也。自聖人以四十有九定大衍之數，故方圓圍積算法，莫不以七而定。蓋方者徑七，則圍二十八，四其七之數也。圓者徑七，則圍二十二，三其七而有餘之數也。由是以起方圓之積，則方積十四者，其中含圓積必十一，猶之二十八與二十二也。圓中又復含方，其積必七半外方之積數也。然則大衍之數七七四十九者，豈非曆算之根乎？若以其理論之，則乾之太陽窮於九，而震之少陽生於七，故在易坤、震之卦曰「七日來復」，復其見天地之心乎？又曰：「躋於九陵，勿逐七日得。」又曰：「婦喪其茀，勿逐七日得。」凡言吉利之占，皆以七日言之。則七者，又豈非陽生之始，天地人之心之會乎？顧理學至微，而數學至賾，是以從來未有發斯義者。我皇上以天授之智，加極研之功，探厥根源，創爲圖象。臣愚初聞之，茫不省其意指，伏思累夜，粗覺開明。然所得僅止於此爾，譬如鼷鼠飲河，自謂腹滿，烏足以議夫萬里之汪洋哉？

一、臣伏觀天尊地卑圖，與七日來復圖，實相表裏。蓋天尊地卑圖者，河圖之全數也，七日來復圖者，大衍之用數也。河圖之數，除其一二三爲三才之尊位，自四至十凡四十九數，則大衍之策也。夫自四至十共七位，而七居其中，故七者中位也。四與十合爲兩七之數，五與九亦合爲兩七之數，六與八又合爲兩七之數，分居六位，而七七之數備矣。

一、臣伏觀易卦加倍圖，窮盡精妙，真從來所未有。蓋自太乙肇判分而爲二，其第二變爲四象，則左一右一者，純陰純陽也，中間二者，陰交於陽、陽交於陰也。三變爲八卦，則左一右一者，純陰純陽也，中間則陽交陰者三，陰交陽者三也。第四變爲十六象，則左一右一者，純陰純陽也，中間則一陽三陰者四，一陰三陽者四，陰陽相半者六也。第五變爲三十二象，則左一右一者，純陰純陽也，中間則一陽四陰者五，一陰四陽者五，二陽三陰者十，二陰三陽者十也。第六變爲六十四卦，則左一右一者，純陰純陽也，中間則一陽五陰者六，一陰五陽者六，二陽四陰者十五，二陰四陽者十五，陰陽相半者二十也。其數既井然而有條，而其理則尤有精焉者。蓋左右之純陰純陽，天地之象也，中間陰陽相交，四時五行變化之象也。易曰：「天地定位，而易行乎其中矣。」故乾、坤爲易之門，謂如門之左右兩扉，一闢一闔，而千變萬化，於是乎出入也。以此圖括先天之要，可謂數顯而理明，法簡而道大者矣。

一、臣謹按陰陽之數，雖各居其半，然陽饒陰乏，陽多陰少，故數之有餘者，必歸之於陽，其不足者，必歸之於陰。此非聖人以意爲之，蓋造化尊陽之理，天地生物之心，其本來如此也。故乾、坤二策當期之日，然乾之策二百一十有六，則七月而有奇，坤之策百四十有四，則五月而不足。此邵雍所謂「開物於寅末，至戌初而後閉物」者。今皇上復以晨昏之景日，距地平之度推之，其數尤爲吻合，其理尤爲神妙。皇上之扶陽抑陰，撥亂開治，進君子而退小人者，臣於此圖見之矣。臣愚昧無識，統求聖誨。

覆發示圖象第四劄子

臣李光地謹奏。八月初十日，蒙御批奏摺：「卿留心河、洛久矣，見來書，愈知理明識遠。此事非卿，萬不能辨其是非。但筆墨不能盡處甚多，容朕回宫，面諭商量，目前有幾圖卿看。又批圖還未定次序，前後有些參差。欽此。」臣末學膚陋，從幼雖受易經，而乏師寡承，姿性蒙昧，河、洛精蘊，萬未一窺。伏惟此經所言，固皆道德性命之奥，然其淵源實起於圖、書。苟象數未能精通，則義理亦無根據。自壬午之冬，聖駕南巡，臣扈從至德州，皇上指示算法大略，並賜御修秘書。雖以庸謭衰老，不能竟學，而啓教之下，粗知意味。故於方圓勾股之形，參兩乘除之算，略能辨其縱横，而數其一二，以之與河圖、洛書卦畫蓍策相證，蓋不啻相爲經緯，而若合符節也。是臣雖白首窮經，實賴皇上聖誨，稍得端緒。今又蒙前後發示諸圖，契悟精深，制作詳密，通理數天人而一貫，合羲、文、周、孔以大同。臣何幸得以垂暮而窮域外之觀，以下士而與見知之列，上慶遭逢之幸，下慙學業之疎。惟有恭披圖象，一一規摹，祇藏名山，永爲世寶，動觀静玩，或者雖愚而必明，俯誦仰思，幸免無聞以終老。謹將疑悟大端，開列於後，自知未必有當，伏求皇上批駮敎示。

臣謹按物之圓者，每以六而包一，虚其中則六也，實其中則七也。物之方者，每以八而包一，虚其中則八也，實其中則九也。陽實陰虚，故九七爲陽數，六八爲陰數。然則陰陽之純者，獨七八耳。九雖老陽，而實積方之所成，則陽已將變而爲陰。六雖老陰，而乃積圓之所得，則陰已將變而爲陽。易之七日所以爲純陽，八月所以爲純陰，而用九用六，所以爲陰陽之變者，此也。今伏觀皇上所立之圖，三角者雖數九而象乾，然三角之形，裁成勾股，則一變而爲正方。六角者雖數六而象坤，然六角之形，徑一圍三，則又一變而爲渾圓矣。方圓相變，天地相銜，圖中無窮之妙如此。

臣又謹按從來說圖、書者，皆以五行相生相尅立論，雖亦理之一端，而其說頗膚淺。蓋河圖所藴，乃陽奇陰耦，二氣流行之序，而其中數則太極也。洛書所具，乃參天兩地，方圓相包之形，而其中數則皇極也。太極者，周子所謂「無極之真」是也。皇極者，周子所謂「定之以中正仁義，立人極」者是也。此羲、禹畫卦叙範，所以爲天啓文明之運，而萬世道統、治統之宗也。今所建天尊地卑一圖，其外之三角形，則陽奇而天參之數也，其内之六角形，則陰耦而地兩之數也。最上一點，則在天爲太極之象也。最中一點，則在人爲皇極之象也。此圖實合圖、書之理，混而一之者也。非皇上身膺道統、治統之傳，而心契伏羲、神禹之妙，其孰能與於此哉！然河圖、洛書所謂「太極皇極」者，皆以中五之最中一點當之。皇上聖圖，其上一點在第一位，中一點在第七位。臣愚以爲，與中五之理，實相貫通。何則？天雖有五氣，其實一元也，人雖有五常，其實一誠也。故一與五無異也。天有五星，合日月而爲七，地有五行，合陰陽而爲七，人有五性，合健順而爲七。故五與七無異也。孔子曰：「禮始於太乙。」又曰：「人者天地之心也。」大圖之最上一點在第一位者，所謂「太乙」者也，其最中一點在第七位者，所謂「七日來復，而見天地之心」者也。易、範之理，千載同符，河、洛之精，萬形一貫。皇上所闡圖、書之奥指妙義，大約與周子太極、邵子先天，相爲表裏。信乎百世之上，百世之下，有聖人出焉，而此心此理同也。伏乞聖明裁敎。

【校勘記】

〔一〕此處所闕七字，當係避忌吕留良案所致。

榕村全集卷二十九

劄子二

進周易啓蒙並請定書名劄子

臣李光地謹奏。臣承修易經，其首卷啓蒙四篇已畢，謹繕録，恭呈聖覽。又臣前後所蒙皇上指示象數之精微，誠不傳之秘奥。但臣井蛙之識，不能盡窺，所記憶聖訓，恐有差錯，不敢輒附本文。謹别擬爲圖表論説，另作一册進呈，仰求御筆改定。將來系啓蒙之後，可以發朱子未盡之意，實易學之幸也。其乾卦以下，臣即陸續編修，次第呈進。仍求欽賜書名，以便繕寫時恭題篇首。臣更有請者，經傳次序，奉旨依朱子本義元本編次，但外間坊肆，難得此書。臣雖略知其意，尚恐或有舛誤。乞賜發内藏宋板本義，俾臣檢對數日，臣即另摺恭繳。

進啓蒙附論劄子

臣李光地謹奏。七月二十二日，魏廷珍等傳旨：「新編圖象二冊甚好，李光地易學功夫極深，所見者大。於前發去諸圖中，採取數條，發明其故，即包括無窮，非他人所及也。至先天變後天圖，朕近按卦爻排出，尚未暢發其理，著發與李光地看。應否並存或擇取其一，必有確見。附論中洛書開方圖，與本法稍異，須再斟酌。」又本月初一日，奉御批：「此書原非朕本意，多是問西洋人之舊書察來。若論數有可取者，近日也就爲難。但各處有關於易數者，總發到卿處酌量。今欲改書之名，覺得太大了，還當依古人理斷纔是。欽此。」臣前後所擬撰圖說，具荷聖鑒。兹謹從頭編次，先圖、書，次卦位，次蓍策卦變，如啓蒙之序。其洛書開方，誠非本法。臣初意只欲借此明其理爾，今遵旨改正。至於西人諸圖，其算恰合處，無非自然之理，推原到此。非如近代譚象數者，附贅懸疣，全無理致也。臣又只存其綱要，寥寥無多，似不必更加刪削。御製先天變後天圖，理藴精深，非元儒胡一桂舊說所能及也。臣反覆精思，其理正與元進天地水火說相表裏。蓋八卦歸於乾、坤、坎、離，坎、離又歸於乾、坤，不極其用之變，則不知其體之一也。但臣所擬圖說，殊爲膚淺，又恐有錯繆處。皇上於天文地理，妙極精奥，非臣等所能測窺。伏乞御筆一一改正，使臣等亦得與聞秘義，不勝幸甚。臣又因此思，先天乃後天之根，故又增先天卦位圖説一篇。蓋雖先儒所已道，然四維卦之理，則實微臣數年以來所聞於皇上者。故敢附著其説，或有差謬，恭求聖誨。又古人迎日推策，則蓍數實與曆法符合。故孔子於易，未嘗及曆法也，而獨於大衍之數言之，必有微指。臣謹據唐僧一行大衍曆之説，而頗删其附會者，存其本根，以與繫辭、大傳之言相應。爲迎日推策一篇，並求聖誨。又自圖、書以下諸圖説，當日尚有未詳備者，今多所增益改定。伏乞聖鑒之下，逐一指示是非，發下更改，臣不勝顒切。

覆發示陰陽動静圖劄子

臣李光地謹奏。本月初八日，編修魏廷珍奉旨：「發下河圖洛書陰陽動静圖二紙到臣。欽此。」臣所擬舊稿，專主陽不易而陰易一説，雖似不悖於理。今觀御製新圖，陰陽互爲動静，上下左右，反覆縱横，無不適得圖、書之位。不特此二圖之秘，於此盡洩，即先後天圖義，及凡易中陰陽剛柔交易變易之妙，無不權輿於此矣。恭惟皇上性與天通，心由神契，故能指示摹畫，大發造化之藏，至於如此。豈微臣膚淺固滯之所能與萬一也？孰復數過，誠爲大易第一要義，欽服忭舞，不能自勝。但所擬圖説尚恐粗略，不足以發明聖意。伏乞御筆增删改定，以惠萬世，臣不勝幸甚。凡例應增一條，一並呈進。

覆發閱周易要義劄子

臣李光地謹奏。本月十二日，蒙皇上：「發下周易要義一套，令臣領看。欽此。」臣查此書，即是十三經註疏中周易疏義，但稍有删節耳。蓋唐太宗既命孔穎達等爲易經正義，後又命長孫無忌等删取其要，以爲要義也。今修書只看註疏，則此書在其中，謹此覆。

奏明周易折中承修大指劄子

臣李光地謹奏。臣此番承修易説，乃擬稿進呈，皇上親加裁削，將來爲御纂之書，垂示後世者。非比書生撰作，可以放言高論也。臣奉旨祇懼，逐條擬議。凡所採録，必其深者，根極道德性命，其大者，維繫倫理綱常，即其細者，亦須於物理事情，曲中精切，卦意文義，吻合符會，然後詳慎收入。其有援引古今，牽合象數，浮泛無根，冗雜無倫者，概不敢多取，以溷聖覽。蓋此書從來説者頗多，中間儘有真僞相亂，難逃聖鑒也。惟是臣氣逐年衰，過用精力，便生症候。所奉旨看詳各項，未免稽遲旬日，統乞皇上慈恕。

謝周易折中列銜改承修爲總裁劄子

臣李光地謹奏。本月十二日，侍講魏廷珍傳下聖旨：「御纂周易折中，卷首列銜，將『臣承修』字樣改爲『總裁』。欽此。」臣伏惟歷代修書，多是儒臣承詔編纂，及書成投進，即與頒行，未必皆經覽閱也。今此書自開編下筆，片辭隻字，悉費聖心，大義微言，盡歸明訓。無間晨夜，再歷春秋，探賾鈎深，旁搜遠紹。其裁定之精審，檢校之勤劬，非臣等所能庶幾於萬一也。臣忝承修之名，已極榮悚，聖恩易以總裁，下情不勝跼蹐惶懼之至。謹具摺稱謝以聞。

進性理精義凡例劄子

臣李光地謹奏。臣承皇上面命，修纂性理大全書，且誨諭以修纂指意。臣恭繹聖旨，擬撰凡例七條，繕呈御覽。恐未有當，乞皇上逐條改正發下，使臣奉爲科律，便可隨日編次，刻期告成也。又臣思性理自分門以後，文義明白，不費講解。惟前面成書中，如皇極經世四象圖、聲音圖，原注未明，學者恐不得其門而入。正蒙、觀物、律吕新書，亦有一二處須提明者。故臣擬凡例第七條，遇有未明處，略加案語。此一款未經奉旨，並乞指示可否，或不必增添，則此條可删也。書名並修書效力人員，亦另摺開列請旨。再蒙發三三四四諸圖象，實皆洛書之藴，宜入啓蒙附論。但其算法，蒙皇上指誨，臣已粗曉。至其理致，容臣思索旬日，方敢具稿，求聖筆裁定，須於回鑾後進呈。又何國宗、魏廷珍等所交曆法明原數册，臣亦未暇逐一推敲，心力短淺，數項未免挨次料理，伏乞聖慈矜恕。外有繕完周易折中下經十二卦，共四册，相應一並呈進。

覆催性理精義劄子

臣李光地謹奏。本月十九日，翰林魏廷珍奉旨：「所進經書，俱已校完，如性理修成，著即進來。欽此。」性理現在編啓蒙、家禮、律吕新書三種，因此三書，原本繁多，今遵旨約取簡要，以便學者。又恐既從簡要，其大綱節目，或有遺漏，故定稿之時，未免再四推敲。又中間遇禮有儀制，樂有度數處，亦須一一稽考計算，方可畫圖繕寫。爲此稍稽時日，目下已脱稿，現在並日繕清，於月内恭呈聖覽。謹先具摺奏明。

進性理精義學類劄子

臣李光地謹奏。御纂性理精義，除前面太極、通書、西銘、正蒙、觀物、啓蒙、家禮、新書八種，爲諸子成書，此外應分門類編輯。謹遵旨以學居首，次以性命理氣之説，而以治道終焉。臣謹看得前代永樂間纂集此書，頗覺疎率。其中冗泛者收採太多，精要者反有遺漏，以至所分門目，殊爲破碎，引用姓氏，間或謞錯。欽惟皇上重纂新編，嘉惠學者，奉旨務須選擇精義，芟去繁文。臣謹遵依明訓，詳慎收採。計其篇帙，大略僅當舊書八分之一。其有諸儒格言，裨益六經，而舊書所遺者，亦謹遵旨補入。至其門目太多，則從並省，引用訛錯，亦與更正。又程、朱語録，本係問答之言，其間不無鄉音俚語，恐不便於學者誦習，故遇襯句虚字可省去者，亦略加删節，以就雅馴。以上各例，臣雖祇遵成命，然學識粗淺，深以不能得當爲懼。今謹將繕完學類，先呈聖覽。其餘各類，亦俱已脱稿付寫，即日續進。伏祈皇上垂覽之餘，細加駁示。其有不當之處，容臣一一更改。臣雖蒙恩准告歸，然此書一處未穩，臣一日未敢行，不敢苟簡以圖完編。伏惟聖明照諒。家禮一册，經前奏明，暫留細校，今並附進。

進性理精義治道類劄子

臣李光地謹奏。御纂性理精義，除經節次進呈外，今有治道類，繕完恭進。所纂門類止此，向後道統人物詩賦之屬，奉旨不收。伏思之，深爲潔浄也。臣惟此書，萃宋儒之精英，實理義之淵藪，關係甚大。臣雖遵旨詳慎採輯，然學識膚淺，多有未當。伏乞皇上俯加駁正，明賜指示，俾臣得以逐處修改，爰成大醇無疵之書，有補内聖外王之道，天下不勝幸甚。所有原發下凡例一册，並姓氏一册，目録一册，謹附恭進。臣前所進諸卷，俱是挨次編集繕寫，今書成分卷，須略計其篇帙多少，以定卷數。故目録分合之處，與原書頗不同，恭候聖覽裁定。如今目録不謬，乞發下原書，得以逐卷區分，添上標題，庶無參錯，臣不勝顒望。

覆填寫經世聲音圖滿文劄子

臣李光地謹奏。武英殿翻書諸臣，奉旨填寫經世聲音圖中滿字，移商於臣。臣未敢臆斷，謹臚列數條，具摺請旨。

邵子聲音圖，是用古音，若以今時官音對之，恐不合，似須用古音爲是。

滿書無四聲，即平聲亦無清濁。今所對滿字，重複者多，應請作何分別。

等韻有三十六母，邵韻有四十八行，以今音對之，則今音所缺者多。即如疑、微兩母，必不可缺者，而今京音無之，故滿字亦無之，則此兩字無音可對。

古人有閉口音，乃今詩韻侵、覃、鹽、咸四部，在滿字則ᠠᠮ、ᡝᠮ、ᡳᠮ一頭是也。浙江、江西、閩、廣間，此音尚存，直隸及他省皆無之。邵子七聲中後兩行，即是侵、覃、鹽、咸之韻，如對以京音，則與真、寒、刪、先等相複，似應以[illegible]、[illegible]、[illegible]一頭之字對之。

如知、徹、澄、孃四母，原抵舌音，而近代俱以知、徹、澄三字混入齒音，與照、穿、床三字無别。若以時音對上，則失古人之意，似只應註明緣由而闕其音。

邵書黑圈者，原是無聲無音之位，無字可對。其白圈者，雖有聲音，然音之同類者多，未知邵子當日欲用何音，似只仍舊存虚圈爲是。

惟反切之類，則漢字無音者，俱可以滿字叶之，將來修韻書時，用此法極當。

覆樂律數表劄子

臣李光地謹奏。本月十四日，舉人魏廷珍、王蘭生、梅瑴成，奉旨回京會試，到臣宅見臣。臣恭請聖安，伊等具述皇上體氣强健，神志清明，而且涵養之厚，溢爲至和，藹然如春風之被萬物，灑乎如秋月之麗層霄。伊等雖日在威嚴之側，而常遊光霽之中，真新進之奇逢，而觀光之盛事。又述皇上躬自校對朱子全書，風雨不輟，一字一讀，悉費聖心。至於格言至論，則再三嘉歎，爲伊等指陳講説，移晷未休，歷時不厭。草茅下士，誠未能仰測高深。然想自古好學樂道之君，未有如我皇上比者。臣聞言之下，抃喜欲狂，沉痾遽起，非獨爲一身遭遇幸，又幸斯世斯民之有所覆露，而千聖萬賢之有所憑依也。至伊等學習樂律，臣亦細叩宗指。據伊等所受聖誨，言樂者必以黄鐘爲本，以黄鐘爲天地之中聲也。夫天地之聲，寄之於人，而人之喉，自最低以至最高，不過十餘聲而止。自古及今，謳吟歌曲之音，不絶於天下，而笙管琴笛之類，即與之相應，則所謂中聲者，自寓乎人聲、樂器之間，但人習而不察，則以爲微妙難知耳。今定長九寸、圍九分、容黍一千二百者爲黄鐘，既與古法相合，而驗之現行樂器，或有用黄鐘積加八倍者，有用黄鐘積加四倍者，匏笙之管，或有用黄鐘積八分之一者。形雖不同，而實皆與黄鐘暗合。至塤篪、編鐘之類，亦皆按黄鐘分數加減而聲可得。此黄鐘所以爲萬事根本也。又受聖誨，論樂莫要於審音，審音莫難於半音。蓋相去全音則辨之易，相去半音則辨之難，能辨半音，則全音不難知矣。又受聖誨，聲之應於絃者，以短長爲差，故倍半之聲，得以相應。至於管音，既分於長短，又分於粗細，必用積實加減八倍之法，而後相應。蓋線與線、體與體之比例各異也。又受聖誨，古人論樂，言高下必言疾徐，有高下而無疾徐，非樂也。故西人有五線六名以辨高下，有八形號三遲速以别疾徐，其説深爲可取。又受聖誨，宫聲君也，宜居中位，徵、羽宜有濁聲，在宫聲之前，其清聲則在商、角之後，與濁聲相應。恭惟皇上心得神通，博稽廣覽，指示之下，伊等未必盡記其詳。然略述梗概，則所發於臣之愚蒙者已多。顧臣未嘗一審樂音，一親樂器，扣槃捫燭，以爲聲光，安能得其真象？所敢信者，自幼讀周禮、禮記、國語、管子、吕覽、淮南、史遷、班固之書，以及朱、蔡師弟子之所講論，其大且要者，質之聖言而皆合耳。其精理實用，曲折細微，尚須面請訓誨，庶窺萬一也。廷珍等又出御刊數表示臣，其用法以加減代乘除，以加倍折半代自乘開方，即數十乘方，皆可以一除而得之，其用誠爲簡捷。至扣其造表之法，則伊等咸誦聖訓，所謂中比例者。蓋以一與十，用相乘開方法，至二十餘次，得真數之二。以一與十之假數，用相並折半法，亦至二十餘次，得與二相對之〇三〇一〇三。兩數既得，餘可類求。此數表之根原，非聖明，孰能啓其秘奥？真隸首之別傳，九章所未載也。臣雖不能算，然奇書秘册，覬得什襲家藏，以待能者。伏乞皇上恩賜一册，俾奉爲至寶，臣不勝希幸。秋深氣肅，神護天和，微臣引領戀慕之至。

命魏廷珍等寄示學習樂律所得覆奏劄子

臣李光地謹奏。本月初五日，魏廷珍等奉旨，將伊等學習樂律所得大概，寫與臣知。臣聞竟，不勝驚喜。竊以秦火之後，禮壞樂崩，故漢文帝語及制作，則謙讓未遑。武帝策董仲舒，問及樂事，然亦曰鐘鼓管絃之聲未衰而已，未嘗深探原本也。哀、平間，所討論乃王莽、劉歆之爲。東京所用，乃公孫述之作，其不足取信於後明矣。江左離亂，泯泯棼棼，唐太宗又不信樂律之事。至宋仁宗，乃留意於此，特命胡瑗等考古定律，及書成而藏其副於名山。後世有述，故稱賢主焉。然黄鐘制度，歷世迄無定論。朱子、蔡元定相與折衷考正，著爲新書。今以十七史樂志觀之，未有若此書之簡而明，詳而有要者也。顧鳩工制器，非貧士之所能，審音協律，非儒者之所兼。是以理雖著明，而用則茫眇。此真所謂百世以俟聖人，待其人而後興者與。恭惟皇上修德行仁，勅幾興事，其所以致中和，在治忽者至矣。故既竭耳力焉，而又參驗於器數之間，既得真聲矣，而必取證於儒先之説，遂使數千年失傳絶學，一旦可以見於施用，而不爲空言。非天所命，其孰能與於此哉！臣前日蒙皇上發示新製律管，及命工所造風琴，吹而按之，使臣細聽。臣雖不甚曉了，而亦心覺其和諧。況魏廷珍等所述旨諭，古尺當今營造尺八寸。憶前歲皇上遣官立表量地，自京師至德州，約極高移一度，而地差二百里。合之古人二百五十里而差一度之説，正爲古尺得今之八寸也。夫既參之縱横之黍而合，考之上下之聲而協，而又有天地日月之度，足爲根據。此漢志所謂「天效以影，地效以響」者，悉和會於今日矣。臣之愚昧，竊以爲信而有徵，古者禮樂百年而興，我朝受命，將逮百年矣。伏望皇上勅下太常，以新聲比校舊樂，如新聲渾厚，舊管清急，即以今日所定，立賜施行。實太平之基，歷數萬年之符也。抑臣又有愚見，仰求皇上裁教。孝經曰：「移風易俗，莫善於樂。」然則樂者，行於民間，非獨朝廟用之也。後世縱有議樂事者，典領有司，施之祭祀、朝會而已。至於教坊詞譜，則端人正士，往往鄙爲俗樂、淫樂而莫之談。孟子曰：「今之樂，由古之樂也。」古者民間歌曲，即如今優伶之所爲，故雖小民，可以感動歡欣，而風俗爲之移易。臣幼時觀作戲者，至於忠臣、孝子、貞夫、節婦，雖耆老孺稚，無不沾襟焉。惟近年所演唱，專取其鄙褻荒唐者，而俗樂亦亡矣。宋人太常雅樂及教坊俗樂，皆以有司領之，猶存古意。倘取今之詞曲，禁其鄙褻荒唐，而文以忠孝節義之事，其底本則採諸史書稗乘，有姓名事實，不全虛無者，於以風諭黎庶，是亦返樸還淳，鼓吹休明之一助也。臣前奏對時，略及之而未盡，兹因大樂之成，復瑣屑瀆聞，未必可行，惟皇上恕其妄言，不勝幸甚。

覆發閱韻譜式樣劄子

臣李光地謹奏。本月二十四日，接王蘭生來札，内開六月二十日，奉旨發閱韻譜式樣。臣反覆詳看，其韻部次第及等切法律，皆有條理。蓋古今韻部，惟本朝十二字頭，爲得天地之元聲，符三代之古法。今崑山樂工及士大夫識韻學者，頗能辨其部分，有條不紊。然一概沿唐人之舊，以東、冬、江等爲弁首，終不如本朝字書冠之以ㄠ、ㄉ、ㄠ一類，其音與支、微、齊、魚、虞、歌、麻七韻相對，實能生餘韻而不爲餘韻之所生。推之切字，則亦能切餘韻而不爲餘韻之所切。臣愚陋無知，常竊以爲聖人復起，不能易也。今若修唐韻，自應且仍其舊，不必更張。至修今韻，似應以本朝字書爲根柢，一如發下韻譜次第。匪獨昭我文明，誠爲與古符契，伏候聖裁。至三十六等母，以見、溪爲先，本朝字書，則以影、喻爲先。意作等韻者，置喉音於後，以寓歸根還原之意。然亦不如字書揭之於首之爲當也。此一事，則或且仍等韻，先見、溪、羣、疑，或遂先之以影、喻、曉、匣，似乎兩可，伏候聖裁。王蘭生又將所承旨諭，高麗、回回、喇嘛諸國，音韻與古法合者，詳寫來説。益信元音天籟，薄海同歸，非皇上天亶聰明，好問好察，孰能博採殊方異域之言語文字，以驗此理之同哉！恭遇神聖之朝，睹稽古考文之盛，臣不勝欣幸。中間有應商量數字，臣另寫字與王蘭生，俟其察明轉奏。臣謹具摺奏覆。

覆發閲王蘭生所纂韻書劄子

臣李光地謹奏。二月二十九日，奉旨：「著王蘭生將纂的韻書，送與大學士李光地仔細看閲過，具摺啓奏。欽此。」王蘭生所修韻書，臣於前歲乞恩回籍之先，曾經奉旨與王蘭生商量斟酌。今看得蘭生所修，其大體似頗潔淨。但聲音之道微眇，臣與蘭生等，俱淺陋末學，且局於風土，不能周知古今語言文字之變，亦不能備悉九州方音謡俗之殊，但據古人成書數種，略爲折中，而以本朝字書爲之根本。恭惟皇上亶聰天授，兼於方域内外，以及四裔之音，無不入耳立辨，通其異同之故。非臣等下愚之所能窺也。謹摘書之大凡數條，恭請皇上指示可否。

一、三十六母及四等四聲之類，自江左、隋、唐以來，已極詳備。惟是字韻部分，則至本朝字頭書，始爲派别支分，各從其類。自來韻家及俗樂聲譜，亦有窺見一二者，然終未能睹其源流也。何則？聲樂之家，雖或知有部分，然所分部，不免皆從東、冬韻起。惟本朝字書第一頭，所對者乃歌、麻、支、微、齊、魚、虞七韻之音。此七韻者，實聲氣之元，萬籟之所從出，能生諸部而不爲諸部之所生，能切諸部而不爲諸部之所切。是此七韻，允宜列爲韻部之首，以明爲天地元音，更唱迭和，以盡無窮之變。如十一律之有黄鐘，班固所謂能生他律而不爲他律役者也。今應否仍依一東二冬之舊，以存不遽變古之意，獨於凡例中，特發明本朝韻部之精當，使後人知唐、虞、三代之絶學，實嗣音於聖世。是否相合，乞聖裁。

歷代反切之法，蓋用上一字定母，下一字取音，兩字相求，而真聲得矣。然此必知等母者乃能辨之，初學童孺則不能也。惟本朝連字之法，兩字相合，即得真聲，不待知等母者然後能辨也。蓋其上一字，乃第一頭之母所對歌、麻、支、微、齊、魚、虞七韻之音，以其能生諸部而爲之根柢，是以能切諸部而無不諧協也。今應否兼存古人反切，其後則以合聲正之，其有音無字不可合者，則借傍近之聲代之。要其上一字，必取於歌、麻、支、微、齊、魚、虞七韻之中，不似古人雜用諸韻也。至歌、麻、支、微、齊、魚、虞七部聲音之本，非他部之所能切。今應否借本韻平仄字，以自相切，乞聖裁。

一、反切之法，其下一字，古人亦雜用諸母字，甚至有不論平聲之清濁者。本朝字書第一頭，以阿、厄、衣、窩、烏五字喉聲爲主。蓋凡聲皆出於喉，然後傳於鼻舌齒脣之間，及乎鼻舌齒脣之響既終，又未有不收聲於喉者。今下一字取音，應用影、喻喉聲叶之，然後兩音合成一音，渾然無迹。惟至喉聲有音無字，無從取用者，則間取傍近之聲代之。是否相合，乞聖裁。

一、影、喻雖爲諸音母之本，然古法列之於後，而以見、溪、羣、疑當先。今反切取聲，雖以影、喻爲重，至於每韻中列母，應否仍先以見、溪、羣、疑，存不輕變古之意，乞聖裁。

一、等韻書分列四等者，以聲有開口、齊齒、合口、撮口四呼。凡同此四呼之中者，其音皆可通用。此三代、秦、漢之古音也。唐人又細别之，爲東、冬以下諸韻。此則律詩所用，唐家一代之音也。今仍用唐人部分，則每韻之中，四呼不能悉備，然亦有備二呼至三呼者，如東備合口、撮口，支備齊齒、合口，麻與陽備開口、齊齒、合口之類是也。今似應存而不廢，以見一韻之中，讀法不同而皆相叶，則古音亦因可想而得矣。是否相合，乞聖裁。

一、古今音不同，如韻部中江字，古音讀與東、冬爲類，今讀與陽爲類。字母中知、徹、澄，古讀與端、透、定爲類，今讀與照、穿、床爲類。敷字古音，與非字異讀，今亦讀爲一類。此等近代元、明韻書，多混而一之，似非存古之意。故音雖從時，而其部伍則猶仍舊。是否相合，乞聖裁。

一、韻書所收字樣，必須煩簡得中，以便學者考究。凡經史子集中用過之字，皆應收採。臣與王蘭生等，學皆狹陋，不能淹博。仰候皇上選擇臣下中有博涉經史，兼曉六書本末者，公同採摭，使之備而不冗，約而不漏。庶幾成書，仰副皇上詔修之意。是否相合，乞聖裁。臣愚蒙但據所見陳奏，恭候皇上指示。

覆發閱程宗舜皇極總數劄子

臣李光地謹奏。正月初九日，翰林臣趙熊詔奉旨，捧出程宗舜所作洪範皇極總數，交臣看閲。欽此。臣伏惟易之一書，經四聖而後備，非後學所可妄擬也。自漢揚雄作太玄以擬易，故班固譏其僭，程子、朱子皆以爲疊牀架屋，無用之書也。厥後，關朗之洞極二十七象，司馬光之潛虚五十五行，無非踵襲揚雄之陋，摹倣聖經。朱子亦嘗於洞極而辯其僞，於潛虚而嗤其拙矣。蔡沈受業朱子之門，不應於朱子歿後，復作此書。其八十一疇，體製與揚雄八十一首無異，乃復深詆揚雄之失，似無以服其心也。明永樂間修性理大全，又不應採此，以繼周、程、張、邵諸書之後。故學者疑其必有妙義深理，重加穿鑿。如程宗舜此書，就八十一疇中，又復益以七百二十九澤，以擬周公之爻仍有疇澤，以擬孔子彖象，文義俚淺，道理荒唐，姑且不論。惟其僭經干聖之咎，似不可訓。恭惟皇上學際天人，傳列聖之心，睿覽之餘，難逃鑒照。臣謹具摺覆。

覆駁諧聲韻學劄子

臣李光地謹奏。南書房奉旨：「發下諧聲韻學五册，交臣看閲。欽此。」臣看得等韻原有三十六字母，今此書删去其十五，只存二十一母。蓋等韻備清濁之聲，而此書不分清濁故也。聲有清濁，自古已然。故宋藝祖中原雅韻，明太祖洪武正韻，雖韻部有歸並，而清濁不改。邵子皇極經世，又增多至四十八母，雖並有音無字者而兼收之，略與等韻同異，然於清濁之辨，亦未嘗稍渾也。此書清濁不分，可否通行，伏候聖裁。又每字母中所收平聲，多是入聲，入聲多是平聲。蓋此二聲，北人多不能辨，故有此誤。若編爲成書，似須用古今韻書參對，庶幾平、上、去、入不至譌錯。又字樣多係生造，似亦當用六書所有之字，乃可行遠。至有音無字，則倣邵子之法，直空其位可也。統候聖裁。

進樂律琴律圖劄子

臣李光地謹奏。臣蒙皇上發下朱子全書，俾臣從頭校對，並叙卷頁次第者。臣現在細加磨勘，倘有重複參錯之處，即改正抽换。如有遺漏一二，亦即以類補入。俟完畢之日，裝潢進呈，恭候聖明裁定。所有樂律一卷，謹先行繕寫，進備御覽。臣愚昧無識，私以朱子之意，作樂律旋宫、琴律旋宫兩圖，但恐學無師授，未必與古人有合。臣不能自知，一並呈求聖誨。臣不勝惶悚。

榕村全集卷三十

劄子三

辛卯乞休劄子

臣李光地謹奏。臣海濱微賤，遭遇聖世，厠名清華。累蒙皇上不次之恩，由編修躐陞侍讀學士，又陞内閣學士，改翰林院掌院學士，洊歷通政使、兵部侍郎，督學京畿，未經報滿，遂受巡撫之命。在任四年餘，復陞吏部尚書，仍管巡撫事。又二年，即陞今職。是臣一生除授，皆出聖心特簡，非臣階級俸次之所宜受也。前後居官，庸碌無狀，荷聖主寬大含容，察其疎愚，恕其罪戾。在巡撫任時，自念邦畿重大，繁劇之區，以臣菲才，必難稱職。幸逢皇上每歲巡省郊圻，必使臣瞻覲天顔，曲垂教誨。凡地方興革事宜，一一皆有成命，可以祇遵。矜憐保護之下，遂得苟全身名，卒膺光寵。至於顧問優渥，錫予便蕃，尤非感頌之所能罄也。每與同官張玉書、陳廷敬等共述恩遇，以謂生千百載難遘之期，被數十年極隆之眷。未報酬於涓埃之末，恒跼蹐於高厚之中，徒有夙夜鏤心，死生刻骨而已。臣久嬰殘疾，老而彌劇，坐起甚艱，行步益苦。蒙皇上賜臣西洋鐵帶，支持數載，實荷再活之恩。然每至旅進趨蹌，班聯陪侍，傾側拘攣，動移常度。雖臣之軀命甚微，而典禮觀瞻之場，所繫於國體者至大。今年已七十，血氣益衰。三月間，患苦瘡毒，不能入直辦事。老病侵尋，即欲請避賢路。因念陳廷敬乞休未久，不忍相繼告歸。嗣以張玉書溘爾隕歿，聖心方在軫悼，臣雖至愚，粗誦詩書之文，略識君臣之義，豈敢復於此時，自陳衰憊。又蒙恩准坐湯之後，下體略覺平復。隨於六月末旬，盤跚至閣，已經具摺奏聞，狗馬餘生，勉自鞭策，療治多方，發物禁忌，未敢少疎。不料餘毒緜延，屢寢屢熾，至今兩手硬腫，匕箸俱廢。且膿血多至數升，癢燥經夜不寐，服餌涼劑，元氣因以消耗。始謂疥癬之疾，馴有腹心之憂，遷延床簀，遂歷半歲。綸扉重地，曠職如此其久，縱君父包容，不加罪責，臣獨自安於心乎？是用仰籲天恩，許臣謝退。臣不敢便離闕廷，欲望粗息病軀，俟十指略能伸屈，所承修朱子書即當次第收拾，彙函進呈。中間條目有應面求指示者，更乞於燕閒賜臣一見，逐件請旨裁奪，以便遵依改正，恭繕成書。臣然後取次歸里。臣離家二十四年，自臣母以至兄弟子嗣，死喪相繼，臣父死於閩亂之時，淺土窆封，與臣母猶未合祔。臣長子亦未埋葬。臣之諸孫幼小，不能代臣襄事，皆待臣以安土。又臣母有應得卹典，亦未經該部請給。皇上所賜臣祖母林氏「女宗挺節」，臣父兆慶「敎忠」扁額，並須臣到家，方可恭諏時日，設立懸掛。臣爵祿逾分，自惟鐘鳴漏盡之年，萬一哀榮不逮於泉壤，爲鄉里所笑嗤，臣雖死亦愧恨於無窮。故敢干冒陳情，覬邀恩命，上得無玷於崇班，下得自完其私計。臣之銜結，尤爲無極。臣知遇既出尋常，恩施皆踰格外，身雖歸老，豈能忘君。倘抵家後，幸邀日月之蔭，舊疾不至增加，筋力僅支，喘息纔續，尚冀扶曳萬里，瞻望殿廷。伏乞許臣不待奏請，輒自來京，復得一覲天光，以申葵藿犬馬傾向戀慕之私。臣餘年至願，於此足矣。臣未敢即具正本，赴通政司投納者，臣受恩深重，一旦以區區之情，鳴於君父之前，非獨難爲言，亦不忍言也。謹先繕奏摺，仰干宸覽，倘邀聖俞，方敢具本請旨。伏乞皇上垂憐，鑒照施行。

乞休奉御批恭覆劄子

臣李光地謹奏。本月十五日，蒙發下臣所具奏摺，欽奉御批：「覽卿奏摺，朕心慘然。想當時舊臣，近來全無，如卿等者不過一二人。今朕亦老矣，實不忍言也。早晚回宮，當面再說。欽此。」恭惟皇上至仁大德，養育羣生，誕膺萬壽無疆之福。太陽餘照，覆露臣工，凡先後在廷諸臣，多得以祿壽功名終其身者。而聖心篤念耆舊，猶且有加無已。家人父子之情，溢於毫端。臣跪誦循環之下，誠不知涕泣之横集也。臣受恩至重，本思黽勉衰邁，以報明時。直以展轉病患，垂及半載，素餐曠職，内不自安。故敢具摺陳情，因及瑣細家務。蒙皇上溫諭下頒，且許以回宫賜見。臣欣喜無極，迫欲咫尺天顔，跪承諭旨。但瘡毒近日更甚，遍體盛發，上及髮際，不能勝任衣冠，不能動移數步。聖駕回鑾，未得與諸臣俯伏道左，恭請聖安，悚息憂懼，不能自已。容臣調治旬日，略可勝衣移步，即匍匐御前，恭聆天語。然臣自延醫服藥，總不如坐湯之有效，恨前日識見短淺，所請日子不多，以致未獲全愈。今欲再乞天恩，賜坐湯二七或三七，臣稍能就車轎，即扶曳以往。庶幾脱體可望，面聖有期。臣不勝感恩嗚謝，惶悚待命之至。

御製朱子全書序文發示恭謝劄子

臣李光地謹奏。本月初七日，傳示御製朱子全書序一篇。臣伏讀數遍，切念朱子之書，在前朝列之學宫，著爲功令，弘、正以前，家習户誦，經學醇明，則明之所以盛也。嘉、隆以後，王守仁等異説汩之，浸淫至於萬曆、天啓，言語文字，詭怪百出。此明之所以衰也。然則朱子之道，關乎治亂，是其明徵矣。然方其盛時，亦惟學士書生，相與講明，未有南面之君，深嗜篤好，積數十年沉潛體味之勤，以造其道，以待其心，而且實驗於躬行，發揮於政事，至於武功文德，巍然焕然，而猶兢兢業業，與治同道，由濂、洛、關、閩，以承堯、舜、禹、湯、文、武、周公、孔子之統，如我皇上今日者。儒家言五百之運，術家言上元甲子之歲，今日皆適當之，自非天開文明，聖賢之道將亨，不能及此也。恭惟皇上好學深思，稽古服道，真所謂得之聖性，又加聖心焉者。天行之健，則百年如一日，地載之厚，則萬邦如一家。四夷來王，而無怠無荒，庶績咸熙，而有典有則。此固非儒生修身苦節，著書垂世者，所可庶幾。而獨惓惓於宋學之淵源，信其可以致君澤民，而興太平之基。使朱子之道，湮鬱於江沱，而不得施者，爛然如星斗於今日，躋位大成之堂，刊書中秘之殿，表章之盛，可謂至矣。至於御序，理致之深，氣格之厚，無一字而不合於天心，無一言而不本於王道。其叙數千載而脉絡分明，近如一息也。可以仰聖學之淵邃，統緒之悠長。其累千餘言，而元氣盎溢，渾如一貫也。可以卜聖壽之升恒，歷服之永久。古人謂文追典誥，論極皇王，非聖序不足以當之矣。臣光地膚淺末學，乃蒙聖序亦齒及之，掛名篇端，自托不腐，又未知何幸而得此。除恭録寶藏外，合將原稿恭繳。臣誠懽誠忭，謹摺奏以聞。

御製周易折中序文發示恭謝劄子

臣李光地謹奏。本月初一日，編修魏廷珍捧出御製周易折中序一篇，奉旨：「交與臣看。欽此。」臣伏讀數遍，恭惟皇上承三古四聖於一心，總歷代羣儒之衆説，摘其指要，序厥篇端，理明義精，故其立言簡而當，學醇道粹，故其持論公以平。文無葉枝，辭尚體要，包涵隱括，曲盡漢、宋義疏之純疵。潔淨精微，直與周、孔經傳而輝映。誠非經生末學，所能措一語於其間。臣不勝欣服佩誦之至。至臣雖分承修之役，然微言大義，悉稟聖裁，賾象元圖，盡由指示。自開局以迄成書，逐旬進呈，無一字一句不經聖人酌定者。臣得與聞至教，挂名簡末，已爲大幸。乃蒙皇上序述篇中，獎許逾分。片言華衮，非不附明聖以增榮。一日鉛刀，未免顧鈍頑而知愧。臣光地無任感悚慙汗，謹謝天恩教誨成就以聞。

御製性理精義序文發示恭謝劄子

臣李光地謹奏。臣因萬壽嘉節，不得隨班拜舞，謹具摺遣家人齎奏。蒙御批發下，家人以五月二十四日至家。臣恭設香案跪接，叩頭謝恩訖。内有另封文字，臣謹啓函捧讀，係御製性理精義序文。臣伏誦數十遍，仰見皇上理造精深，詞尚體要，躬行實踐，學已達於性天，緝熙單心，道實兼夫聖哲。總其條貫，以勒爲成書，約厥指趣，而序於編首。莊嚴簡重，論極皇王，潔淨精微，體絶晚近。真三代訓誥之文，非秦、漢以下苑藻無實，枝蔓無根者，所可比擬也。鄉村人士，稍有見識者讀之，咸謂性理二字，向者習而不察，一經聖明闡發，始知性爲真源，理爲實際，體用合一之指，昭昭乎如撥雲霧而見青天矣。除另繕稿謹藏外，應將原發稿本恭繳。另魏廷珍書中，恭奉聖旨一條，係命臣還朝者。臣另差家人齎摺請旨外，謹先將領到御序情由，具摺由總督滿保處代奏以聞。

御製論詩發示覆奏劄子一〔一〕

臣李光地謹奏。本月某日，傳示御製先天後天論一篇，五言排律一首。臣恭讀之下，仰惟皇上道通極於微隱，學緝熙於光明，默契傳心，直搜河、洛龜龍之秘，優游彌性，時矢卷阿梧鳳之音。邵子謂畫前有易，刪後無詩。非我皇上，孰克窮圖象而標風、雅哉！論，剖别精微，其究體用之分也，能使道德、參同，無所託於開物成務之正。其推理數之合也，能使膚儒曲技，無所遁其枝離傅會之偏。蓋尺幅之中，而二千年易學之絶續明晦，同異淺深，如指諸掌。臣等不特欽聖學之廣淵，而且服聖言之簡當。雖復窮年著述，没世咀嚌，豈能措一筆而贊一詞也？詩，格律深厚，其寫景寫情，則盛唐人之體也，其阜財解愠，則有虞氏之音也。臣竊謂論宜勒之韋編，以繼翼傳，詩宜被之弦管，以紹豳風。私心雀躍，非敢容諛也。除恭抄存稿頌讀外，相應將發下原稿恭繳。臣無任欣幸之至。

御製論詩發示覆奏劄子二

臣李光地謹奏。本月十六日，傳示御製理學論一篇，湯泉應候詩一首。臣反覆奉誦，切惟易曰「窮理盡性以至於命」，蓋事物之理，即吾心之性也，吾之性，即天地之命也。然欲盡性至命者，必自窮理始。此大學之教，所以先於格物也。世儒言理者，傷於繁碎，故或拘牽文義，摭拾名物，而不知會通於性命之真。言性命者，涉於空虛，故或直指人心，好言超悟，而不知實驗於事理之著。是皆不能合内外之道，而得聖人之指也。我皇上推極理之本原，至於天命率性，而以格物致知，窮其至理之當者，爲盡性達天之路。蓋合大學、中庸首章之義，而一以貫之，不但朱子宗指不爲俗儒曲學所亂，臣愚謂聖人復起，不易斯言矣。嘗觀朱子平生著書，最重者大學，大學之説，最要者窮理。百餘年來，陳獻章、王守仁輩，破除窮理之論，而易以認天理、致良知之説，故士無實學，而世無實用。闢之者又但滯於名物粗淺、文義支離之間，亦安能有以正之哉？皇上此論，宜刊示萬世，以廓清洙、泗、洛、閩之統緒。現在刻朱子全書，大學已將告竣，臣謹請以聖論一章，特系大學之後，其於道術人心，誠非小補。湯泉詩，情意懇惻，音節高妙，蓋聖心無日不與天地民物同流，故觸景怡情，莫非真機之所灑發。非學士詞人，敢望其規製也。臣愚素不能詩，然生逢唐、虞、成周之世，飽聆賡歌、雅、頌之音，勉索枯腸，奉揚聖作，鐘鏞之下，雜以鼃黽，其爲顔厚何如。惟冀皇上恕其老朽荒拙，不勝幸甚。

御製記詩發示覆奏劄子

臣李光地謹奏。本月初一日，傳下御製避暑山莊記一篇，覽孝經衍義詩一首，賜臣觀看。臣再四伏誦，竊以皇上性定而神全，故其發於文辭也，浩乎若江河之沛。恩明而意美，故其發於文辭也，盎然如天地之春。含英咀華，而無文人雕鎪組繪之陋，源經本史，而無學者勦説雷同之卑。記文述叙山川，眇八荒之在抱，鋪陳景色，錯萬象而同流。日月氛靄，當聖世而倍益其光華，草木禽魚，依聖澤而相欣於茂育。使臣等不在扈侍之班，翠羽之下者，皆可以想像而如親見之焉。其歸在於先憂後樂，固本寧邦，比類興懷，寄情獨遠，曲終奏雅，餘韻無窮。臣佩服懽忭，非頌言所能仰贊也。至於皇上仁孝天植，形爲詩歌，故能以數言而括全經之要。博施兼愛，由於歡心和氣之深，濟世匡時，不出地義天經之大。無惡無慢，舉斯心以加彼，而愛敬咸孚。不驕不危，挹乎彼以注兹，而富貴長守。存心養性爲匪懈，故教及於無方，稽古右文以日新，故德修而罔覺。凡此，皆皇上之所躬行身體，揆之先聖遺經而同符者也。帝庸作歌，實關世誼，皇自敬德，溥勵民風。臣私心感悅，不能自已，謹具摺恭頌以聞。

賜御書調息箴扇恭謝劄子

臣李光地謹奏。本月初一日，南書房傳旨，賜臣御書調息箴畫扇一握。臣謹叩頭祇受訖。伏惟時際伏金，溽暑未退，臣遠離行在，惟有瞻望雲日，虔祝聖躬清和。乃蒙皇上以犬馬寒暄爲念，錫之佳箑，被以薰風，而且親書調息之良箴，開示延年之要道。臣雖不能服行古訓，希羲、農淳沕之民，猶覬扶掖衰齡，觀堯、舜仁壽之化。臣不勝感激，謹具摺奏謝以聞。

賜示輓將軍吴英詩覆奏劄子

臣李光地、王掞恭請皇上萬安，臣光地爲具摺請安，並進書。本月十五日，奉御批：「朕安，書留下了，詩二首，卿同大學士王掞看。欽此。」臣光地、掞等，恭捧天章，再四熟讀，仰見我皇上眷念舊勳，始終優渥，誠爲史冊所不經見。然皆出於居安思危之意，推心任下之誠。故溢爲詩章者，情誼温靄，訓詞深厚，宜與彤弓之什，照耀千古，大風之歌，未足云也。臣等謹手寫敬藏外，合將發下原稿恭繳，臣等不勝欣幸。

奏明開捐議稿未敢畫題劄子

臣李光地謹奏。切修蓋通倉一事，係臣等傳旨九卿，理應列名，但臣詳閱九卿所開捐納條款，似太繁碎，亦有當日爲用兵賑饑，一時權宜之計，俯允廷議者。今昇平在運，正鄭重名器之時，修倉所費無幾，似未可以彼時事例，概行今日。況其途太雜，其價太賤。雖市井負販之人，用一百餘金，加一監銜，再用千金，便得知縣之職。層累而上，再用數千金，遂至道府，而未嘗一日辦事也。臣所見同鄉之人，有口未生髭，目不識丁，便已牧民者。或剖百里之符，或擁一道之節，而其爲童騃無知自若也。似宜於遞呈之時，別其出身之良賤，給職之際，驗其年貌籍貫之真僞，考其文移書判之通否。且令其所出貲，果足以濟公家之用，而不至於低賤易得，以褻天朝爵禄之尊。庶於國體民生，兩無虧損。九卿但取赴納之多，未加詳慎，似未能仰體皇上澄清吏治，愛恤民命至意。此案會議經月，臣以閣務不能每日在班。及至定稿，臣心未允愜，亦曾對同官言之，是以未敢畫題。相應具摺聲明，乞皇上鑒臣惓惓愚誠，非敢違衆立異。俯垂矜恕，臣不勝感激。

覆江南督撫互參及科場兩案劄子

臣李光地恭請皇上萬安。日者張鵬翮等所審江南督撫互參及科場兩案，蒙皇上聖明洞鑒，諭旨周詳。臣等已欽遵會議，具摺覆奏訖。臣又伏思之，臣等細繹督撫互參疏内，兩面多屬虚詞。蓋張伯行操優才短，以之理煩治劇，廢閣事務則有之，然皆非有心之過。噶禮身爲兩江總督，斷無於科場取錢之理。總緣二人素不相合，激爲過當之言。今若欲窮竟其事，究無實跡，徒使封疆大臣，以誣罔之詞，互相汙衊，恐於國體有傷。臣愚乞皇上斷自宸衷，將二臣作何處置，或者嚴加懲譴，赦過録長，出於天心，總無偏黨。至科場一案，壞亂已極，士氣沮塞，物論騰沸。今張鵬翮已往福建察審數大案，來往稽時，延及冬春，則萬壽大慶已近。爲臣子者，亦不願以此等濁惡之事，塵瀆聖聽。臣愚乞將一干人犯著解來京，發刑部嚴加鞫訊，則盡三秋可以結案，官邪儆而國法伸矣。臣愚拙無識，不勝冒昧惶悚之至。

賜熱河菜蔬恭謝劄子

臣李光地恭請皇上萬安。本月初九日，總管王朝卿傳臣至南書房，奉旨頒賜瓠茄、蘿蔔及醃菜等物，臣謹叩首祗受，薦之祖先，然後伏食而品嘗之。恭惟食瓜斷瓠，聖主每撫時令而繪豳風，遂使場人之獻，頒及老臣。微臣敢忘兢惕，謹具摺奏謝以聞。

報雨澤劄子

臣李光地恭請皇上萬安。伏惟旬日以來，雨澤時降，節序當大小暑之中，實一滴萬金之候也。又聞山東、河南俱已霑足，江、浙、福建等處，亦皆調和，可以仰慰聖懷，稍紓憂軫。即日伏盡秋生，涼熱狎至，萬望頤養天和，厚培海内臣民之福，臣不勝欣幸。

賜菜品恭謝劄子

臣李光地謹奏。臣因遣家人奏摺，恭請萬安。奉旨：「朕安。」仍交家人帶回菜品十罐賜臣。臣謹北向跪受，合家品嘗，以飫聖恩。伏惟聖德茂育，百穀用成，故盈畦之茹，競獻其青葱，而實豆之菹，下頒於尸素。臣不勝感愧，謹具摺奏謝以聞。

賜草荔恭謝劄子

臣李光地謹奏。本月二十一日，蒙皇上發來花水果一包，賜臣嘗之，仍諭：「此果産於寧古塔，求種於興安大山，移栽熱河，遂致蕃茂。」臣伏思雖一草一木之奇，皇上必不遺遐遠致之上國，而況於人乎？詩所稱「菁菁者莪」，樂育材也。臣恨無文藻，不足以歌咏其事耳。至此果香味，果可與荔枝相仿。臣脾病月餘，鼻不識薰蕕，然蒙賜啓視，孔竅忽開，遽聞香氣，可知馥烈非常也。皇上錫之嘉名，自此便當譜入異品，千載流芳。草木猶需遇時，臣益自幸其遭逢之偶。謹具摺奏謝以聞。

賜玉泉山水恭謝劄子

臣李光地謹奏。臣因奉差，内侍問及臣病，臣具摺謝恩。蒙皇上御批，敎戒委曲詳盡，上律天時，下襲水土。臣雖不明醫理，然從前遵行聖誨，歷有成效。惟有益加謹疾，使脾氣滋生，以延犬馬餘齡於聖世而已。又蒙皇上特諭中官，每日給臣玉泉山水。傳示之下，益深悚慄。前歲臣患瘡瘍，賜之海水，以滌煩痾。今者偶病中虚，又錫甘泉，以潤湫底。沐浴載德，飲酌知源。惟恩施已極於汪洋，而報效曾無於涓滴，感激之私，實與愧懼俱長。謹望北九叩，具摺恭謝以聞。

賜佳菓恭謝劄子

臣李光地謹奏。本月初十日，行在兵部發來黄包一具到臣，奉旨云云，欽此。臣俯伏感悚，不能自已。竊念臣自夙歲受知，到老益荷憐念，年來血氣衰憊，諸症雜發，乃氣候所當然。蒙皇上俯注天心，備加救護，賜醫賜藥，以至食物、湯水之類，無不自内給發。艱於行步，則每命參扶，怯於晨興，則時令憇息。自古人臣不可倖邀之恩數，臣獨何人而身叨受之。兹所賜佳菓，性味非常，服食數次，腸胃俱寬。草木異滋，更重以天厨之法製，此炎帝所謂神而化之，應能延犬馬之齡，不特卻病也。退念昊天之德，晻嗞餘景，何路報酬？惟有仰師皇上之聖學，於千古而有光，私祝國家之歷年，永萬祀而勿替。臣不勝感激涕零之至，謹具摺恭謝以聞。

【校勘記】

〔一〕本篇及下篇標題中「一」、「二」字爲整理者所加。

榕村全集卷三十一

劄子四

乙未乞休劄子

臣李光地謹奏。臣海濱微賤，遭遇聖世，厠名清華。累蒙皇上不次之恩，由編修躐陞侍讀學士，又陞内閣學士，改翰林院掌院學士，洊歷通政使、兵部侍郎，督學京畿，未經報滿，遂受巡撫之命。在任四年餘，復陞吏部尚書，仍管巡撫事。又二年，即陞今職。凡臣四十年來除授，皆出聖心特簡，非臣階級俸次之所宜承也。前後居官，庸碌無狀，荷聖主寬大含容，察其疎愚，恕其罪戾，矜憐保護之下，遂得幸全身名，以至今日。至於顧問優渥，錫予便蕃，尤非感頌之所能罄也。臣久嬰殘疾，老而彌劇。又因三年前，瘡毒發體，曾具摺丐恩休致。蒙御批云云，欽此。臣伏讀感咽，竟日沾纓，不能自禁。既復奉面諭，以内閣現在老臣彫零，令臣勉加調攝，藥餌食物，賜賚頻仍。枯株敗枿，復得更生，皆日月雨露之所晞潤也。五十二年萬壽節後，臣復叩申前請，又蒙皇上以承平日久，修文爲先，垂念理學緒微，經書説雜，特加删輯，以惠萬世。御纂朱子全書，繼以羣經、性理諸編，皆煩聖心裁定。臣所承修，係易經、性理，猥以淺劣末學，二三年間，荷皇上殷勤指誨，字酌句議，縷析毫分。每一經駁正，則能使愚蒙頓開，昏翳立現。臣上幸先聖前賢之復光，下喜暮年餘生之有覺，是以黽勉從事，忘疾病之在身，知其有重於區區之軀命者，而不敢自愛也。今稾承筆削，二書將次告成。俯念臣年七十有四，古人懸車，於數已過。而且痼疾纏綿，症候旁雜，每遇奏對，多失儀節。聖主哀矜之至，往往令人扶掖，而臣何敢自安乎？又臣父没於閩亂之時，窆封淺土，與臣母未得合祔。臣母之没，因臣在京守制，應得恩數，亦未蒙部給。臣長子、臣妻、臣媳，相繼淪喪，久者暴露已届十年。臣孫幼小，未能襄事。臣以草露風燭之齡，前期不能自料，誠恐臣身已極於寵耀，而泉壤未沾夫哀榮，烏犢私情，難免悽惻。故敢瀆懇君父之前，允臣休致，庶微臣得遵止足之戒，而稍盡骨肉之恩，不勝感激之至。臣伏念人生所難值者，太平之世，所難逢者，堯、舜之君。至於身受特達之知，心迹無間，日聆至精之論，道法親承，則千百年來，未有如臣之幸者也。臣聞野老扶杖，以觀化也，葵藿傾葉，以向陽也。臣之遭時如此，受恩如此，其樂觀熙皡而傾心聖明者，曾是野人園花之不如乎？抱誠結戀，雖夢寐不敢忘君，衰病引年，實不獲已。伏乞聖主哀而諒之，臣不勝悚息待命之至。

乞休得温綸恭謝劄子

臣李光地謹奏。切臣以衰疾乞休，實出於萬不獲已。上疏之後，累夜反側，不能自安。蓋身病不任樞機，年暮則須引退，此臣之義也。然曠世之恩難忘，而如天之德未報，此又臣之情也。本月十一日，恭聞聖旨：「卿才品優長，文學素裕，寬弘休容，得大臣之體。自簡任機務以來，恪共清慎，益著勤勞。今雖以老疾乞休，朕眷注方殷，何忍允其所請？正資倚毘，共樂昇平，奈泉壤骨肉之分，亦係一生之要事。暫給二年假，事完即來京辦事，以副朕篤念老臣至意。欽此。」臣捧讀感激流涕，雖親戚僚友見之，莫不爲臣悲喜也。伏念臣以海濱賤士，自壯歲即受聖主特達之知，延及晚節，有加無替。爵禄之餘，教誨成就，本駑駘也，而鞭策之比於良乘，本樗櫟也，而繩削之比於佳材。誼兼君師，恩同父母。至於衰老疲癃，應與敝帚同棄，而又褒奬以榮其歸，眷念未忍其去。凡天語之優厚，一一非微臣之所敢當。臣誠何修而得此於聖世哉！再念君父矜惜之恩，至於如此，爲臣子而敢頃刻懷安，非人類也。但恐頽齡已迫，而痼疾多嬰，不知此生有分，復見天光與否。倘託皇上天地洪鈞之庇，喘息猶在，筋束僅支，雖不能效力班列，尚覬扶曳萬里，瞻覲聖顔，以畢餘生之願，則臣雖瞑目不朽矣。除修本赴通政司謝恩外，謹具摺先此稱謝以聞。臣收拾諸書完明，且調理脾疾稍愈，即赴熱河，交繳書籍，詳請聖訓，並叩首陛辭，請期就道。臣不勝感激戀慕之至。

陛辭回京奏謝劄子

臣李光地謹奏。臣蒙恩允回鄉，趨行在謝恩辭陛。蒙皇上欽賜寓館，每日賜食兩次，又賜見六次，教誨諄渥。雖父母顧復之慇，無以爲喻。所最驚心者，臣以微菲賤士，通籍四十餘年，出入中外，毫無報稱。從前恩遇隆加，慚懼已極。今茲老病求退，愧恨尤深，乃荷皇上恩旨，錫之褒嘉。御製餞詩，録其微節。古人有云：「文追典誥，論極皇王，一言既出，孰敢改評。」臣誠不足當此。然聖主終始保全之厚，雖没身何可忘也。又命諸王及大臣、詞臣，賡和成篇，播之朝端，永爲家寶。加以重賜扁聯，義取詩、書，皇上所以策勵老臣者備至。而循省平生，無能髣髴聖言之萬一，汗顔踧踖，尤不自勝。臣祖、臣父、臣叔、臣弟、臣，冒昧以微善奏聞，俱蒙御筆扁聯之賜，泉壤生光，蓬門改色，私家何幸而邀此於聖世。恩施愈重，報塞愈難，惟有舉家相勖，循分讀書，處爲守法之民，出爲奉公之吏，如細草欲酬三春之德，聊存寸心而已。今臣住京數日，與武英殿諸臣商略未盡事宜，且收拾行李書籍。於九月初旬内，買舟登程。北向叩首，瞻戀無極，禱祝聖祺，與天同壽。謹此具摺恭謝以聞。

賜食物紅稻恭謝劄子

臣李光地謹奏。本月二十六日，南書房捧出皇上恩賜臣燻細、鱗魚一匣，鮮鹿肉條一匣，另紅稻一石，即叩頭祇受。隨奉薦祖先，均霑天澤。切臣以辭闕到熱河，旬日之内，朝饔夕飧，悉飫尚膳。此從古藜羹糲飯之人，所未經見。今臨行匆匆，猶蒙皇上念及，遠自行幄，馳賜珍鮮。眷注深恩，有加無已。其時適有同僚數人送臣者在坐，莫不歎息咨嗟，謂皇上篤念老臣，如此其至也。紅稻異種，出自天貽，臣謹推錫予之意，試之兩熟之鄉，使萬世頌后稷者，亦無此疆彼界，不獨臣家子孫，服穡先疇，誇爲盛事而已。謹具摺恭謝聖恩，臣不勝瞻依戀慕之至。

報到家日期劄子

臣李光地謹奏。臣自八月初十日，在熱河叩首陛辭，至九月初三日出京，初九日開船。迴望闕雲日遠，戀主之私，結於夢寐。緣水行遲滯，而臣以衰病之軀，遇江湖風雨，則多停宿，直至臘月，方涉閩境。一路見浙、閩年歲甚是豐熟，閭閻安堵，枹鼓不驚。至武臣仰體聖意，塢候墩臺，處處修整，器械衣甲，亦甚鮮明。此皆皇上德威遠暨，故能使陬澨從風，蒼黎食福也。臣託皇上天地洪庇，長途無他疾病，但兩耳益聾，自是老人氣候。抵家後經營私事之暇，當仰遵聖訓，調攝餘生，庶幾筋力猶能支持，再圖一望天光，是犬馬之至願。伏祈皇上爲社稷蒼生保重，稍節兢業萬幾之勞，優游彌性，迓無疆之休。海内臣民，不勝厚幸。

萬壽節恭賀劄子

臣李光地謹奏。恭惟皇上運際中天，德符隆古，民心歸而帝命鞏固，謳歌遍而曆數悠長。蓋有超千古之事功，則必有冠百王之禄壽，此自然之感應，在書洪範、無逸，在詩天保、卷阿，皆可徵也。恭逢康熙五十有五年三月萬壽，陽序布和，羲躔舒景。萬物齊潔，同兆庶之熙風，永晷增加，協升恒之純嘏。河圖數周，而洛書方始，皇極福斂，而天壽同流。頌禱覃於澨陬，瞻依及乎蠕動。臣適以家居，未得與廷臣蹈舞墀下，遥望紫闥，徒有心傾。率父老以祝三多，臣民齊願，聞山川之呼萬歲，草木同聲。臣不勝懽欣慶幸之至。緣在籍未敢奏表，謹具摺稱賀以聞。

萬壽節進書劄子

臣李光地謹奏。臣蒙恩賜准歸里，以舊歲除夕抵家，隨於本年正月初三日，具摺報明，遵旨送交總督滿保代爲封奏訖。臣一路所經，凡歷六省，烟火萬里，雞犬相聞。延及海澨，波浪不驚，允稱太平極盛之世。雖福建土窄人滿，民貧俗奢，未能家爲久長之規，人興禮義之化，所賴聖人遠照，文武冰兢，兵民和安，姦盗斂戢。視臣二十年前還朝之日，吏治民生，營壘學校，又覺蒸然一變矣。臣以暮齒，身載殊恩，日與鄉村耆老，歌詠堯、舜之澤。曠古遭逢，史乘希覯。惟是戀主私衷，拳拳夙夜。當此拜舞之辰，未與班聯之列，萬里陳誠，不勝悚息。臣撿得家蓄舊板書八種，俱屬平常之書，其中真德秀讀書記，乃其平生攻苦積累所成，頗爲前儒推重。然訪之德秀浦城舊鄉，久無此板。故此本皆係前人寫補，間亦殘缺一二，無從鈔足。若禁苑未備此書，似亦可供乙夜之覽也。緣閩中僻陋，鮮有收藏，愧無精善之本可獻，臣不勝惶懼依切之至。

旨催還朝乞展限劄子

臣李光地謹奏。准翰林魏廷珍手劄，内開閏三月初八日，召魏廷珍至清溪書屋，皇上親交摺子一封，著給大學士李光地家人帶去。再傳旨：「他去年除夕到家，其家事皆舊日事，八九箇月可完。事完後，著於十月或十一月，起身赴京，過歲三月間可到。再傳與他，北方住久，北方高燥，南方暑氣熱難受，著善爲保養。再荔支性極熱，亦著少喫。當日朕初食荔支味好，久覺極熱，故不令進送。此皆朕所親歷過者，著傳與他。欽此。」皇上眷念微臣，不待假滿，速使趨闕。又憫其衰老，起居飲食之節，教誨備至。臣伏讀涕零，望北叩頭謝恩訖。切臣夙受恩知，獨深且重，河嶽之潤，涓埃未酬，陽春之暉，寸草難報。徒以衰老聾瞶，坐立艱難，政事重地，義應引年解職。且家有窀穸私事，瀝控下情，籲乞歸里。恭蒙皇上哀憐俞允，而且天語諄諄，褒勉慰藉，命其假滿復來。在君父垂念臣子如此，爲臣子者，苟一息之僅存，何忍不重繭扶持，一覲天顔，以畢餘生之永願乎？臣原擬於明歲秋間就道，今奉明旨，當即束裝。但臣私家之事，纔得兒媳輩歸土，臣妻尚未安厝。閩俗得地甚難，乞恩寬數月，俾以三冬買地妥當，便可以葬事委之子孫，即於明歲開春，登程赴闕矣。又念臣忝列政府，進退之間，頗係國體。有下情剳與魏廷珍代奏，亦恃皇上恩知深厚，故敢斗膽冒罪如此也。伏乞聖慈垂照，臣不勝恐慄待命之至。

報明途中患病劄子

臣李光地謹奏。臣於本年正月十六日，遣家人奏摺後，臣隨收拾行裝，以二月初十日，自家起程，望闕神馳，恨不得尅日飛至，瞻覲天光也。祇以犬馬齒衰，年異一年，出門後，感劍溪、仙霞一路烟嵐之氣，三月中旬間，遂得脾胃之疾。及過杭州，舊病因之大發。平常每發，歷朝昏即平復，此番夜以繼晝，至次日早飯後，猶未痊。病中自思，幾不敢有朝天之望。荷蒙皇上如天之庇，幸而更甦。自此趲程迤北，紫極日近，晨夜引領，載欣載犇。但衰老之軀，加以病後，誠恐水陸之次，買藥問醫，躲避風雨，較以常程，不無遲滯。心切於日月之旁，而身羈於江湖之滸，夢寐不寧，無以自逭。謹先差家人齎摺奏明，伏乞聖慈矜其老憊，俯垂寬恕。倘到京不能及避暑之前，即當星赴熱河陛見，臣不勝瞻戀惶悚之至。

請赴熱河劄子

臣李光地謹奏。臣自二月初，由閩趨闕，緣途中屢患疾病，舟輿遲延，不得遂其瞻仰逼切之私。經具摺遣家人奏明，幸達聖覽。及舟過臨清，接京中家信，内開五月初六日，上諭：「魏廷珍寫字與王蘭生、李鍾僑，大學士李光地早晚到來，夏至以前到方好。夏至以後，小暑天氣已熱，往熱河來，一路山溝甚多，恐雨水陡長，難以行走。大學士不比泛常之人，且有年紀，甚有關係。欽此。」仰見皇上哀矜老臣，至於行止艱虞，悉入睿慮。父母之慈，有不能逮。恩私隆厚，史册希聞。但臣急於一覲天顔，結誠夢寐，雖值此雨行水發之候，然途次瞻望雲色，以爲行止，或遇霪潦未收，即於旅店遷延，以待消退。仰體聖心，不輕冒險。託皇上同天之庇，自然無事。今臣已至張家灣，入京雇車騾收拾衣裝，即便就道。相應先行奏明，臣不勝瞻戀之至。

賜示輿地全圖覆奏劄子

臣李光地謹奏。本月二十五日，蒙皇上發下輿地全圖賜臣看。臣謹捧到寓處，披開詳看。上準天度以定道里，既廣袤之不差，下盡地域而究山川，尤源流之易見。至於岱宗一脈，實從青、營横海而來，黑水三名，確有雍、梁長河之隔。此尤歷朝史志之所未講，專門名家之所未明，非皇上擅仰觀俯察之智，而紹伏羲之心，乘一統無外之時，而陟神禹之迹，斷不能周遍精詳如此也。從此傳之萬世，不特昭本朝之聲教覃敷，圖王會者多其紀載，抑且息從來之經史聚訟，述皇輿者有所折中矣。謹將原圖奉繳，伏乞皇上賜臣一幅，永爲家寶，不勝幸甚。再上年因性理精義中，朱子講江、浙、閩、廣山脈處，兩段可疑，奉旨命臣具奏。臣隨奏摺請旨，未蒙發下。今精義已刊刻成書，伏乞皇上御筆裁定，或刪去此兩條，再搜别條補入，或詳作案語，令學者無疑於朱子之説。統候聖誨，遵奉施行。

丁酉熱河乞休劄子

臣李光地謹奏。臣自康熙九年通籍，荷皇上豢養之恩，垂五十年，中間陞轉，俱越常調。比及近歲以來，恩施益厚，眷顧益優。在旁人視之，莫不爲臣欣幸，而臣夢寐惕驚，自量材德淺薄，不足以膺非常之福。況晚節末路，古人所難，誠未知犬馬餘生，終能苟全身名於聖世否也。前歲陳情乞休，復蒙優旨慰留，命其私事完畢，來京辦事。微臣伏念受曠世之恩者，不可守拘硜之節，苟喘息僅續，無非報國之年，豈敢以衰老力求休罷。惟是臣下脱殘疾，日劇一日，加以耳聾脚弱，精血既虚，六氣易感，内閣重地，百僚具瞻，誠恐奏對不聞綸綍之音，趨蹌有失堂陛之節，在臣身之事甚小，而國體所關實大。是敢冒昧籲控於君父之前，乞將臣缺簡授賢能，庶幾要職不致久虚。至於臣萬里瞻天，實係葵藿傾依，下情不能自已。倘邀皇上許臣留住一年半載，或有卷帙不多之書，賜發一二種，或修或校，恭請皇上教誨施行。因此得以時近天光，以畢終身之永願，尤臣所禱祈而不敢希幸者也。伏乞皇上矜憐垂察，臣不勝戰慄待命之至。

丁酉湯山乞休劄子

臣李光地謹奏。臣自通籍至今，垂五十年，立朝之久，受恩之深，荷皇上教誨成就之篤，歷數朝列，罕有倫比。徒恨犬馬齒衰，心長日短，加以身嬰殘疾，慙厠班聯，故前歲瀝誠籲恩，丐休林壑。仰蒙皇上聖旨温優，錫假二年，俾畢私事。仍令作速還朝，復供舊職。此前代所謂再入中書之榮，史册誇耀，臣誠何人，而得此於聖世。家居一年，雖在夢寐之中，感激之私，與恐懼交集。蓋自知德薄榮厚，報少施多，苟節晚歲晏之有虧，則孤負天地父母之恩於無窮。此螻蟻之情，不敢自隱於日月之下者也。本年二月，自家赴闕，七月趨熱河恭請萬安。誠不自料垂盡之齡，果能復來重望天光，自悲自慰，更復何恨。惟是微臣衰殘聾聵之態，日甚月加，陛見之頃，難逃聖照。雖宏慈矜憫，賜之以休憩扶掖，格外寬假，而微臣上念國體之不可不尊，下思職事之不可不舉，耳目手足之用既廢，則對揚趨走必愆，具瞻攸存，大典斯係。前在熱河具摺面奏，奉旨俟回宫日再發旨意。是敢冒昧塵瀆申懇，伏乞聖慈准解幾務，别簡賢能。庶微臣尸素之罪可以少寬，從此或得仰藉洪鈞，苟延視息，大期未盡，莫非瞻依結戀之年。臣不勝懇切惶懼之至。

戊戌四月乞休劄子

臣李光地謹奏。臣於去歲七月間，赴熱河陛見，具摺以老病乞休，奉旨著於回鑾日再奏。及十月間，臣在湯山迎駕，賜見之頃，臣復請旨。奉旨：「著於萬壽後具本。欽此。」仰見皇上矜憫老臣犬馬餘生，終始保全之至意。嗣值皇太后違豫，以至賓天，國有大恤，神人悲慟，豈臣子言私之時？且聖躬憂瘁成疾，臣日夜恐懼，寢食不寧，亦無暇爲草芥微命計矣。近日從諸臣後奏事，仰瞻皇上神明粹清，氣色温潤，微臣纔私自狂喜，知天祐邦家之意厚也。伏念臣年七十有七，自本朝閣臣辦事，未有如臣之耋老者。兼以殘疾，不能步趨，近又兩耳全聾，每奏對不聞玉音，惶汗霑背。至於在直議事，或奉旨與九卿會議之時，答問殊不相應，不特同僚譏笑，即臣内顧亦自憎嫌。臣聞知足不辱，若老不引分，則招惹物議，恥辱必至下玷晚節，上負深恩。此微臣之所惴惴危懼，如臨淵谷者也。幸荷皇上矜憐，准其休致，臣應即具疏陳丐。但王掞時方以病在告，閣内乏人，臣俟王掞假滿入直之時，擬繕本赴通政司投遞。謹先具摺奏明，伏乞聖慈垂察，臣不勝惶悚懇逼之至。

榕村全集卷三十二

書

答劉國昌

夙聆貴昆玉令名，殊懷企慕。來諭諄諄，連牘累紙，其所稱引者甚多。然以愚書生之意觀之，三十年來，迄無成績，徒令沿海生靈，千里爲墟。詩不云乎，「維桑與梓，必恭敬止」。斯非諸公父母之邦乎？何其蹂躪之至於此極也。客秋亦嘗不揣寒陋，發其端緒，事雖無成，區區之心可矢也。曾請於康親王議撫，故云云。今者諸公驟勝之餘，志氣方賒，固未足以語此。然恐將來亦有悔禍之日，不佞尚能令貴君臣，服其黼冔，賓於王家。此事非區區無其至誠，亦莫肯擔負也，目下又何必相逼乎？且吾所以軍霸上者，備他盜耳，老親臺其安心以俟，勿躁。此劄彼中傳誦，殊無怨怒，爲有「服其黼冔，賓於王家」兩句。

與友人

所示惜陰録諸編，未能逐條細撿，惟學、庸粗讀一過。諸所發明，悉由心得，與世之勦説雷同者，不啻相萬也。大學古本，稼書意不謂然，然觀賢者之所劈畫，不動古文章次，又不悖朱、程宗指，度越姚江之説多矣。看來經傳之分，不必太拘。「知止」兩節，及「自天子以下」三節，即所以引起結斷格物致知之説。雖未知其是否，自可修改存之，以俟後之君子，與方、蔡諸説並傳，未爲害道也。獨二書中所講論援引，則區區有欲相違覆者，未能細論，見概而已。尊録云：「戒懼惟一也，謹獨惟精也。」又云：「戒懼正心也，謹獨誠意也。」夫舜言「惟精惟一」，而子思反之，其意安在？曾子明言「欲正其心者，先誠其意」矣。今如以正心爲致中，誠意爲致和，則云「欲致其中者，先致其和」，可乎？餘如尊德性、道問學等處，皆是此段話頭，申明到底。此恐於程、朱學的，不能無差，惟明者審擇焉。蓋程曰：「涵養須用敬，進學則在致知。知之明故信之篤，信之篤故行之果，行之果故守之固。」朱子曰：「致知以啓其端，躬行以踐其實，而敬者所以成始成終。」程、朱之言如此，是二子之學的也，知在行之先，敬又在知之先。此大學之教，所以雖始格物，而所謂涵養薰陶以立其基者，已於小學豫之，非無根本而直從事於此也。

中庸之戒懼，持敬之説也，其慎獨，則兼知行以爲言也。尊德性、道問學，意亦如是。然程、朱所謂敬云者，立乎知行之先，而未嘗不貫乎知行之中，亦未嘗不周乎知行之後。故知則曰篤志，審問，明辨，慎思。行則曰慎獨，曰誠意。是敬貫乎知行之中也。大學誠意之後而有正心，中庸内省之功繼以敬信，是敬周乎知行之後也。聖賢之言敬者，或先或後，或即存乎知行之中，皆有條而不紊，而不可以失其序，亂其名者也。今若稍更尊稿，以戒懼爲存心，爲尊德性之事，以慎獨爲致知力行，爲道問學之事，則此書前後通貫，而於程、朱本旨，亦不相悖矣。此尊録中大節目，所願訂正而求一是之歸者也。大抵程、朱之學，直接顔、孟，真所謂先聖後聖，若合符節。至於文義章句之間，後賢有作，不妨補備。如朱子於程子，可謂傳心者，然解釋經書，如語、孟、易、詩之類，纖微委折，豈盡同哉？大學、中庸，宗程尤篤，而訂正尤多。蓋其精且至者無不同，則雖更相發明，乃所謂其揆一也。近世於其所遞傳相繼者，往往不盡心焉，而輒爭於一章次文義之更定訓釋，以是爲尊朱則末矣。此愚所以不譏先生古本之作，而惟竊願於其學脈加之意也。

上猗氏衛先生

畿輔日月之旁，勢要鱗集，大懼墮素訓而履危機，朝夜惕息，至於今日。人之所易，地之所難，是以凡百艱虞，非師門則不能諒也。歲試大破人情，悍然不顧，以既厥事。然此都自董默巖題革學院供應後，一輛一蹄，官役皆得藉口，以相要制。徇之不可，亢又不行，剛柔兩無所施。始知此老慕名之舉，未盡善也。期月後，内外頗蒙信諒，然胥役及四方奸吏，亦繁有徒，無非窺伺投抵，以相欺誤者，一有不察，便當坐受其過。僚友亦將有所執言，而不復原其心矣。此所以一日未竣，時時恐慄也。學規不敢遽做古人，歲試只釐剔弊竇而已。科考預戒童蒙，有能誦三經、二經，或經書圈内外註，及小學全部，古文百餘篇成熟者，文理略通，即與入類。初試大名府，應此科者四五十人，拔取三分之一，以勵實學。今諸府皆欲推此行之，且令蒙士胸有數本經書也。一行沉埋時文中，舊學全無温理。吾師積年深造，大業有緒，明歲夏秋間，都人之便，倘得賜示一二，以發愚迷。地所刻一二種小書，皆示生童者，不足呈教。惟朱子語類四纂一種，須就正。時下方駐順、廣間，竢益近京，圖覓寄耳。

與張長史

昨論及「戒懼」、「慎獨」兩節，謂省克功夫，貫徹日用，不是只在獨知之處。兄即云：「注中自謹獨而精之，以至於應物之際，即此意也。」深服敏妙，因而更加尋討，則於注兩條，始得其解。始歎朱子之書，綿密深確，疑駁者固粗疎不足道，篤信而爲之疏釋者，亦或未得其意也。蓋「自戒懼而約之」兩條，自史氏伯璿分作四條，而王姚江以爲朱子之意誠如是也，遂痛譏排，謂動静固强分矣。今乃有静又有至静之中，有動又有應物之際，豈不益支離哉？此因錯會朱子之意故也。惟蔡虚齋爲之説曰：「自戒懼而約之，自謹獨而精之，二句一讀，以下十六字，一句讀下。蓋言自戒懼而約之，必使其至静之中無偏倚，而守不失焉。自謹獨而精之，必使應物之際無差謬，而無不然焉。是『致』字工夫，在『約』字、『精』字内，不是極之至静之中，應物之際，而後謂之『致』也。」僕每讀蒙引至此，輒歎以爲精當。今因兄言思之，則虚齋亦有未盡者。虚齋是以存省分動静，自其發解時，文便如此。恰似戒懼工夫，專爲静而設，而獨之外，無所謂應物者也。蓋朱子之意，誠有四節，特不如伯璿、伯安所謂「有静又有至静之中」者爾。自戒懼而約之，以至於至静之中，是自睹聞説到不睹聞也。 戒慎恐懼，自是動時事，但到靜中而此意猶存，謝氏所謂「常惺惺」者爾。 自謹獨而精之，以至於應物之際，是自隱微説到顯見也。動静隱見，分爲四節，而非如史、王之所云也。但中庸文意，俱從睹聞顯見處説來，以見其功之至純至密，而朱子立言乃如此者。若主敬而存天理，是本源功夫，故必返諸寂然，而其體始具。省克而坊人欲，是末流功夫，故必推之萬感，而其用始行。理既如此，又將以兩項分屬未發之中、已發之和，故一則自動説到静，一則自微説到著。朱子之義可謂精，而詞亦巧矣。準是以觀章句之義，則睹聞動也，不睹聞静也，更無所謂至静者。隱微獨知也，顯見對物也，更無所謂應物者。且戒懼即約也，謂收束此心，非復有更約於此者。謹獨即精也，謂辨明理欲，非復有精於此者。「致」字實義，乃在「無所偏倚，其守不失，無所差謬，無適不然」十六字之中。蓋存養省克功夫，必至於此，然後體用一原，顯微無間，而中和乃極其至耳。兄思之以爲何如？

答彭學士

蒙示纂子牙河一段，誠有未合目前形勢者。如單家橋水只一二分，臧家橋水有八九分，以爲單七分，臧三分，乃傳聞之誤。又雄縣、任邱，自受順天、保定、河間之水，與漳河無涉。又漳河未合滏、滹之先，已分爲二支，既合之後，又疏爲二支，此處似須詳明。又廣平縣被潦，專係漳水，乃在未合滏、滹之先，滹沱之水，不能至廣平縣也。謹將原委大略，臚列四條，奉塵清覽，伏惟垂擇。大抵聖主數載精神，自永定河而外，惟留心漳河一事。漳河即禹貢所謂「洚水」也，其性湍悍，不亞黄河。況至冀州，又挾滹沱並流。滹沱亦係渾水，性亦剽急，所以其勢盛大。臧家、單家兩支，皆其末梢也。臧家一支，即所謂子牙河，貽害八州縣已十餘年。自上命築堤之後，六年以來，生民衽席矣。此段洪恩，似宜據實紀載。至於漳水未合滹沱之先，初入直隸之境，如成安、曲周、肥鄉、廣平諸縣，自古受患。蓋此數縣，地皆沙土，所以容易遷徙。先時河經肥、曲等處，至近年全河悉注廣平一邑，水流到此，散爲多支，所以民地多被河佔。聖主察民疾苦，豁除地賦，以需水涸，民始有更生之樂。此漳河上游末流兩大關節也，其應如何叙述，以表皇仁，伏想諸先生自有鴻裁。

一、漳河之源有二，一出山西樂平縣少山，名清漳，一出長子縣鳩山，名濁漳。二漳異源，而下流相合，有合漳口在林縣境内。東至磁州虞讓村，自豐樂鎮而東，至臨漳之西北，流入成安之西南，入直隸界。

二、漳河入直隸，現在分爲四支。一支自直隸大名府之魏縣、元城縣，流至山東館陶縣地方，歸衛入運。一支由直隸廣平縣，至山東邱縣地方，復分爲二。其一俗呼老漳河，自邱縣東北分流，經直隸之威縣、南宫、棗强、景州、武邑、阜城、交河等地，至青縣北杜林鎮，與完固口支流合，至鮑家嘴歸運。又其一俗呼小漳河，亦自邱縣西北分流，經直隸之鉅鹿、廣宗、平鄉，至寧晉，與滏河會，又經束鹿、冀州，與滹沱河會，由衡水至獻縣完固口，復分爲兩支。一支名單家橋河，自完固口流至青縣，會老漳河，至鮑家嘴歸運。一支名臧家橋河，經河間大城爲子牙河，出王家口歸淀。查漳河現在未流所分四支，三支歸運，一支歸淀。

三、先因臧家橋一道，水勢深廣湍悍，而河間、獻縣上流之堤岸不修，大城、静海下流之堤岸久壞，故夏秋之間，水發淹漫，不獨四縣之民田受害，而水勢所注，青縣、文安、霸州、保定各州縣，俱一片汪洋，人民失業。己卯春，聖駕南巡，因大城、静海二邑士民迎駕陳奏，乃指授方略，命撫臣將静海、大城、獻縣、河間一帶堤岸，盡行修築。蓋西堤以護河、獻、文、大、霸、保六州縣田廬，而東堤以拯静海、青縣兩處渰没，又恐兩岸對迫，必有一復。復命於東子牙堤上游，廣福樓地方，開河一道，分水入淀。由是水勢暢流，兩岸完固，五六年間，八州縣田土盡涸，收成豐倍，歌咏聖恩，出昏墊而登衽席矣。

四、至康熙四十年，又欽奉上諭：「漳河現在分流，須令永久分流纔好。若並而歸運，則於漕道有妨。並歸子牙河，則民田受害。爾等再往詳看，來奏。欽此。」遵奉諭旨，巡看河源，至臨漳縣。十一月，在玉泉山摺子啓奏：「查漳河現在分爲四支，三支歸運，一支歸淀。然歸運之三支，水勢頗弱。其歸淀一支，水勢獨强。約其水勢，三支之水，僅可以敵一支。是則此時漳水，一半歸運，一半歸淀，運道既無難受之虞，子牙河亦得分殺之勢，誠有如聖諭所云者。然歸淀一支，强而深通，入運三支，弱而淤淺。臣等議得，所經由各地方，應令官每年於水未發時，分段挑濬，臣等按季察視，務令此三支，俱疏通無滯，以殺小漳河之勢。如遇水大時，仍用挑水壩等法，逼水分流，庶幾北不致挾滹沱以侵田，南不致合衛河以害運。臣等愚陋之識，未必有當。仰乞皇上訓誨指示遵行。」奉旨：「知道了。」

與湖南巡撫趙松五

羈縻職守，各天一方，音素雖疎，然心神則無日不相拳切也。荆南要區，古稱蠢爾之地，積歲宵旰，故特簡清德涖之，二年以來，績效立見。誰謂洞庭、彭蠡之外，頑不可化哉？令弟頓致清華，無階上摶，謂非聖主曠代之知不可。勵節酬恩，自是尊兄家法，方愧恧步趨之不暇，無容更綴一辭矣。弟久在畿疆，未得釋負，衰老殘病，兩者交攻，偃枕而接將吏，幾不能自支持。而聖恩以其豢養之久，未肯驅遠，退慙尸素，進憂罪罟，此心惟可爲知己者道耳。有以提省鞭策，尚祈因風指示。

答桐城張相公

素蒙摯愛，所得於前輩先生，如水而彌永者，平生一人而已。獨是語嘿出處之間，心儀之而不能步其後塵爲愧。此則氣質學問爲之疵累，雖承先生終始不棄，然而一龍一豕，固不待後世而品題定矣。新恩洊驚，晚節滋懼，又不得先生者，朝夕瞻仰於班行之末，以觀型而寡過。鴻逵益高，小子方厲，先生豈可徒喜其一日之遭，而不錫之訓辭，以覺悟其終身也。近又新有亡兒之痛，今所撫者，煢煢諸孫而已。誦王荆國詩，所謂「夢事中千變，生涯老百罹」者，不知涕泗之零落也。因思厚德如先生，亦復經此蓼毒，矧行負神明者耶？獨羨世兄言行悉稟家法，羣望翕然，此深爲先生喜者。惟先生知其發於真惘，而非諛詞耳。遠惟爲吾黨自愛。

與孝感熊先生商酌朱子全書名目次第書

本年六月初二日，奉旨：「朱子全書關係緊要，交與熊賜履、李光地纂修。今所奏目録次序，有未畫一之處，著李光地移會熊賜履，商酌妥當，畫一奏明，然後將書呈進。欽此。」切地前摺奏數條，一謂讀書乃窮理致知之事，擬次於致知之後；二謂理欲義利、君子小人之辨，亦窮理致知之要，擬次於致知之後；三謂學之後宜即繼之以治，以見聖學王道，體用合一之意。凡此，皆據地淺見，仰質聖明，不敢自謂有當也。今讀先生所批駁，則仍舊目次序，亦無甚礙於理。謹照舊目，另編爲五卷，繕寫已完，奉呈尊覽。如尚有未當，亦祈一一簽示，以便改正。又於本日奉旨：「此書完竣，欲發與熊賜履看，若到彼時有所辨駁，則從頭更張，必致擔閣，而書無完期矣。須乘此時商酌妥當，則趲日纂修，方無遲誤。欽此。」仰惟皇上訓旨，至爲明切，地敢不小心上緊，以竣厥事。但先生既在遠，遇有所疑，不能時時請正，謹臚列數條，求詳確指示，以便如式編纂。

一、當日目録，原合性理、語類二書合編者，故未免有重複參差之處。如性理目録，則有治道類之禮樂，而無六經類之禮樂。語類目録，則有六經類之禮樂，而無治道類之禮樂。今全書目録中，六經内既有禮樂，治道内又有禮樂，恐涉重複，應否删去，祈詳示。

一、治道内有宗廟、宗法二目，語類所無，惟性理有之。然性理無禮經一門，故以此二目附於治道。今全書目録，既依語類列禮經一門，則宗廟、宗法等，已悉在禮經之内，再出亦涉重複，應否删去，祈詳示。

一、君臣一目，語類所無，惟性理有之。然性理所載，朱子語僅三節，查對吴總憲交來舊稿，已收入人倫類中，其所批文集内，採入君臣二條，則出奏疏。今奏疏已另編，則此目似應删去，祈詳示。

一、謚法一目，查語類、文集、性理三部，朱子並無片言及之者，此目似應删去，祈詳示。

一、節儉一目，性理所載僅一條，乃在道千乘之國章採出。今既有四書，語類此條，應歸本章。而吴總憲舊稿所批文集採入節儉一條，查亦出奏疏。今奏疏既另編，此目似應删去，祈詳示。

一、語類目録，有老、莊、釋氏，又有戰國、漢、唐諸子。性理目録，則但有老、莊以至宋諸子，而無釋氏。今全書目録，以釋氏附於蘇軾、王安石之後，竊謂不如附於老、莊、列之後，似從其類。應否如此，祈批示。

與楊賓實二首

自聞太翁之變，未能以一紙奉唁，兼慰孝思，道遠希便。加以病憊支離，塵忙卒歲，情理之曠廢者多矣，負疚何言。河上之行，乃藉以省覲晨昏，且得親湯藥飯含之事，終天無恨。若神明有以相之，不獨見天心佑善，亦以知雨露霜雪，莫匪君恩，至於慰遣江干，彌占浩蕩也。區區以衰疾之軀，孤居邸舍，家間亡兒營厝之事，亦復無人經紀。京中親友，近更寥寥，以此胸次悄無佳況。雖孔、孟、周、程之書，未嘗釋手，而霽月光風之趣亡矣。易稿重改一過，所存舊十之一耳，規模體制，亦與舊不同。恨未與兄對面商確，以決是非，欲寫一編相寄，亦非倉卒所能辦也。讀禮之暇，幸於此書更一留神，俟其首末貫通，疑信參會，然後合並折中，庶乎彼此之間，互有啓益也。孟子三篇先謄去，試爲細閱一遍，以爲何如，有未是處，即逐段劄記，覓便寄示。年月間倘得陳情祭掃，當即預期相報，覬會我於錫山、揚子之間，連續旬日，攄此宿抱。餘惟斟酌思慕，存神揚顯不宣。

又

南北暌違，接札方知又有蘐堂之戚，洊更慘怛，緬想孝思哀慕，情何以堪。然各享大齡，又兄適以行役密邇，與古人丐近地就養者無異。崦嵫餘景，及奉清光，而湯藥殮殯，一一躬親無憾。此可謂純誠之感鬼神者，爲之布置安排，非人謀所及也。由是而推之，人生禍福倚伏，大抵如斯，吾儕益可以坦然而遊於憂患之域矣。惟兄嗣息未朕，深用關情。然爲德不懈，終須響報。寒宗萬曆間，有華溪老人者，艱於生育，六十而始生子，衆人笑語，不知華溪見子勝衣否。後壽九十六，其孫以是年舉於鄉，猶及見之。稗野記識，長老傳聞，如此類者甚多也。衰疾日劇，退息之念，魂夢爲勞，日復一日，未得好機會。蒼蒼者難知，諒亦必有自然氣候。昔所稱急流中勇退，殆亦其時命適然也。勞頓之下，頗理舊業，然今年所修改，明年輒復不愜於心，以是久未有脫稿文字。易説改又十來遍，與兄處舊稿，頭面全非，筋骨亦換。又釐爲二編，一則依經釋義，不入旁意，一則發揮凡例，推説精藴。篇帙頗多，現已就緒，稍加一重推敲，即略歇手矣。先抄乾、坤二卦奉覽，字句亦尚有商量處，然大致如斯矣。中庸亦分二編，一章段，一餘論，尚未愜意。然承索無以應諸友，將此備禮。異日有相見期會，得假旬日面論，庶有長益耳。

與梅定九二首

保陽怱怱言别，兩懷惶苦，非復疇昔披對胸襟，至今猶不堪回首也。弟之涼德，幽負神明，不敢尤怨。先生忠厚，徹於表裏，口不聞言人過，何戾於陰陽之和，而罹此毒哉？古人有言：「名者美器，造物忌之。」故明逸無子，乃得中壽，堯夫晚娶，僅以延年。先生異日，名家傳世，當與二公同乘除之數，或有司之者。弟則學仕皆負初心，將與蕭艾委翳。若但以世間所謂名位者，準折天性之傷，豈不滋慼乎？殘疾彌劇，而聖恩深重，未能引去。又恐庸才處非其據，晚節末路之難，深可憂懼。此與先生投老邱阿，委順造化者，更甘苦相萬也。數年來著述，雖有數種就緒，然疑問、存古之類，尊意以爲不可不成者，即後學所不可闕。精神稍健，幸並日爲之。來書謂體氣勝前，此周公有鬼之效也。尊稿有陸續成者，煩令孫寫草先寄，遠期爲絶學自重。

又

違誨儵及五年，雖音問間歲一通，終未如時親德範，面質奇文疑義之可以開愚蔽也。無日無夜，魂魄不念家山，而次且濡滯，明歲即懸車之期矣，猶未能自保獲踐古義否也。先生山林日永，得遂卒其大業，以知修文述古，自有天命。更知比來體氣清佳，未減於昔，未竟之緒，鬼神相之矣。凡屬舊遊，無不深幸。弟舊殖益荒，獨於易學，汲汲欲終初志，然旋稿旋棄，自知未足就正有道。蓋雖無述作之才，而頗有自知之審故也。曆象本要，雖於此道未能萬一，然經高明增改，故亦不忍便毁棄之。夏間復點竄字句，諸友重爲圖畫繕寫，雖竊取疑問彌縫其闕，終是隔壁堂下人窺影尋聲，其弊至於扣槃捫燭之爲愚。古人所以重口授親炙者，蓋以此也。因便寄正，求輟三五日正務，細爲删改，務使文雖淺略而無譌謬，非欲以示他人，聊欲稍決疑瞢，而隱之於心也。圖有舛錯，亦求標出不宣。

答安卿仲弟

來廝去後，我又病嗽積月，甚虛弱。總之衰期已及，略失調度，便使六氣侵薄腠理，以漸而入府藏。其餘保攝，猶可自主，至於衝犯風寒，犇走疲敝，則與仕宦相爲終始，無所施其宣節之力也。頗有陳情省墓之意，然奉旨編朱子書未竣，須畢此乃更擬議。弟行取恐格於大臣子弟成例，要之功名天定，以我平生驗之，一毫不由人主張。且隨分及物，百里猶勝曹署，但觀人情事勢，以爲行止之決可耳。固不汲汲於進，亦不可犯古人苟去之戒，恰當其節，方合出處之義。萬一上官禮貌未衰，學校農桑之事，尚有可爲赤子竭微誠者，留遺愛於一方，不强似博一卿相耶？弟好讀西方書，無用，如憚理致淡平者，即前漢、後漢人物志傳，亦好觀，中間有許多可師可法之事，便可印證今日進退行藏也。我此三年間，甚有疾病災厄，雖然摧感，亦不敢忘戒懼，雖然任運，亦不敢廢調攝。知晚節末路之難，時刻愛身補過，其餘則倘來安之耳。此近狀，故相聞。

答魏君璧王振聲

諸兄奉旨學習樂律，能通其意，聞之不勝狂喜。近代讀書人，於八股外無所知曉。諸兄倘非遭遇聖明，安能開口出聲，而譚禮樂之事哉？僕雖看過樂書，盡是故紙空言，真馬貴與所謂「刻舟覆蕉，扣槃捫燭之爲愚者也。」前在暢春園，皇上賜觀律管，兼聆吹按之聲，微能知其和諧，終未喻其要眇。所望諸兄盡心學習，他日悉以告我耳。此事千載絶學，非皇上生知大聖，安能使理法大明於今。此殆天意也。已摺請勑下施行。蓋僕雖不知律，而見皇上前後之所參稽制作，鑿有根據，故輒獻妄言，或不至隨聲從諛也。諸兄已能辨音否？素謂周官郊廟不用無射，爲是金氣之盛，又不用太簇，爲是黄鐘商聲。試察驗之，果有清厲殺伐之音否？空言無益，須有徵乃可信。

與魏君璧二首

十日相聚，頗慰所懷。來章甚佳，近來詩學尤進也，謹飭收斂，臨歧數言盡之。相期遠大，尤當以酬塞聖恩爲念，不獨身名避禍幾已也。僕年已稱上壽，過此不敢自必，況耳益聾，殘疾益下脱，雖延視息，亦未知五官四體，明年復作何狀。荆國詩云：「我老孤國恩，結草以爲期。惟子善事主，有知無不爲。千里遠相望，昧昧我思之。」此刻不暇和答，借此數句，以寫吾心可也。

又

自客歲重九，張家灣解纜，直至除夜，方入里門。蓋水程既已遲滯，中間又有幾段陸路，衰軀不任疲頓，遇風雨須停歇。當壯盛時不及覺，老而後知行路之艱也。所喜聖明在御，海宇清平，山行水宿，毫無顧慮。所至人民熙攘，雞狗聲聞，詩書弦誦之風，迥異疇昔。到浙江，遂取道江西，歷覯玉山、鵞湖，朱子講道諸處。至武夷，瞻拜御扁「紫陽精舍」以歸。雖筋力罷倦，而耳目蕭爽。自幸老作太平之人，兼載恩華，榮耀祖考，忘乎疾病枝離之在身也。兹以萬壽節，未得隨班叩首，特差家人齎摺恭祝，恐聖主垂問賤軀形狀，地方光景，附此奉達不宣。

與浙江巡撫徐善長

先生爲邦方期，輿望大洽，韓子所謂「聽於下風，竊自增氣，草木臭味，固共愛惜其行藏也。」弟離山二十八年，得蒙恩休老爲幸。至於寵榮有加，則非始願所期。念與先生卅載相知，中間契闊風頹，迴首如寐。今弟老而先生亦非少，幸晞日月末光，江湖邂逅，悲歡交並，傾暍何極。自登舟來，計日吴山，而水行濡滯，於今始達境上。開書見使，德音琅然，知先生之代數亭站，無異弟之預整冠裾也，不宣。

答富韜尚

東垂寒露，鞅掌爲勞，然吏事之暇，彈琴賦詩，比之朝朝趨直，觸寒冒病者，猶倍蓰相校耳。王司馬言，亦相憂至意，蓋恐宦途之累，愈積則愈深也。凡兄自滇南以至來東，前後所屬望於弟者，非不備悉雅意，然未嘗不歎待弟之厚，而規世之左也。薦賢是寥闊難行之事，區區薄劣，又非其人也。中間有逖聽不審，致親友相尤望者，皆傳説之誤耳。且人所至親極愛，急欲吹嘘而置之青雲之上者，無如同懷之兄弟。嘉魚沉埋公車二十餘載，耜卿亦以措大終矣。雖無奇才異等，然嘉魚涉獵經書，通算法，耜卿能背誦十三經，而解其義。比之今日名下，亦非無一善可稱者。縱弟避舉親之嫌，何不宛轉營托，同升要路，而使之卑棲漢水之濱，投老湖山之上哉？區區衷曲，不樂自白，姑舉此證，以爲不知其形者，視其景則可知矣。而猶云云，是兄待弟之過厚也。詩賦一道，當留爲吴、越羔雁，誰敢與之爭衡？黄石齋云，吴兒往往輕閩音。蓋魯爲齊弱久矣，如寒壑之魚，聚而相濡沫，無益也。至聲韻一事，風土所咻，散而無垠，古今未始有定論也。邵康節以際天人之學，定爲平、上、去、入、開、發、收、閉諸部，欲以倡和律吕，窮萬物之變。然議者擯爲西音，莫之循用。今言南服侏儺，吾土爲甚。弟前書所謂閩人而欲同天下之文者，恐言未發而先破朝士之口矣。兄之規時也，不亦左乎？區區之私，但迫欲以垂暮之齡，觀幾丐退，而思得古心樸貌如兄者，相與吟詠山谿，優游餘景耳。誠恐吏路傾仄，異時有良朋永歎之羞，是以前書直而無禮，誠知其過。今玩來示，知綽有餘才，浣慰何似。罪累之外，餘不足計也。臨風瞻溯。

與滿鳬山總督二首

前小摺煩勞使者萬里投遞，感不去心。至荷御筆批答，又旨命省視老朽存没之狀，跪讀悚切，至於零涕。弟自抵里數月，竊見民俗無甚震驚，官邪頗有畏憚，近時暘雨，應節順敘。此皆開府正己率屬，勞政勤民之效也。屢承下問，反覆思維，未有以助治化者。惟是士習久於競嚚，民風亦極險詐，詞訟十紙，未有一真，彼此傾危，詭俶萬狀，倘或通飭有司，必須就事論理，勿避强以逞豪富之奸，亦不可違道以干百姓之譽。務令訐告稀少，閭里相安，則風俗之歸厚也有日矣。此自明睿所最洞晰者，老生常談，徒成贅論也。近日訓誨自家子弟，姑以家法治之，倘終無悛心，必藉威嚴懲戒，當列名撿舉，望爲我一肅家規也。不盡馳仰。

又

价回，捧讀尊示，具見台慮之詳。漳、泉雨澤雖稍愆然，惟海濱頗苦，若近山諸邑如湫縣者，則可稱豐收也。兩浙屢有澇患，今又重煩尊神，發倉賑糶之外，似無長策。當年直隸亦有兩府罹災，捐俸煮粥，借庫銀五萬，買粟平糶。但所差州縣印佐官，須極老成慈愛，而又精明幹練者，甚不易也。明府籌畫周詳，兼有徐撫軍協議，自然能爲一方造福。下問所及，愧無以仰贊也，不宣。

答陳眉川中丞四首

明府厲行清修，得儒者澹泊寧静之要，而且充廣德心，以教人成物爲念。移棨來兹，真九郡士民之福也。前翰垂問，未有以復。蓋「教化風俗」四字，自明季而不講。禮義廉耻，自士大夫犯之。讀書者荒於業，而不檢於行，齊民亦惰於游，而習於奸。風聲日下，殆非旦夕所能還返也。司士者學使，司民者郡縣。今聖上特重其選，意有在矣。明府莫若引學使、郡縣諸君，與之上下議論。學校則清貨賄、絶請謁以外，如何可以成材興學？郡縣則謹簿書、飭簠簋以外，如何可以厚俗移風？令之各盡其心，而各條陳所宜行者。明府虚心採納，而實意鼓舞之，精誠聳動之下，自然有風草之勢。比之就士民而家喻户曉者，萬不侔矣。區區老生常談，聊以備高明之擇，惟裁教之。至書院師長一席，在宋、元間，實與當路者相扶持，誠得其人造就不淺。昨歸途見南浙、江右所延致者，粗讀書不放蕩耳，求稱其任，難之又難。閩中先正風流，久已墜歇，學植淺薄者，固無以服衆，即稍有聰明聞見，而習爲華贗，無高志遠識者，羣居終日，其誤學者更深也。漳浦蔡翰林世遠，有嘐嘐慕古之志，與俗下秀才，一片名利心者不同，所讀書又知以朱、程爲宗，經史諸家，漸能涉獵，所見紳士未有過之者。明府若欲引與共事，更盡前輩切劘之義，庶幾於斆學交收其益也。弟抵里來，見自家子弟及鄉黨間，習染深重，未暇與之語上，聊爲立規約數條，望其去太甚者，知懷刑守法而已。謹録呈記曹，非望推行他處，但恐將來有頑梗負恃，非懸車里老所能化者，須藉威重，加之獍牿，故願豫知之也。吾輩受恩深重，砥礪同心，倘有教誨，無悋嗣音。不勝顒望。

又

价回，多煩裁答，儒雅風流，溢於墨楮。敝鄉自蔡虚齋、陳紫峰、林次崖諸先生後，實學衰歇，至明季而大敝。欲興之者，舍崇經書，勵行義，則復古終無望矣。若徒課文、賦詩，爲制舉之羔雁而已，雖使科名盛如吴、越，恐非明府所以振起育成之本志也。蔡聞之志尚不凡，既蒙招致，惟授以規橅次第，賓主相與設誠而致行之，期月而變，三年而化。弟老矣，庶幾猶見閩學之興，豈非數百年而一時與？不宣。

又

南詔舒炎，緬想仙鄉風候，於兹爲烈，況名賢自有性分，清薰啓處，安和可卜也。朱子全書前承制軍惠示一部，兹周易折中校刻之工，尤爲良善。此二書上意在廣播，雖有發在學宫者，而庸鐸束之高閣，士人了不見聞。似須許坊賈刷印行賣，先以百十部付之，俟其鬻盡更請，庶幾猶有好事者樂觀。在此時閩中，則漳州士子，最有高興。每販古書者至漳，未嘗不售盡也。惟高明裁之，餘悃嗣布。

又

衰疾已甚，坐立俱已艱難，無論宣力。徒以聖恩逾分，牽勉扶曳，一望闕庭，用盡餘生葵藿之心。來書盛有稱引，不但德不逮於古人，亦自度漏殘聲稀，非復大扣干雲時也。明府以醇學清修，有虔秉鉞，自是七閩蒼生厚福。過承沖挹，誠未有以效蒭蕘者。至於俗化澆訛，由於長吏政教之不先，訟獄以貨賄爲高下，農桑學校嗤爲陳言而莫留意，則昨日固已及之，明府亦甚深憂累歎於兹矣。或者振動懲創，時行一二於寬大寧静之中，吏畏則民懷，奸鋤則善勸，不知可爲新政之一助否？今日俶裝，明旦於鳳山橋相俟，眠食格言，長路當以書紳，附謝不盡。

答江蘇巡撫張孝先

先生清風惠問，拔拂三吴，故令士民謳思，矊命上達，蚍蜉之撼，莫能謗傷。凡屬同道，無不仰頌聖政，而私喜賢路之不崎嶇也。弟舊芘棠陰，抃幸尤切，屢荷翰教，不勝溯洄之慕。直以衰病虚點朝班，未能親承講論。早晚倘邀天澤，投老林邱，維舟閶闔，一瞻德粹，是所夢寐繫想者也。未一。

與浙江學使汪荇洲學士

去歲舟中夜話，兼檢課牘，殊愜鄙望。今竟邀矊命，所謂神之聽之，文章有神者果矣。到京後，累承折華以爲慰薦。自客冬丁國卹，春來職鞅頗多，未去之身，義當黽勉，數字寒暄，無暇相寄。然所願者，益勵素心，使上下無瑕可摘，非特懲毖於目前近事，而所以風流兩浙，百世不磨者，在是矣。論文之隙，以真品實學誨諸生，尤當有興起者。前此一變至魯，今三年養育成就，豈無趨而適進，以繼吾聲者乎？令昆竭誠相助，又得多聞直諒，與共晨昏，自然儒效彰明，俗下相咻，盡不足信也。僕衰聾已甚，勢不得不力丐歸山，倘於桐水、三衢之間，重獲邂逅，豈非厚期？預寓數字相報，諸款未悉。

榕村全集卷三十三

傳

孝子王原傳

王原，直隸文安人也。父珣，於明正德中，苦歲荒役重不能支，辭其妻曰：「我去則呼者不及門，庶嫠婦孤兒猶可安也。」遂逃出不復返。是時，原方在抱。稍長，從羣兒學，有嘲其無父者。原歸，問母故而悲，曰：「我當求父。」母曰：「兒幼，不能也。」原慧甚，爲母計策，移居邑治中，開設酒飯店舍，多作襪屨諸行色所需物，遇他方遠客至，則或資以襪屨，或雞黍厚款之，不受直。問所欲，曰吾父姓某名某，身貌若何，亡出有年矣，倘所寄寓若道途邂逅者，客幸爲兒跡訪相告，生死不忘酬也。居久之無得。既娶婦，乃復辭母覓父去，母泣留曰：「年遠，父存亡不可知，且若父甿耳，流落何處，誰知名者？無爲父子相繼作羈鬼，使我無依。」原痛哭曰：「不得父，兒不歸也。幸有婦陪母，母毋以兒爲念。」遂遍走尋覓，足跡幾半天下，日乞食充腹，跣步重趼，至於見骨。南北去來，雖距家百里不歸望，積十餘年無倦色。一日，渡海至田横島，假寐神祠中，夢至一寺，當午，僧炊莎食之，味苦，以細肉爲湯和之乃甘。適一老父入而驚寤，老父曰：「孺子頓憊若此，何爲者？」原以情愬，且語之夢。老父曰：「吾試爲子占之。午者正南位也，莎根附子，泥肉和之，附子膾也。求之南方，父子其會乎？」原喜拜謝，去而返南。踰洛、漳，向洛、汝而行，所歷寺刹皆遍。已而至輝縣帶山者，有寺曰夢覺，原心動曰：「吾夢豈至是徵耶？」天雨雪寒甚，卧寺門外，有僧徒見之，詰知其爲尋父也，憐之，導見其師而與之食。師曰：「子何貫？」曰：「文安。」曰：「吾徒舊有文安人者，盍出與叙鄉井乎？」相問姓名，則即其父也，乃相抱持慟哭。嗚呼！世果有鬼神乎？無鬼神也。苟有鬼神，則一念之孝，爲宜捷於枹鼓，何乃淹歷時歲，無歿存之問者，十有餘年，始告以兆哉？夫惟神不能離人而孤行，故必待其力之盡，誠之極，然後幽明響應，此鬼神之情狀也。父猶未肯即歸，曰：「吾棄家絶意久矣，無顔復返。」原牽衣哭不止，寺僧莫不感動，相與勸其父曰：「若不歸，子必死，子死，妻媳必繼死，奈何忍滅一家親也？」於是相將還里門，夫妻子母復聚。鄉人爲之嗟歎，至於今，宅里墳墓，必指孝子名之。父子並登大壽，比孫而顯貴，族氏科名繁盛，迄易代不絶。

贊曰：孝子生不識父，稍長而哀慕不已，匍匐顛頓，百身殉之。此天常之厚，義合古人，非習於名教勉强者也。近年，浙人有兄，亦因貧去不返。後其弟成家，辭妻子單身尋覓，南北東西，所涉萬里，數年而得之黔中。其事可與孝子作配，忘爲何人所記，異日當檢出，與孝子同傳。庶幾頑者感，薄者愧，百世之風，豈必夷惠哉！

鋭峰和尚傳

鋭峰和尚者，俗姓楊，少爲儒業。稍長，激於家落内釁，薙髮依僧，在順治乙未、丙申間。年四十，頗能談論賦詩，與予諸父相往還。一日，大寇林某刼余家十二口以去，索贖甚賒，羈縶榜楚者年餘。僧謂余仲父曰：「是望不可厭也。寇强而驕，有玩心，夜覆其巢，家可奪取也。吾徒某能識賊山後路，彼爲導，而君家僮鄉衆隨之，出賊不慮，萬一幸濟。」卒用其言脱家難。五十而受法於其師，稱悟道。偶邂逅溪亭與余語，余問：「人與禽獸環復轉生，信有是乎？」僧曰：「不足問也。佛法所以觀天地者，用心法觀而已矣。夫人晨暮逡巡間，變滅萬念，爲人者屢，爲禽獸者屢矣。」又問：「悟與修孰要者？」僧曰：「發大願力爲要。大願既堅，悟與修精進，乃可語耳。」又問：「佛説所謂了心性者如何？」曰：「除善惡無記。」問：「其指？」曰：「心不存惡，亦未存善，又非昏昏然不省覺者，是除善惡無記。」是後居余鄉之南山，閩亂時，危苦無聊，數登山訪之，或竟日話，所言皆能發人心意，計度世事成敗，人所以處置患難，甚有中機者。旬月下山，與吾徒遊，默然終日坐，言笑因物，雖酒肉狼藉於前，自食一盂飯厠其間，無厭惡色。尤喜與人奕，敗則拂衣自笑，然再强之亦不倦。作詩率爾而成，時有可誦句。年八十五，晨起沐浴端坐而終。

顧寧人小傳

顧炎武，字寧人，吳之長洲人。自幼博涉彊識，好爲蒐討辯論之學，十三經、諸史，旁及子集稗野，列代名人著述，微文碎義，無不攷究。騎驢走天下，所至荒山頽址，有古碑版遺跡，必披榛菅，拭斑蘚讀之，手録其要以歸。十餘歲至七十而老，勤如一日，於六書音義，尤獨得。余始官庶吉士，曾相從爲半日話。時余於音學無曉也，寧人舉大指示之曰：「古者同文，聲與形應，凡字旁從某，音必從某。後世不悟音譌，反謂古書爲叶，皆非也。唐韻承江左末流，部居悉舛，分合之間，紛不可治。今當以詩、易、周、秦之文爲正，質驗字傍，分者並之，合者離之，使古書無二音，然後得復其舊。」余聞言，猶未省了。家居數載，追尋言緒，未達者，自以意爲之説。又七年，復來京師，則寧人没矣。聞其書已成，亟求觀之，所意者幸不謬。然寧人之學，於是始窺其備。蓋平、上、去三聲，雖有差互，猶得類從。入聲則雜亂尤甚，如人經荒流者，不第鄉貫不可復追，姓氏族系皆不自別矣。有顧氏之書，然後三代之文可讀，雅、頌之音各得其所。語聲形者，自漢、晉以來，未之有也。書既刻，厚自寶秘，曰：「五十年後，乃有知我者耳。」尚有日知録數十卷，識大小，覆同異，辨是非，亦有補於學者。其徒潘未刻之閩中。衛先生爾錫言，其地理書用心尤多，然未見也。孤僻負氣，譏訶古今人必刺切，徑情傷物，以是吴人訾之。然近代博雅淹洽，未見其比。

閻百詩小傳

余聞百詩閻先生名久，曩撫直隸，先生嘗郵致所著書數種，得披讀焉。今之學者，大抵搜華擷卉，爲文辭之用而已。至於字義故實，書文形聲，尚未有留意講考於其間者。若大者爲遺經源流，禮典同異，細而地名山川，史載人物，真贋是非之跡，則豈徒以樸學置之，抑其惡賾就簡，而自恬於謏陋。嗚呼！文、武之道，豈有小大哉？萬一朝廷舉行石渠之典，吾知衆籍羅湊而莫之措辭，儒者之羞，非云小缺矣。先生學極博，論極核，間有出新意、掃沿説者。究其持辨本末，悉有所據依。趙贊善志其與汪鈍翁難喪禮事，昔者眉山蘇氏，曾以是嘲伊川矣。其門人爲之答，亦曰：「正叔太君先逝而已。」令有如先生歷引古義，折以通禮，彼不得於言者，豈能無愧？惜乎先生逸處終老，曾不得奉清燕，備顧問，蒐祕府，校藝文，與諸儒上下折中，贊經史於方微，補遺逸之文獻。是誠可悲也已。余嘗慨夫老成日遠，舊學彫傷，晚出後生，益將無所考質。自余登朝後，識面者長洲顧寧人、宣城梅定九、鄞縣萬季野，知名者尚有三數輩，而先生其一也。諸君子者，皆博極羣書，能以著述自通於後。中間有專門名家者，就其所造，古人不讓也。今惟定九尚老而康，時致音問，餘則皆零落不可復見。每覽周易碩果之辭，大雅典型之詩，俯仰斯文，不勝寤歎。先生子詠，求余言揭之原，余不工金石之文，故謝不爲，而其學行大致，則趙志具焉。聊寫予那頌先民之思，倣司馬氏伯夷、屈原體，爲閻先生小傳。

施將軍逸事

施將軍名琅，閩之晉江人。值明亂，少而從戎，曾隨大學士黄公道周出仙霞關。知事不可爲，輒以偏裨有所建陳。公報之曰：「君言是也。顧吾大臣，仗義守死而已，倘有他奇變，可以佐時，君輩行矣，勉之。」遂謝黄公去。明亡，寄食海上。鄭氏嫉害公，不相容，囚公艙中，欲殺之。公以計遁脱，鄭遂殺其父若弟。公歸本朝，用戰功數年間至大帥，佩將軍印，召入爲内大臣，列伯爵。余素未深知公，一夕就公燭下話，道及順治己亥年事。余曰：「社稷之靈也，令賊不頓兵城下，驅而徑前者，是誠可危。」公笑曰：「宜何向？」余曰：「循山而東，奈何？」公曰：「南北步馬不相若久矣，衆寡勢逸又懸，所在雖響應作聲勢，實觀望不能爲之助也。纔涉北地，與官軍交，賊立盡耳。」徐又曰：「向彼舍短用長者，委堅城，泝江而上，所過不留，直趣荆、襄，呼召滇、粤三逆藩，與之連結，摇動江以南，以撓官軍，則禍甚於今日矣。棄舟檝之便，而敝攻圍，故知賊無能爲也。」余以是知公能。明年，天子以海患久未熄，復起公提督水師，專平海事。越二年，余請急家居，邂逅公小店中。雨甚稍憩，余曰：「公出師在此月，然衆皆言南風不利，公必犯之，何也？」公曰：「賈豎之言也。夫北風日夜猛，夜則更甚。自此至澎湖，舟戴星行，就能魚貫相尾，幸而不散。然島嶼悉賊據，到彼未能一戰奪之，舟無泊處。坐與行殊，風浪飄泊，軍不能合也，將何以戰？夏至前後二十餘日，風微夜静，海水平如練，可以抛舟泊洋。聚而觀釁，不過七日，舉之必矣。用北風者，徒幸萬一，南風則十全之算也。然節候月離，旬日間當有颶風，亦偶間歲不起。此則天意，非人慮所及。又賊將劉者，爲彼魁傑，設以他將守澎湖，雖敗未服也，必用再戰。如守澎者劉，或死或敗，則勢盡膽喪矣，臺灣可不戰而下。」余喜曰：「寇平矣。」公笑曰：「何相信也？」余曰：

「聞爲將者，必識天時利害，地理向背，較將之智力，公兼之矣，能無平乎？」公以六月十四日舟發銅山，十六日至澎湖，二十二日剋勝，果在七日中。戰之日，東南角微雲起，劉方調遣拒敵，望見喜甚。須臾雷聲殷殷動，劉推翻食案，歎曰：「天命矣！」海行占風者，以雲起爲風兆，聞雷則散云。劉敗後，乘小舟走至臺灣，憂沮無復戰意，率先納土，悉如公料。先是明季，鄭之祖芝龍，海大寇也，歸誠後貴顯，嘗朝京師，過龍虎山，有異人爲決未來事，語甚隱。然意若跨土稱孤，爭衡南面者。末云：「金雞唱，龍種消。」公辛酉生，其專征又以辛酉年。龍種者，芝龍子孫也。余十五六時，便聞斯語，後二十餘年而驗。

贊曰：此余所聞見於公者，雖其子若孫不知也。公以功進封侯，爵及後裔，史臣當有傳。故紀其逸事云爾。

書吴伯宗尋弟事

吴伯宗，山西稷山縣民。弱歲喪父母，兩弟俱幼相依。一日，其少者忽失去，伯宗訪求數年未得。其次者忽又失去，伯宗哀切不能已。遠近尋覓，稍有音問，則以負販爲名，不憚千里，庶幾得之。後其少者得之都中，爲高姓人僕。高遇之頗厚，且感其兄之義，謂之曰：「吾爲子善撫以待，子方求次弟有行，來時可並歸也。」時已微聞其次之信，乃在寧古塔將軍所部下。寧古塔者，北去遼陽、盛京尚數千里，爛胛天明、墮指裂膚之地，國家所以處罪人也。伯宗慨然與其季别曰：「吾得仲則偕返，不返則併吾之妻子屬子矣。」舊都郊關出入有禁限，伯宗率以計達，至則跡其弟果在也。赴將軍訟之，使部下將領質焉。中間伯宗忽躍起不跪，將領怒而撲之，血被面。伯宗徐曰：「民非敢與官抗，適見略吾弟者，奴吾弟者，皆王法不宥之人也，美衣帽，平立官側。民兄弟良家子，爲奸人誘掠，萬里投命，官不急明其寃，而以罪囚相待，俯伏詰訊，民是以不服。」將領意悟且懼。其還返閭，籲白之將軍而歸之。自出關至入歷三時，其在寧古塔，正冬月，節候極寒，足凍盡見骨。兄弟相扶，數日行冰雪中，僵僕幾不能起。嗚呼！其艱勤可書也。李子曰：兄弟相失相求，人情之常，非高行也。自俗化之衰，倫理日薄，兄弟尤甚。及父母之存，而有尤鬩不相能者。逮乎同氣而分，富則競財産，貧則計錙銖，妻子奪之，外人間之，漸而陌路不如。故哀原隰急患難者，聖人猶以爲情之至，而系之經也。伯宗之求弟，久而篤，勞而決。及其出關訣季之言，則之死而不怨人，盡伯宗世，豈有手足相忘之事哉？伯宗頗識字，嘗於旅店讀論語，至父母之年，則歔唏哭失聲。嗚呼！小宛之哀，興於明發，能友者未有不厚於孝者也。伯宗雖農民，在京師，國相澤州陳公高其義，既與爲禮，又爲詩七十六韻以謌之，縉紳士友多就見之者。夫農之秀者，則升爲士，古之制也。冀缺、茅容，路側耕夫，以内行之敦，爲有道者別識，卒於賢臣名士青史爛焉。余誠未知伯宗志質何如，然願伯宗自此永昆弟之好。無使異日鄉之人曰，昔之求之，如此其勤也，而後乃稍衰。且曰兄之念之，如此其至也，而弟乃不類。則雖未澤於詩書，文以禮樂，而使鄉黨嘉尚以終始，宅里之表王政其舍諸。

行狀

吴愧庵行狀

君之歿於京師，太翁實眂焉，親見子之病亡，憂戚棼亂，幾無以自勝。一夕，進小子地謂之曰：「吾哀而不節，神明荒矣。又父子之親也，屬辭爲難。夫交兒之久，識兒之深，舍子其誰矣。兒命雖夭，而行有足稱者，子其述諸。抑猶吾兒之志與？」地不文者也，又不能爲譽，顧與君交異尋常，不得以拙於文墨謝。聊述吾所知於君者，靡一字逾美，欺死友於幽冥也。君諱曾芳，字孫若，第南宫後，自號曰愧庵，曰：「吾學行未成，而亟臻兹，聊以志吾歉也。」自其五世祖恒庵公來，皆世修儒業，文行蜚聲，處者仕者，操持特吉以爲常。君生質清明，神爽灑落。自太翁以淵源之學，著述選訂，無翼而飛，君侍側有所聞。然居恒不拘拘佔畢纂組，而渙解冰釋，發於天機。篇成而人見之，蓋莫知其所以然也。丙午，舉於鄉，五策簡要明剴，易人所難。丁未，試春官，佹得而失庚之役，令甲一變矣。君在舟車中，始爲黐經談理之文，隱括合體度，中程式，聲色詞華燦如也，遂振籜取高名。其天材卓絶如此。性行至孝，出於自然，無矯飾。自太翁、太母感其誠，稱之無異辭者。比與太翁周旋道路，爰及京邸。太翁少恙，則魂寐爲之不安。三餐茹歠偶失調度，則憂形於色。晴陰愉拂，拊摩慰藉，務使體適而心懽焉。其胸中無宿物，愠喜隨所觸，過而輒忘。與人交，開口見肝肺。或爲人謀，必竭其忠。樂道人善，不訐人惡，及夫聲色睚眦，卒能理遣，不圖所以報也。性坦易，恥修邊幅，外視之若絶無稜崖者，而實有觚隅。不苟爲破節事，姿識通朗，善察人情僞，曉暢事機。然實知大體，執大義，非小黠爲錙銖者比也。吾於君中表兄弟，辱傾知者最深。自往歲同鄉薦，循是以來，四五年間，行住必共，藟葛之後，繼以新姻，指壬爲媒，合若天作。成進士後，與君並擬清華之選，試詔東閣之下。君乃竊謂余曰：「余得失無足齒，然得幸相從，假三年優暇，讀書論理，以補吾欠，是吾隱也。」既不得遂，則又曰：「吾别子而歸，所憾者此耳。」至彌留垂絶，猶以是相感歎。嗚呼！其所嚮乃如此，而身彫零不得致也，造命者其果有知耶？嗚呼！

哀哉！自革至歿，神氣清整，言身後事不亂，若豁然於去來間者。憶丁未春試日之前，地夢仙樂降康，迎君於館。卒之夕，又夢君來相見，執手升階，陰飈盈堂。君撫余涕泣，嗚咽不能任。詢所從來，云得假於帝者。送之出户，擁喝甚都。嗚呼！君之精魄靈氣，不與土苴腐散無疑也。男兒修短命矣，如君者未獲世之滋垢，而速返清虚，夫復何憾？獨其家貧遺兒小，棄煢煢之親，投以劬勩，抱孝思之大戚，隱幽憂於九京。平昔從游，靡不永歎，而況於生死形魂之交，如地者哉！君既辱予知，死又予屬。知我貧也，知我不利於時也，君於余奚取？苟有鬼神，覬余相焉耳矣。君年少未有設施於世，故約略其行，質諸親友。既以哭吾私，亦莫使化者渺無聞焉。

先太夫人行狀

嗚呼！不孝光地等，誠薄釁深，不獲更徼休福，以引吾母年於數年。生死長訣，皐戾極天，聞報摧裂，荒迷哽塞。獨念母壽登八十，强半在貧賤患難中，際窮不仆，遇險而脱。晚乃大蒙國恩，褒封三至，見其子孫科第三人。八十之辰，尚能强起受家人拜。逾二十日病困，呼子婦諄諄教誨，凡七日夜，而乃瞑然而含。此在古人，稱壽德考終焉。孤等既無光顯之才，誠孝之感，緬惟祉不虚附。蓋母生平孝慈寬厚，達節明義有以致之。將邀大人先生衮錫片言，用耀幽翳，雖在昏積，不可不忍死以有述也。母姓吴氏，安溪儒族吴公參贊女。年十七，於歸先大人。逮事舅姑，以敬以愛，最能得父母驩心。處妯娌間，終始以和忍，羣莫閒言。鼎革後，閩中多故，山訌海潰，迄無寧宇。母隨先君轉徙避地，至於危巢深箐，猿狖之家，皆托足焉。先君剛正，而母佐之以和柔，故所遇而安，雖有鳥獸蟲蛇，不攫不螫。如是者幾二十載。曾祖以下，兩世未葬，惟先君彷徨日夜，卜兆開壙，惟母營謀拮據佐之。兵燹後，村落焚燬，先君未有棲止，亟構一椽，以依先神，亦惟母節嗇萬端，克竟其事。家極貧窶，衣食之入，悉爲葬塋祠宇祀田費，至饑餓無怨聲。流離中，未嘗肯使諸子廢學，内雖甑空，館餐必具。雅不樂諸子濫交，惟儒衣者造户，雖不告，豫酒肴焉。諸子不學，憂見於色，聞讀書聲，則曰吾貧不恨矣。光地既幸成名，官翰林，丐假歸覲，未三月，三逆亂作。閩以蕞爾地，二豎居之，務在汙辱士大夫，以固民心。光地遯而野處，幸無磷緇於賊，而爲蠟丸報至尊，父母實教之。大師既收疆，其明年又再亂，漳、泉所屬縣皆淪陷。光地守一村，與郡城相犄角，如湯雞釜魚，坐待爛耳。時先君既背，母絶無兒女子怖畏態。鄉里走散，母獨與光地俱，且曰：「汝惟義之爲，吾不懼也。」於是密請兵於親王、將軍、巡撫，鑿嶺濟師，萬騎飛渡，而重圍解。嗚呼！當艱危時，忠孝之完虧，呼吸間耳，一毫之差，千仞之墜。古今有際此不能決者，多以父母故也。

令母幾微讐於利害，悲啼援裾，方寸必亂，孤等將要領之不暇保，又安能苟全身名，以有今日？晚荷國恩，稍稍得温飽，然勤素不改其舊。晨夕紡績，至於耄且疾弗廢。臨歿之言，未聞其悉，而伯父書云，皆忠孝友悌之言也，無及私瑣者。嗚呼！母之始終大略如此。母生於某年月日，卒於某年月日。六十之年，翰林庶吉士封誥適至。七十之年，内閣學士兼禮部侍郎封誥適至。今八十之年，翰林掌院學士兼禮部侍郎封誥又適至。綸綍臨門，皆與懸帨不相先後，蓋巾幗知大義，若有冥符之感焉。惟孤光地弗類，數十年來，色養無狀，居官又無勤勞，大負慈母拳拳報國之訓。而今而後，雖自悔責，其將何及？孤露餘生，縱未即填溝壑，而報酬又何施？三春既邁，風樹遥落，悲夫！悲夫！未可追已。大人先生有以哀亡而未棄其孤，先親不朽，孤等死且不朽。

墓誌銘

代仲父爲朱氏姑墓誌銘

余兄弟六，同母者四，女兄弟三，同母者一，即妹也。妹既適朱氏，吾母以少小愛之，故每思憶，輒病沈頓，歸則爲之脱然。輾轉憐念，心口呼哦，至於大故。妹既得父母懽，而尤竭誠於兄弟，凡郡行館其家，饋奉接待，腆而加愉，其事兄雖父弗翅。嗚呼！吾母於是爲能愛矣。入朱門，克幹其家，其才優。旋犇走於亂，屢還與兄弟相依，卒死於兹。又十餘年間，甥繼之，妹夫又繼之。甥已幸登科，爲當振朱氏，以慰妹心，而亦速殀，其命嗇。雖然，自妹有行，則因亂數寧，歸卒於斯。今又以時事弗克合祔，藏於斯。生也淇衛之思，没焉營丘之首，雖命則然，抑亦吾母與妹之志也與。妹生於某年月日，卒於某年月日，以某年月日，葬於感化里上黄肚鄉之鉊孔崙。時日孔亟，其孀孺不能備物，其兄弟亦不能勸也。納磚於壙，具日月而銘之曰：

生不遠父母兄弟，藏鄰先世之松楸。魂儳此宅，義歸於朱，以永其庥。

姪婦翁氏墓誌銘

余之宗屬，稠夥冠一邑。自能書爲儒外，其有行義材幹，魁傑拓落，以自見於鄉里，游大人成名者，尚數十輩。若猶子行世若，其稱首也。余既素知世若，世若又有子，讀書能文辭，余謂世若之世將顯矣。一日，次子廷璋抱一編拜而起，視之，其殁母行狀。世若所述，於是二年矣。卜厝有期，干我幽碣。余曰：「誤墓非古也，況我於而親，以屬則宗，以叙則尊。且婦人無外事，以不見爲德，吾烏可亹亹爲虚辭充幅而已乎？」蓋古之爲志也，譜日月，備世系爾也。雖然，吾有所感焉，不可以已。昔者吾鄉俗之厚也，不可見矣。比年以來，人不識禮義，女子攝夫職，把門户。有大事公議，則丈夫遯匿，使婦人出而尸之。暇則相從宴會，遊遨爲歡，談笑譏切，旁及當世之務。其外人弗之禁，又從以爲能。嗚呼！豈不痛哉？古人曰：「福之興，莫不起於室家，道之衰，莫不由於閫内。」以吾所聞，而母事姑奉良人，以孝以順。子之翁，家貧好客，而中饋無謫聲。歲時躬履田園，收其枲絮菜果，羸衣塗手，不辨爲良家婦，可謂賢矣。昔者，子之王母，寡居厲志，翼而翁而伯叔於成。子之母之德又如此，此福之基也，可不勉諸。廷璋泣而受之。姪婦生於某年月日，卒於某年月日，以某年月日葬於某所。姪婦課子有方，又嘗夢其亡舅謂之曰：「若善事姑，必蒙冥祐。」然則斯藏之吉，不蔡於陰陽。銘之曰：

陽節流邁，委翳陰魄。儀範昭然，不掩厥德。志誼有終，矧予世澤。

族子世寬墓誌銘

吾族子世寬卒，練後之四月，其孤鳳先等，以葬期來告，且泣而請曰：「先子昔厚於從曾祖封大夫，晚又獲愛於叔，愛之斯録之矣。願得一言，嘉其行誼，將以寵諸幽。」乃本其生平而誌之。曰：君諱夢植，世寬其字也，號澹齋。父蜚碧公蚤卒，母洪氏撫孤四人，君爲叔子。稍長，能自樹立，有長才，以勤嗇起家爲望人，俾寡母生食其孝養。復痛其父不逮，贖歸公祭田，俎豆之宗祠以榮之。晚益推其有餘，流民之來於吾鄉，餓者與之食，貧無殮者畀之櫝材，以百數。先大夫再新宗祠，君亦舍財搆爲廊廡，完好其内外。山行水涉，惻然動心，爲橋梁以通津，或平庀確礫，疏爲道塗，肩者徒者多偧其利焉。於是前後之任於吾邑者，皆以禮禮賓之。嗚呼！勤於積而不儉於施，嗇於己而周於衆，其所以承先燾後，委祉於子孫者，亦云有志於是矣。昔我先大夫，追孝前人，又嚴於交處，而獨與君腎腸必敷，無小大無或不諮諏，無遠近無不相及。移時歷歲，於君未嘗有所厚薄疏數，君亦悉意與偕，衰壯惟一。先大夫屬纊之辰，距大斂已將一日，君來哭拜，四體俄動。嗚呼！君今亦歿矣，姪親也，故人舊也，是將反於幽邱，哀其原隰。感痛先大夫所以終始於君，死生之際，烏可以無言哉？君生於某年月日，卒於某年月日，享年六十有三。將以某年月日，葬於來蘇里之虞埔鄉，許磜宫後牛角壠，坐乙向辛，兼卯酉。銘曰：

嗚呼吾姪，孤幼是丁。爲爾自驚，以底於贏。孝心爲質，上逮宗祊。施而不窒，哀此獨煢。漸遠是即，嘉魄於塋。銘吾述之，爾後之成。

夫人林氏墓誌銘

夫人年二十而歸余，性安静，寡言笑，親疎雖莊其淡然，莫能指其口過以疵。來時正家貧窶，何有何無，母太夫人必躬親之，而夫人佐焉。逮余著朝籍，僅一請急省親，而值閩亂。七載憂危，繼以先君辭世，艱煢萬狀，及爾顛覆相保，至於巢卵無傷。嗚呼！何可忘也！戊辰後，余一出十餘歲，祖贈公祠中堂甫新，而前楹未搆，夫人自併百費，連垣接屋，門堂兩室不斂不醵，奂然就成焉。母太夫人之喪，余留京守制，自宅恤至安厝，凡百哀勞，皆夫人率我諸昆經紀。其後乃將子孫視余官舍，聚首七年，護長子喪以歸。又五年而夫人亦繼逝矣。嗚呼！夫人以予貴，累荷國恩，窮極品服，拜舞私庭，世俗所艷也。而其始之鞠困，中爲諸子殤折摧悲，實終身無樂況，非夫婦之際，其孰能知之？夫人姓林氏，歲貢進士華捷公之女。生於某年月日，歿於某年月日，享年七十有三。子三。今余丐歸，買地葬夫人於光得里，形家以爲吉，夫人其安之。銘曰：

同穴之義著於經，誰謂後死者撫綍以行。子魄有歸余心寧，終爾慈愛，福我後生。

冢男鍾倫墓誌銘

兒名鍾倫，字世得。生而聰慧，四歲，未讀書，先能識字，誦千字文竟篇。稍長，性至孝，凡其父母疾病，婢僕侍者，夜闌皆憊，獨不解衣。扇爐下需湯藥，立應。二十，能時文與詩，甚不屑爲俗體，志亦向學。而夙多病，及余宦於官，又代事祖母，勞家計，年四十四而夭。故有姿性而不能克之，如古人。要其可稱於家鄉者，犇走陵阜，度祖母之封，自得吉土，營費勤劇，哀叔歿而推與之。禮耆舊，畜孤嫠，拯憂困，能別而有恩。指擯鄉邪，義動於色。此親疎有述，不以父子之私也。癸酉舉於鄉，余視學及撫軍於直隸，皆從。入閣命至，而兒已病困，咫尺不能同行，朝暮馳急馬相訊。既色起而旋反，遣醫去，猶能詢我安候而瞑。聞喪裂胸，慟可勝哉！初娶黄氏，先逝。繼娶何氏，則今合祔者也，後兒九年歿。獨爲長媳撫諸孤，風雨之餘，不睹寧宴，故尤可慟也。今以某年某日，葬兒與何氏於本里土名成道院前。望諸先墳尤近，父爲子志，非情所堪也。歲壬子，余感異夢，謂兒當特上青霄者，一科未足厭兹兆也。嗚呼！或在其嗣裔。銘曰：

期汝堂祊，而夙山阿。人能弘道，其如命何。有根者必蕃，庶以榮其柯。

施太夫人張氏墓誌銘

昔余請急時，正當靖海將軍、靖海侯施公平島之歲，其用兵本末，悉所聞睹。若乃逆揣賊形，預握勝計，排衆議而駕南風，奪澎湖以扼要害，凡其蕩掃六十年盤互積寇，不旬朔而功成者，皆準以氣節風候，晝行夜泊之宜，參以敵將敵兵彼己强弱之算，詳慮以坐籌，而神速以决機。雖文淵之圖隴右，指畫山川，鵬舉之定楊么，刻料時日，不足遠譬也。故公海外勳伐，人盡見之，而其曲折深密，則余知之尤詳。又二十餘年，公去世久矣，地代賈綸扉，公嗣子襲侯爵世范，踵門請曰：「范生母張太夫人，所生男子二，定海總兵官，今陞提督廣東全省總兵官世驃者，與范實爲同懷。太夫人以是春二月，終於定海官署。念先人舊交，微子莫與志其墓者。」余病且不文，一切應酬俱斷絶，然枌榆寧静，嘗於公有微管之歎。且深交至戚，義不容辭，乃據狀而撮其略曰：太夫人張姓，系出閩之同安望族，生而端莊，幼嫻女儀。年十六，歸於施公，嫡媵雍和，終始無間。侍養洪太夫人，尤能得其懽心。及公留京，爲内大臣，宦橐素薄，太夫人至鬻簪珥，親女紅以佐家，使公無入室憂。而又日夜訓子讀書，十餘年無倦色。公銜命再督水師平海，則夫人二子，皆已束髮能從戎。夫人勖之曰：「勿以年幼而忘請纓之志，殉父報國在此行也。」事定之後，公封大爵，世襲罔替。遺疏以范嗣封，而驃自山東濟南參將，歷擢以至專閫，皆位尊品極，繩公之武。夫人往來就養其間，諄諄教誨，無異幼少時。嗚呼！觀樹之根視其枝，其條遠而實繁，必其資者厚也。公諸子皆質有文武，自振於時，夫人撫之一也。而其所生，則又卓卓成就如此。厥考功烈之所貽，内德純茂之所鍾，於是乎不可舍一論矣。夫人累以子貴，受一品封。及迎養定海，恭遇南巡，特賜御書「錦堂萱茂」扁額，以爲光寵。病革之前，總戎君以軍政自陳，優旨褒留。夫人猶及見之，感激涕零，呼總戎囑以忠孝而歿。嗚呼！二子雖哀，可以無恨矣。夫人生於某年月日，卒於某年月日，今將以某年月日，葬於某原。夫以公之百戰勤勞，歷致爵位，夫人起家而居有之，此詩序所謂「德如鳲鳩」者。而匡衡又謂「福之興莫不始於室家」。則其多膺象服，昌大厥嗣，不亦宜乎。銘之曰：

南陽擇德，令淑實當。彌厚厥積，是以世昌。握節分茅，寵藉紛紜。載此天光，游於九原。含彼純懿，復歸於坤。我碣諸幽，以兆其子孫。

榕村全集卷三十四

祭文

祭河神文

年月日，告於永定河、漳、滏、滹河暨順天保河十五河之神曰：比年聖主勤念民災，廣修堤岸，荷神休佑，三載於兹。卑濕之場，盡獲豐稼，明德遠矣，神功懋焉。今歲入夏以來，雨澤孔多，挾以晉、豫洪流，河防往往危潰。雖天道之有愆恒，知神心之無悔怒。伏祈乘兹秋令，肅以金風，淫潦不降，駭濤不張，千里坊墉，永爲民蔽，完者以固，缺者以茸，無墮靈功，幽翼聖世。我吏民其敢懈歲事以忘神貺？謹以剛鬛柔毛，清酒之奠，望伸禱祈，尚饗。

告關侯祈雨文二首

維年月日，告於歷代加封大號漢關侯之神曰：維神義勇於昭，靈威有赫，感通既顯，位業斯崇。自地承乏畿輔，肅恭象教，雨暘雩禜，靡祈不應。兹者靈雨愆春，炎光届夏，旱將太甚，田懼卒荒。廊廟憂勞，百僚震恐，每聞殷動之聲，未獲滂沱之賜。昨者得旨於朝，咸命各伸虔禱。俯思祈望，匪神孰依。跪薦寒流，仰干震豫。維神千世萬世，福國庇民，名山顯位，神得追之，星躔月離，神得回之。呼翕陰陽，暫攄浩然之氣。周沾中外，立睹沛若之施。用濟斯哀嗸，以佑我國家。不勝懇切，以待靈命。

又

自春及夏，時雨沾足，來牟豐登，稻田暢茂。非神休祐，曷克躋兹？今蚤播之穀，已獲全穫，猶有下種稍遲者，尚須雨澤。旬日以來，微覺暵乾，昨宵疎雨飛零，未得沛然之效。誠恐膏潤不繼，堅栗難期，一簣之功，羣望神賜。嗚呼！雩請之節，禮不敢於祈頻，而哀嗸之情，義可通於禱久。恭叩慈靈，不勝悚切。

告關侯祈晴文二首

維神靈威於赫，主名山川，廟食於兹，萬室攸賴。今春自人日以後，陰雨連旬，既沾既足，勢猶未厭。麥秋將至，懼沈浸之爲災，又恐播穀非遥，或愆伏之互乘。恭惟一方有祲，神人同憂，敢丐神靈，力收宿靄，憫兹民命，迄用康年。|地與紳耆等，不勝合誠，祈禱之至。

又

今歲自春徂夏，每以穡事仰干神惠，曰暘而暘，曰雨而雨，麥稻豐穰，緊神之賜。兹冬稼及晚種，碩大堅栗，於前有加。如得一月無災，庶幾千家有望。旬日以來，沱雨頻降，誠恐黄熟之後，遇霖澤以更生。又慮積陰之餘，致大風而隕籜。恭惟烟雲滿望，豈人力克致兹休？宜令京坻興歌，庶神功終竟厥事，亟收浮潦，用濟築場，邦人不勝幸甚。|地抱疾未能親叩神前，謹遣弟某代伸祈禱。謹告。

丙申四月九日祭關侯文

順治紀年，乙未之歲，大寇攻家，老幼係累。時余童稚，從父之季，叩禱神前，靈筊三蹶。三之又三，至於十二，其兆不改，云家無事。神且余從，主我家内。身方在囚，安得幾會。猶豫狐疑，或祈之贅。丙申是日，仲父爲帥，覆賊高山，有戰無潰。三月以遥，鉦鼓聲沸，肉骨生歸，像教迎致。果符前兆，龜誠有智。自是以還，相我無貳。迭出精英，驚噩夢寐。談易之屯，示日之晦。瀕危以安，恭惟神惠。大橈干支，六十相配。是年月日，豈敢忘墜？越代感通，神理昭昧。沈想幽明，天命是畏。潔牲薦酒，樂侑神醉。小大稽首，共聽機瑞。赫赫威容，峩峩顯位。保我終始，無作神愧。

丙申七月七日祭關侯文

昔家遭難，乙未夏季。丙申初秋，纔釋係累。母夢神言，斷無死理。立夏立秋，乃事終始。四月之九，迄於七日，十口繼歸，於是完室。神許活我，又肯適我。寒家何修，公以爲可。六十年間，靈爽相追。謂余不信，驗以風雷。逮余仕路，彌荷神警。投老休居，不忘深省。今夕何夕，雨過新涼。層雯高褰，漢亦有光。迴念是日，甲子當對。爰載潔牲，以答慈衛。兵戈之中，父伯墨戎，季則同縶，閔予於凶。嗚鳥恩勤，鶺鴒赴難。神眷既專，家風未散。今俱還真，在神左右，設位東西，偏神以侑。其有存者，元戎六甫，出入戰場，口作家譜。率我諸昆，羅拜於前。村童雜劇，聊以喧闐。女罷機杼，牛不服箱。神且遨嬉，樂歲豐穰。

御賜急公尚義扁額恭懸告文

年月日，敢昭告於小宗初祖旌義賜爵樸庵府君之靈，曰：維吾祖厚德天植，爲家發祥，自少至老，樂善無荒。鄉國歸仁，譽命上逮，餘澤殘膏，子孫是食。流大枝繁，實惟祖賜。在前朝曾採於史傳，而當宁未聞於褒嘉。光地適以求休，邂逅面聖，奏述祖勳，遂蒙額錫，光遠有耀，歷久彌彰。積善餘名，時乃天道。昔人自喜功德者，一勒山上，一沈漢淵。何似吾祖，天語昭揚，鎮在嶽麓，表厥宅里，祠廟高懸，瞻仰萬衆。今諏吉日，奠告恭掛，伏惟祖靈，祇受歆喜。於戲！垂裕後昆，既席舊德，無念爾祖，宜勉新猷。凡我子孫，有不力田孝弟，詩書禮義之是守者，匪我族類，祖其明譴。

丁酉還朝臨發告祖文

年月日，敬告於四代祖考妣之靈，曰：地以年例丐休，僅得予假。今又前期旨趣，至於再三。畏此簡書，義不敢緩。黽勉俶裝，即以今日啓發。松楸戀重，廷闕恩深，二事交胸，寤言不寐。恭惟祖父，德澤庇後，神靈在天，惠以光明。完其名節，使之進退，不謬於古人之義，兼以繼述，得修吾祖考之遺。遊既有方，出則必告。伏惟垂佑，不勝懷慕之至。

祭阜卿叔弟哀辭

伯兄自官署致哀辭於功受貢生叔弟阜卿之靈，曰：嗚呼！人亦有言，莫如兄弟。若我同懷之數人，又非尋常之可比。蓋自幼而艱危，齊吞身於虎兕，歷奇嶮於未經，囚大幽之無底。我以居兄，備受撻捶。汝尤攖凶，行刃必擬。蒙祖考之遺祜，脱性命於斯須，非家門之和濟，詎有生之理乎？既稍長而學業，吾課汝以攻書，能盡誦夫諸經，出頭角於隊魚。逮我既達而寧親，倐遘閩亂於倉卒，海揚波而浮鯨，山伏莽而張貘。我墨衰以從戎，弟儒衣而戰血，帥滿百之烏聚，驅盈萬之獸獗。夜阻雨於山谿，衆憂命之難活，弟擁盾以不退，賊晨視而不敢發，遂離散以追犇，經七日而破滅。自是有役，弟悉代之，内嚴里鼓，外濟王師，功聞於朝，選造有期。田園迂癖，十畝自嬉。嗚呼！自我再還闕庭，一十八秋，念我同生，曷云無愁。昔因老母之須奉，後緣汝疾之未瘳，欲致汝以遠至，空盡歲以遲留。慨籩豆之不具，今原隰焉是求。雖欲悔其可追，吾實爲之而又焉尤。嗚呼！吾之此來，上負深恩，下慙履素，徒割情於所親，歲紛紛其聞赴。廢莪草之哀謳，寄脊令之永慕。矧諸父與諸兄，皆溘盡夫風露。痛越鳥之北栖，望嶺雲而南訴。有幸返於松楸，何術起乎泉路。信吾行之負於神明，俾骨肉盡愆於禮數。豈獨哭汝而悲，長沾纓於屺岵。敢不念先人友愛之言，使汝恬然於兒女之顧。嗚呼哀哉！汝其知之。

告長兒鍾倫文

嗚呼！兒生而聰敏，稍長而醇孝。十歲以上，祖父母、父母之病，憂愛徬徨，出於天性，湯藥烹煮，必身親之。其均調水火之節，雖婢僕之老於侍奉者，不能及。或憐其幼小，慰而驅之，暫去而復來，至於夜分不懈。蓋至成人如一日也。其於伯叔祖父母、伯叔父母，悉能推父母之心，致其敬愛，疾病患苦，匍匐救之。見義而疏財，自推食解衣至於讓産，皆以行之爲樂，不獨無難色而已。吾審其至性如此，而又穎慧能文，故竊期之以大就之事，不謂其行業未成，而僅止於兹。嗚呼！豈非吾行負神明，而使汝得天之厚者，默損潛消於冥昧之中耶？病革矣，與吾言，既而寄我以書，拳拳於改過遷善，冀異日之有所立、有所聞者。垂絶而一語不亂。嗚呼！齎志以没，汝其然矣。以汝之學植文藝，家鄉行蹟，文而張之，豈在人後？雖然，吾有志於行古之道，雖先世美行，猶不願爲夸飾，况子孫乎？親友有問吾以汝之行者，吾辭焉。惟戒汝姪輩，以收汝之書，存汝遺文。吾幸而未死，撫汝之孤，勖而教之，苟一二有所成立，以繼汝之志，則與汝之自力以傳者無異，而汝可以不腐也。嗚呼哀哉！汝以三月十一日，亡於保定旅店。二十五日，柩至京師，寄於西門僧寺，痛我鞅掌，不得伸其哀。四月初四日，乃得憑柩而一慟焉。嗚呼！父子之親，至是而魂神始交。初六日昧爽，我徂西郊，假寐車中，汝來相接。汝不暇悲慼，而但憂吾憂。吾亦坦然忘哀，而開汝以前路。謂上天下地，其理則一，苟性靈不泯，豈以死而迷謬？汝聞吾言，頷首以對，遺書一卷，似欲詒汝子者。未問而僕夫噪呼，吾蘧然驚覺矣。嗚呼哀哉！異氏之法，名曰超度，是耶非耶？果其有之，夢中所言，乃第一義矣。吾當省愆補過，以卒餘期。汝亦當慎之於其無所不之，焄蒿悽愴，長與我而相依，輔余之志，相爾之後。百年朝暮，知合並其有時。嗚呼哀哉！

贊

易贊

易之爲書，源流已遠。至於近今，爲説家滿。衆星繁繁，必辨緯曜。羣言紛錯，孰執其要。我論聖統，則折諸賢。胡心是師，曰余單傳。折中賢者，又以聖斷。聖雖邈矣，微辭有爛。聖欲加年，愚者須幾。徒有日孳，至斃乃已。緬繹聖訓，觀彖可知。姬公有言，文王我師。故知稱名，始自文考。憂患有興，繫辭已曉。六爻之作，於是取材。位之凶吉，時哉時哉。夫子之傳，莫先於彖。彖意既得，爻斯過半。其次釋爻，片言摘抉。夢寐周公，如合符節。大象之立，推類廣引。或離卦意，皆卦之緼。載稽三傳，祖文宗周。又通其象，使理周流。復總全經，通論其要。易簡之精，乾坤之奥。河、洛苞符，著卦圓方。繫辭義例，學易典常。廣大精微，著明深切。如網在綱，若車有轍。厥後三篇，出自河内。圖隱象湮，千載明昧。首定其類，次變其通。序之雜之，觸長斯窮。

顔子喟然歎章贊

顔氏庶幾，去聖一息。觀於喟然，其意可得。夫子誘教，並時三千。知其善者，曾有幾焉。詩、書執禮，衆飫其説。識其爲我，斯足以發。求畫中道，由誦終身。有休之志，無日之新。曰力不足，曰書可廢。是不能竭，匪才之罪。譬之飲食，知味斯嗜。譬之登踐，憚勞曷至。顔子嗜之，曰子善烹。顔子至之，曰子善程。顔曰善誘，子曰好學。鼓舞之神，千秋孰覺。子曰不惰，顔曰竭才。自非大勇，孰與此哉？好生於誘，竭由於循。不謂己勉，實聖恩勤。至於欲從，依然不罷。雖復末由，豈以才謝？揚雄有言，顔苦孔卓。茲其苦也，所以爲樂。欲從末由，匪病其艱。正謂竿頭，妙不容言。孔至七十，欲不踰矩。欲矩之間，如毫髮許。孔、顔之從，其欲則同。所嗟慕者，中道從容。窺顔之心，在於兩欲。罷無修蹤，從無止躅。此外惟曾，任重道悠。子思繼之，至誠無休。孟子亦然，所願孔子。壽夭何疑，修身以俟。我觀聖賢，惟在不息。不息之至，便達天德。讀顔此章，此意須通。作超悟語，則墮禪宗。

諸葛武侯像贊

王佐不生，於兹千載。鄒、魯羣聖，靡遇其配。天恐臯、伊，其迹眇芒。欲修厥業，而世未昌。岌岌晚造，鼎運難移。聊使先生，爲臣之師。先生不降，蕭、管立極。霸圖施張，邈矣王澤。先生之道，足俟後聖。紫陽、伊川，莫敢改評。誰追軌躅，誰識容光。我摭史書，以命長康。

關侯像贊

操歎義士，瑜曰虎將，遼允忠信，蒙稱鯁亮。超羣逸倫，勇而知義，誠非韓信、黥、彭可方。周旋間關，死而無悔，不使季路、仇牧居上。拒江東如叱狗，俯河朔若吞象。摧良十萬，報曹以去，大厭中州人士之心。没禁七軍，興劉垂成，幾慰故都父老之望。功有毁敗，義無虧喪。沔水秋風，空齊恨於渭濵。宇宙大名，直並垂於漢相。

朱子像贊

堯、舜之道，二典僅垂。孔氏六經，至秦而灰。漢、唐之間，道墜文喪。董、韓、王、楊，晨星相望。宋之中葉，其學大醇。及乎夫子，程、周彌尊。閑聖之嚴，憂世之厚。頽瀾稽天，獨執其咎。刊去枝華，務見本根。菽粟麻絲，至味大文。肆開堂户，示我奥宅。苟有能者，便達天德。於戲！五百之運，歷古而同。建武、貞觀，一時之功。天爲萬代，金口木舌。夫子之生，於湯有烈。方明之初，一術專師。風流篤茂，夫子是資。詭説汨之。於聖則畔。夫子道微，貞元亦散。孰陟嵩華，越彼平岡。孰能涉海，而棄舟航。夫子之道，與時屯泰。婺女之墟，光耿長在。凡我後裔，瞻仰來兹。古人有言，心嚮往之。

謁朱子武夷精舍贊

道斷堯、舜，昌於夏、殷。不有夫子，墳、索荒榛。絶學有繼，濂、洛、關、閩。朱子不生，諸家亦堙。婺女之鄉，斯文所屬。有耀於他，宅此夷曲。俾我後人，如夜斯燭。彼岨者壇，望陟相續。五十餘年，鑚仰末光。腐草薰蒸，蝡動飛揚。微卉後春，援我手强。螟蠕非類，祝我聲轟。受兹罔極，夢寐嘅只。自棄高山，云何德否。庶幸暮年，瞻仰視履。先生有靈，式遄其軌。

菊花之隱逸贊

採採黃花，於彼霜下。誰其尸之，晉之逸者。喻彼生時，春過夏殘。秋風拂衣，白露爲餐。粲粲芳馨，今也蕭艾。不有幽香，巖谷何賴。

自贊

瞿瞿而每涉於驚波，蘇蘇而終已以勞歌。惟哲人之玉於礪，信乎頑石不足以礲。獨丹鉛之有癖，或在險而平邁。吾聞之也高山仰止，不知景之無多。

箴

勸學箴

易與詩、書，最務精熟。三禮、三傳，隨分誦讀。西京、東京，文極醇厚。唐人之雄，曰韓曰柳。北宋文章，於唐有烈。歐、蘇條達，曾、王峻潔。擇其尤者，含咀英華。將來融洽，不名一家。諸子之粹，亦可採焉。荀卿論學，莊子譚天，仲淹中説，子雲法言，偉長中論，康節外篇，奥指奇辭，手録心追，醇疵小大，默而識之。周、程、張、朱，至爲精鑿。孔、孟通津，經書正鵠。易通、正蒙，性書、學論，以逮雒、閩，微言至訓，並須熟講，益以精思。篤嗜深契，尚友遥師。義理昭明，庶幾不畔。窮經觀史，靡不貫串。猶有餘力，列代詩騷。搜春擷卉，以詠以陶。如是讀書，方有根柢。文學德行，實相表裏。

惜陰箴

武公九十，猶曰小子。伊川涪還，聰明未止。須知聖賢，何故如此。後之學者，志逐氣衰。日昃之離，云胡不摧。心無退法，乃與道歸。待文而興，匪直也民。廢於中塗，千載同淪。自知是勵，昔人所尊。先病後瘳，蓋喻晚節。人能自新，鬼神所悦。新之又新，咎戾斯雪。榮華顛頇，誰其免兹。消息盈虚，委命於時。惟是善惡，不可不思。一夕之旅，便仰顔色。樊鳥羈牛，心焉安息。一朝終身，君子是擇。念來無端，書之無緒。天者難明，我也無具。分陰可愛，上哲亦懼。

誡家後箴

少小之時，謙謹是尚，動則畏譏，言則懼謗。傲不可長，志不可蕩，使人視之，如璞未錫。毛詩有言，維莠驕驕，童子佩觿，古人所嘲。柔顔捫舌，賢聖猶勞，矧爾小子，而敢矜高。父祖艱難，供爾衣食，便自放肆，而忘檢飭。性既漓薄，質又乖逆，幾何不爲，敗類凶德。湖山諸子，驕慢成風，汝等又然，恐替吾宗。今與汝約，改過於蒙，再罔悛心，吾不爾容。

銘

御賜硯銘有御書以靜爲用是以永年句恭書其後

靜而延年，仁者之厚。我皇克之，箴此座右。臣拜稽首，天子萬壽。

砥石硯銘一名松花石

用汝作礪，牛角相屬。元德既升，巧匠斯琢。賜等夏后之璜，價重荆山之璞。

旋心羅文硯至難得友有餉余者銘之

廓然虛心，窈兮圓神。此老氏所謂其中有真，非東坡指爲物之病者，以取妍於人。

歙石硯銘

徽爲子朱子之鄉，歙石出焉，兹其所以可貴，而近頗稀傳。惟識者能購其真，以爲堅潤殆過於端。世方競紫夸緑，而孰知守吾之元。

月印清溪硯記

此硯前代周藩府中物，王極愛惜之，裝匣以藏，題曰「月印清溪」。遭亂匆遽登舟，百物棄捐，獨呼内豎歸取硯，比至而追王不及矣。流落民間，然猶懷硯不忍棄。後爲劉君太乙購得，今以贈予。劉君時讀書翰林，能詩，博雅士也。

榕村全集卷三十五

詩自選

家居寄友乙丑年

昔也歲上章，始擢春明第。讀書二十七，吾子最年穉。頎然玉未剥，祇見石巃嵸。又如未調馬，往往肆踶噬。惟我識兄真，同裯多卻避。稍稍論經書，兄從質凡例。或其中所感，有泚下沾袂。至於三年久，直諒無所畏。不是申棖剛，翻覺魏徵媚。困頓已必千，憒悱人無二。先聖思狂簡，卓爾見高致。我去省晨昏，兄追水之澨。夜飲張家灣，盤巒手自膾。摻路號失聲，兹情安可替。回首纔經春，妖星明造次。閶闔閉不開，君友道茫昧。兄見蠟丸人，把握共拜跪。云汝非臧獲，嘉爾壯士誼。七載重相逢，悲喜不能視。徐徐抽舊編，簇簇立新義。兄輒折我角，我且盛兄氣。我有烏烏心，懷之未能遂。假兄爲眡兆，指期若執契。饔母及小人，明時真錫類。勿復言蔡功，心恐慚柳惠。緬憶出京師，兄役坰野外。悠悠竟長河，濯纓有餘懟。明魄幾昭蘇，星霜四清厲。念子何當親，離憂慘中肺。余季至幽都，蒙兄傾腹示。持回古絶句，照見相思淚。知我遊所懽，問我何所遺。我近營一區，乃不在高鋭。平野出清漪，密葉交重蓋。窪突自然有，曲折參差會。側右爲小山，今始覆一簣。欲起地下脈，乘高穿石濞。下有三株榕，其初本一植。此物遇摧偃，著土便爲蔕。不知何代風，顛狂南北吹。遂令不斷種，夾澗相樛纍。蜿作雙橋通，聯成一幄翠。喻我二三子，炎朔生而異。雖然齊幽根，盈盈一水離。何用寄所欽，歷録收我笥。謝翁居閶門，夢我奉冊秘。其間第二章，三經而九緯。檢押盡琳琅，拳披蝌蚪字。上言翁不知，下言夏后氏。一卷獻當宸，宛如夢所紀。未必膚末學，不謬作者意。三篇河内文，陋哉講師蔽。前輩蕭泰和，近年王諫議。穿穴各短章，區區重補綴。難忘三益心，頗有四方志。限迹吾未能，嗚呼名山閟。吾子千古交，直道冠氣類。將煩鍾子聽，遂斲獿人鼻。庶幾決否然，用自知己未。批糾有報音，從此跂予遲。

遊成雲洞 戊辰年正月用朱子登廬峰韻時方疏請侍養

溪深樵路微，峰迴面勢盡。涉亂渡雜沓，探崖窮攀引。村火蔽烟樹，居然成異畛。寒篠釣沙黄，奇石剥山磷。霽色限霜飇，清聲絶蟲黽。昔我營茲村，高天風息緊。修途節又弭，直徑步方窘。白日照歸烏，和風罷征隼。況是日邊書，取次浮名泯。有願斸金芝，無心聯玉筍。一諾在山靈，皇肯爲微允。八風正鳴條，四節時在蠢。冠童真五六，日暮命歸軫。時同遊長幼凡十一人。

甲子南巡恭紀己巳年衍聖公命題分作

燔柴躋岱巘，舍菜戾宗祊。獻愷方於泮，升中告厥成。巾車陳法駕，大馭俶行旌。望望觀風意，遲遲採俗程。徒遵時邁迹，那有登封名。嶽瀆公侯配，山河帶礪盟。懷柔均載德，設險竟銷兵。目擊波臣順，興言禹績宏。遂臨牛女次，還稅虎龍城。禮致鍾陵重，心忘磬折輕。朔風吹返斾，白露湛寒英。訪道思方切，崇儒意獨誠。宅仍生所里，堂儼夢時楹。入廟申芹薦，隆賢肅鼎烹。師存宜禮拜，帝用作歌聲。泝統休公旦，傳薪偉孟卿。豐碑齊屹立，巨牓繼高擎。先後叨明典，存亡感至精。恭惟天子學，實共聖賢並。枯植紓皇豫，泉源啓睿情。人如根不朽，天與水流行。微義昭雲漢，貞珉列瑰瓊。章懸羣象仰，貺動百神迎。匪獨斯文焕，時當大道亨。

家山公兄以南海神廟碑見貽漫賦學韓體癸酉年

吾宗宮詹探嶺梅，銜命秩祭廣利廻。走勞道途言語畢，乞得韓碑驚復猜。此文熟讀四十載，曾聞故刻尚崔嵬。年深豈免點畫缺，觚稜應久混莓苔。入眸了了從頭讀，想像鐫工初下鎚。公之此時自潮海，量移楚嶠方徘徊。鱷魚驅去鬼神避，衡嶽延佇停霧雷。巨靈竦息仰宗德，文章一字卻千災。碑成自合歲稔熟，孔公德政亦暨哉。岐陽石鼓埋荒草，吉甫、山甫知誰裁。岣嶁山頭隱科斗，聖跡茫昧公所哀。豈如此碑垂千載，文完字好光皚皚。當日慕古多憑弔，安知天壤大名開。吾徒辛苦同羈宦，匝月緇緗對寒煤。一尋再閱動光彩，有若岱頂披雲堆。字兼顏、柳存隸體，陳諫何人亦不灰。煖茗澆腸更屬賦，即事標題興已恢。東牕紅日儵晻靄，颯颯乘麟自天來。

送唐偕藻宗丞致政丙子年

先生其鴻鵠，寥廓不可蹈。有似無心雲，翻飛返峰嶠。曩者辱鄉賔，相看各盛貌。如何素髭滿，枯槁若同調。山鳥問歸意，嶺花向人笑。越水横灘高，舟子喜相勞。屈指到霞浦，晚色正炫燿。陶菊媚秋霜，柳橘銜夕照。海霧避山樓，谿風親野棹。孰測冥冥踪，坐令羈者悼。往歲不自知，共談陳與邵。時哉惟先生，斯睹象之奥。溽雨暗陰沉，款扉以行告。撫迹祇含辛，檢篇方廢蓼。未能餞青門，何以慰長道。曷日託邱山，願執侯芭掃。

歲杪戚友頻集寓齋同限韻四首　丙子年

一年光景疾於箭，四壁殘緗空復存。手縮無心開古瓦，步頻有客對芳尊。南中遇臘尋冰噍，野外終冬看火燔。何爲霜風簾帘裏，非關誦講不窺園。

天涯急晷動寒風，串戚依依對影同。羈旅十年雙鑷白，鄉賓何日共披紅。地連碧水人非遠，釀識金蒲酒倍工。南嶺臘前梅蕊發，他時莫負訪春融。鄉同年陳宜亭，同安人，邑出金蒲名酒。

羈宦躊躇忘歲月，鈎輈遮莫響南園。徂年鬢逐銀華長，一夜庭空木葉繁。霜厚兼貪凌老瓦，月寒偏肯照貧門。與君邑里還葭附，連榻韋編理細論。陳介石，同縣姻親，雅好譚易。

寒曦冉冉到除邊，匝月風霜特地全。同志即今爲勝日，高情自古付流年。伴人蟾影强如燭，報歲春光不計錢。便是枯腸搜索盡，無那霽色又連天。

送杜大宗伯致政與諸子限韻庚辰年

先生在朝著，荆國之純璧。胡然遂抽簪，太室方嘗麥。比者轄中樞，亭立掩孤柏。真氣充以腴，獨覺寡物役。晚出欣服宷，託附比蘿薜。晨夜春風中，日月豈知積。有時同吟咏，申之討墳籍。每造拜賢郎，待我匪賓客。醇意何薰人，薄夫不能釋。三月帝京遨，桃杏正紅澤。詩字出莆田，鏤檀精可擇。先生發吾藏，閒月勞屨舄。頃刻成工妙，至今有餘跡。賤子自憂艱，三春避廣陌。先生每惠顧，賤子慰居索。塵勞又四載，夢寐想風格。攜杖孰追隨，北望西山碧。元臣既拂衣，顧我何補益。迢迢望越絶，扁舟何日刺。權公文道斷，鄴侯仙姿昔。借問祖青門，千秋誰燀赫。遲任惟求舊，典型詩所摭。先生暫行行，曠禮在朝夕。東觀有遺憲，上庠貽簡册。蒲車行殷路，皋比非久隔。炎曦爇天動，夏嶂連雲擘。驅馳久顛頟，思公聊捲帟。風雅蚤説詩，行藏晚學易。臨風懷寥廓，何處尋六翮。從來世三公，未曾厭清白。

梅定九自南至諸子從學中西算術悟性强力各有所造以其暇日談文賦詩喜而有作癸未

交我十載前，惠我十載後。幽諾未云踐，晤期固非偶。徐、魏響然臻，陳氏集昆友。

雖無廣亭榭，西軒舊槐柳。雖無飲庶幾，滄易致佳酒。緊我煩委暇，聊來共尊缶。或邀步華池，秋風驛路口。年運遞犇馳，六藝缺復久。諸子意未衰，斯文幸已厚。吾少也無能，今老亦奚有。忽見弟子師，古道生白首。涼色入新郊，素光昇遠藪。唱咏日未厭，中篇夜還趣。王事驚我埤，先業賴兹守。況復喜晴穫，披衣望星斗。

新安舟次甲申年

撥霧追星入海壖，荒菅盡處水連天。平生不作登車夢，八載何曾穩枕眠。吏部祇應抽手板，蘇州詎忍利餐錢。書纔有味身將老，歎息宣尼欲假年。

劉子青藜太乙以前代周府寶硯見遺其款云月印清溪與友限韻有賦而失稿矣劉子索觀不得記是歌韻聊復占此丙戌年

疇昔汴州亂，賢王犇渡河。蒼黄盡割棄，一硯所愛頗。登舟還遺豎，追程遂蹉跎。流落數十年，舊事記不磨。猶能言題識，明月印清波。邂逅得手把，感慨爲哀歌。售之寶行箱，贈我情何多。著墨刀削似，映燈星月羅。清溪是吾邑，嘉名喜無譌。余生寡所好，對此良摩抄。叨承太乙惠，將奈七畧何。

讀唐宋名人詠諸葛武侯詩與諸子限韻三首　丙戌年

武侯誠龍德，潛臥天地否。一歗渺無儔，名浮猶有耻。置身管、樂間，后稷平人爾。遇主煩三顧，託孤寄千里。普天困豺狼，一民悲有死。王佐久不生，此心誰與比。才美戒吝驕，器大斯儉禮。所以大賢度，抑抑以終已。不見烈如火，但見平如水。惠政流甘棠，佳兵聞苦李。原公茅廬初，躬耕没則已。翳翳成都桑，百代頑者起。前輩盛謳歌，微辭安足齒。雲羽動儀型，高山勞仰止。載覽季興編，一竟三歔唏。

賢聖三季後，十九生屯否。或以晦避禍，或以遯遠耻。武侯居南陽，其志聊爾爾。公威能一郡，士元非百里。公則笑無言，不遇寧守死。無奈龐、馬攉，姑且管、樂比。豈曰知己恩，難者訪賢禮。一洗虚聲辱，幡然不爲己。欲吹西歇炎，力挽東流水。主威移董桃，中壞食螬李。竭股言若兹，鞠躬事則已。思結渭河深，恨逐秋風起。輿人爲悲謳，伯氏痛没齒。晉武求遺裔，劉弘表居止。豈獨異代人，仲達亦嗟唏。

漢業自桓、靈，運長小人否。管寧之遼東，侯印田疇耻。之子亦南遊，歗罷長莞爾。英英豫方牧，階身無百里。元龍固盛推，二虎願同死。片席定大謀，繾綣莫與比。幡然十年心，來疇三晝禮。在田欲及時，輟耕豈以已。出師重於山，刑國平若水。八八軒后陳，三千咎繇李。大器夙既成，清風流不已。前輩共心傾，來者尤興起。知深鮑叔牙，論定習鑿齒。但言名世生，誰覺霸圖止。禮樂未應興，吞魏何足晞。

梅丙戌年

江春幾夜回，送色上高臺。素蘂寒先動，輕香暗自催。迎風飛玉遍，灑雪和鹽來。正憶南溪畔，低枝映水開。

寓有盆梅因檢林和靖詩前人以爲絶調睠念故山悵然有作丙戌年

春風朔地見條梅，夢繞家山白玉堆。背面移松將竹伴，南中少雪有雲來。巖泉片片流香去，谿鳥枝枝踏粉回。漫道此花非隱逸，西湖半畝爲誰開。

舊洞梅株倫所手植愴然傷悼丙戌年

雨露沾身鹹作潤，風霜落子苦難裁。爲悲聖叟憐苗秀，亦誚荆公擬木摧。樹藝十年何所託，馨香三嗅有餘哀。他時獨撫盤桓處，乾死酸心老茂才。

又口占

歲云秋矣落其實，月不淹兮忽已期。禄閣有文無訂草，鍾山投老得悲詩。夢長的是幽靈接，心折能堪政事遺。死後猶思成子女，何年買畝住清泚。

四弟生日得詩三章贈且期之丁亥年

愛子窮經久且專，蘭陵心法兩俱全。焚膏繼晷恒終歲，流水循環不記年。曾見東吴顧文學，近惟吴下顧炎武能通十三經大義。人言北海鄭薪傳。宫坊陳介石常戲呼弟康成公。殷勤垂老來相就，夜夜篝燈説二天。

六藝經秦並失門，就中周禮最崩奔。墜餘文、武二三策，賴得康成什一存。行寡更因難讀廢，道亡便以不經論。丁寧此是吾家事，倬彼仙宗奕葉孫。

子之近壯始昂然，發憤垂帷似老泉。貢舉無私知必世，弟連不得志於有司。丈夫有念靡窮年。後生茂起須家法，我老栖遲望子傳。今夜吟成三闋句，持歸誦與子孫賢。

送友人外艱歸丁亥年

教子能名世所希，況堪經史道方微。幾年庭訓摳齊受，兩度君恩插翅飛。養志離憂人北闕，傷心長恨草春暉。九京此日應含笑，持慰慱慱素韠歸。

六叔父至京喜而口占丁亥年

戎馬當年海國多，霞關、贛嶺兩嵳峩。一丸重跰丹心苦，卅載相看雪鬢皤。杜曲幾驚凋耆舊，枌榆幸得久婆娑。竭來矍鑠真堪喜，顧問重勤老伏波。

蘭丁亥年

楚澤當年九畹滋，修森未比建溪奇。空山行跡幽無侶，長路香風惻不知。一出林來常味減，幾經盆種奈根移。同心何處通言語，折與懷人贈數枝。

送四弟用京江相國原韻丁亥年

此夕亦何夕，雁聲驚客坐。長連雲外直，遠點天邊破。茲物知天序，飛止相鳴和。

如何一孤翻，云有簡書荷。成業賴不仕，文中子吾不仕故成業。子無悲坎軻。誰爲脱羇羈，使子寬然卧。徂徠已千株，淇澳餘萬個。昔人猶躊躇，遲迴非我懦。臨岐興遂初，末路思補過。共言且分飛，無令雪羽涴。

疑經世用康節體戊子年

我觀今古代，治亂何多遷。當其否閉時，乾坤亦慘寒。謂此帝之爲，帝豈若是殘。如曰陰陽運，則帝乃無權。緣此世疑開，天問發其端。竭來狂馳子，瞻仰訴且冤。莫訴休，帝仁無間焉。斯實陰陽爲，帝心良憂慇。今我有一説，我説古未言。人事如奕局，天造如奕盤。苟非極其勢，何以解其紛。則知天地心，無異聖與賢。凶吉同憂患，備彼百苦艱。事變盡更閲，天能乃周全。鶩陸有仄坂，泛流有驚瀾。不識篙師意，徒然怨傾翻。未喻開鑿理，嗟此行路難。扶持固多術，至義亦密傳。道業相支拄，用待大化還。譬之觀奕者，局盡乃可觀。元會往不返，此理尚未然。

讀坡公朱孝子詩戊子年

人而無父母，四海無所歸。此心孰不然，此事何其稀。一則久而忘，不爾他而移。

貧賤多失養，況乃際流離。歷覽孝子傳，壽昌行可欷。至今優伶輩，能使婦孺悲。摧斷孩提日，稍長走孤羈。卒下烏烏羽，來棲庭樹枝。自古有荼毒，所傷在分飛。不得存亡問，安忍刻木爲。感入三千界，慕伸五十時。百身疇覆載，一念徹皇祇。我讀坡仙贈，似未到精微。徵引區區者，豈有至心祈。諸姑與伯姊，連類抑何訛。世間有此等，須仗少陵詩。

友人讀參同契戊子年

異迹多推漢，皇家亦已東。修來成九百，悟處得三同。術法參元秘，聲詩入古桐。談經諸聖後，厠籍列仙中。霄宇鶩籬鷃，冰天限夏蟲。由來龍善變，自昔鳳高翀。歷劫惟金在，單傳是火攻。神山青未了，白日去何窮。凝息含元氣，嘘吁滿大風。冥觀禽化水，坐惜鳥貪籠。結志思騎鶴，馳心又送鴻。羡君無退轉，早晚上衡、嵩。

清明日周易四勿詩戊子年

泰陂豐昃，勿恤勿憂。喪茀喪貝，勿逐勿求。无妄之疾，勿藥則瘳。損己益人，勿問其酬。我觀古人，志務自修。禍福不計，何況恩仇。今人之心，利害橫流。圖度天命，廣設人謀。有者欲聚，去者欲收。殺人除患，責報無休。概以天道，奚止贅疣。因風益火，畏溺自投。若慮陰雨，無過綢繆。欲禦寒冬，無過添裘。朝暾皎皎，浮霧不留。洩雲濟物，還雨崇邱。凡百君子，玩易於周。補過无咎，心逸日優。

賦得孟夏草木長和諸子厲志之作限韻戊子年

四月初維夏，松茂薇亦剛。欣欣齊天澤，田野又已蒼。農夫勤服穡，汗下職所當。躚躚媚學徒，念此惻中腸。彼不昏作勞，歲暮將何嘗。而我倦道藝，老大無乃傷。人生中歲後，譬如度秋陽。南晷日以速，西風日以猖。斯時興言邁，景促道路長。及此曜初曦，庭院積餘涼。對時懷壯厲，鍵户探幽藏。逸興縱横飛，今古在一堂。鬼神將來會，千秋惠我光。唐風有遺詩，其無以太康。管子戒懷安，齊姜激謀桑。聖賢不勤止，一念亦作狂。所以騷人悲，撫壯棄芬芳。

端午詠懷用老杜韻戊子年

廿載長爲客，天涯一病人。東山虚雨屐，南澗逗烟綸。蓄縮平生志，蹉跎聖代臣。流年多感慨，弔古坐酸辛。此日天中節，微雲塞上屯。羲、和初正夏，書以正仲夏。日月始交秦。五月辰在鶉首，秦分也。一片三湘浪，千秋二女神。興哀招滯魄，擊鼓動潛鱗。遺事荆巫遠，悲歌郢雪春。誰憐荒國舊，但覺歲華新。紛我南陬士，朝天北闕頻。幾經梅雨染，長訝帝京塵。鼎實慚無素，書空擬與親。徒餘忠作屏，幸有德爲鄰。屢省幽蘭佩，憑垂戸艾緡。重華今在運，何處整冠巾。

又口占

風雨多佳節，端陽忽似秋。綴窻猶剪紙，趨直正重裘。垂老耽無味，開編贈百憂。靜中先子句，寒暑任遷流。寒暑非可意定，故隨時爲靜中功夫。此先人四十年前夢中語。

題楊氏園戊子年

清神瘦骨舊黄堂，累石行泉注曲塘。獨手栽花兼插柳，誰家載酒去尋楊。閒辰寸晷真難得，薄暮浮雲又散將。極喜此翁無世法，懽然顛倒忘衣裳。

七夕限韻賦詩次日直中閒坐因鄉賓期屆悠然有懷復用前韻兼勖諸子戊子年

帝門方廣闢，天牖當如攜。將雨動山川，水上無高低。賢聖有側陋，君子固卑棲。中人獨行道則爾，爭先術匪迷。馬骨九方歅，羊皮百里奚。日照無光處，風動不言蹊。中人固脂韋，雄者尚滑稽。碧霄尋枉逕，暮夜躡高梯。一雉豈謷命，十禽自矜嘶。時雨忙春草，長河鶩渴鼷。惟有蘭菊心，嘿嘿馥空齋。修身原不援，知命更誰擠。食野相呼去，遷喬自在啼。廟堂佇舟楫，四海望雲霓。愛國精心待，思賢極目睇。道隆應有象，氣感自然齊。昨者初秋節，敲詩至平西。不堪陪坐勸，即事起新題。

長城懷古和友人戊子年

列垣競遼洮，屹爲中原衛。昴畢限華夷，招摇轉面背。未封關將丸，常爭野人塊。古昔事羈縻，隄防遏其潰。誰爲萬世謀，閭巷自破碎。至今壓連峰，徒有灰石在。後來踵迹者，臨邊亦已再。思古拊髀嗟，懲後刺心悔。德義信干城，尊卑殊外内。跳躑天所驕，瀆亂神斯廢。豈知有道時，干戈長戢載。威武極露寒，聲名窮日戴。塢候鈴柝稀，猛將單車代。繫頸組空煩，稽顙印競佩。即見受降城，延連起耕耒。塹歌未休，興亡千百態。三駕域中清，一怒天下對。瀚海即溝渠，趙、代安足塞。

題關侯像

青縹多義烈，公聲自悠緬。域外欽英風，何論禹所甸。聿當草昧時，歸依識繫奠。相事王霸圖，力疲龍虎戰。餘焰誰共攺，南陽一巾扇。擘畫規宛、洛，隱以上將薦。故委吴、魏衝，俾公當一面。渡河計已窮，浮江事中變。敗盟楚甲起，監國殷人畔。怒浪排三湘，悲風彌漢、沔。昔在保陽初，關亭伸藻獻。夢公與武侯，再拜容相見。想像季路勇，彷彿覩纓弁。代匱縈雩多，精靈每迭現。豈況五十年，災屯護持遍。以兹念神感，齋心奉繪絢。朔望整冠裾，晨夕禱私願。公其啓我衷，補過消罪譴。

聞家駒多舉者喜而有作且留勉厲 戊子年

八月中秋夢，或餉四鹿來。果然閩書至，羣從與計偕。吾宗自明始，經營祖德開。於今正八世，陳仲卜方諧。諸子何爲者，君恩祖澤哉。懸知爾父母，顏充髮變皚。親鄰羊酒賀，告墓闢荒萊。羈宦忽聞此，驚懽腸幾迴。酩酊離披候，酒力花容衰。所以古人心，惕惕念栽培。我今蒙積厚，無功逼三能。每憶先人苦，宵終明發懷。禄既不逮養，志行日以頽。蓼莪莪蒿感，白華華黍哀。休祜德所承，福基禍之胎。集木未足喻，深淵倚磴苔。諸子亦念此，無爲天棄材。謙使六位吉，孝能百行該。洊年閲人事，榮落風葉催。子今如不畏，天命安可回。歲莫屬當聚，爲爾酌深罍。侑以宛鳩詩，睍睆鳴和喈。

題吴禮科行樂圖戊子年

我猶及見公朝立，一時器觀盛容威。揣摩利弊善諫草，同官從丐賸膏肥。閩中舉子數百輩，已入文吏四面圍。公朝抗疏陛下聖，捎開羅網各飛飛。逆藩僨帥專鹺政，家家淡食痺而痱。誰能觸焰陳民苦，此事猶得鄉評歸。亂起坐知公不免，公已前期與世違。吾鄉俗化輕先達，公之功德獨嗟唏。況我附葭兼忝識，奬我寸長匡我非。即今逢人多假借，益念古老無脂韋。摭公大節示後嗣，長康小卷爲公揮。

韓文公己丑年

吾觀近代士，於古務相逾。誦讀兼草草，指摘又已疎。有如唐韓公，鄙爲詞章儒。慠若齊、晉大，卑視滕與邾。昔人亦有言，湖海非雙鳬。適此儒先後，孰不摭其餘。況乃嚌咀淺，未能去皮膚。奈何坐自貴，動擬昆侖渠。韓公生是時，胡不一考諸。玄元國之祖，西方代所趨。奮然並斥逐，怵心人鬼無。揚雄似孔子，宋世猶陳鋪。截取自孟氏，無見乃云乎。六朝淫靡甚，樸學不能驅。公與極其藝，然後識典謨。謂公流溺者，亦匪公之痡。尊周如其仁，距墨聖者徒。法施於吾人，索垢曷區區。親見貌位者，不怪舊唐書。張籍但知文，漫以大賢呼。李翺庶高第，開首論楊朱。

農民苦行己丑年

四民最苦是農家，食無兼設衣無華。遇歉已傷熟亦病，坐視大賈居贏邪。不受公廛佃富室，場登早已來分瓜。天行十八無盈數，私租豈肯毫釐差。朝廷時有蠲優詔，農錢多不上官衙。或逢繇役富者免，追胥仍向農家檛。初春指畝貸升斗，桀强收息數倍賒。年豐未足填責負，仳離荒歲又何嗟。衝炎冒雨敢辭避，但恐乾溢及桑麻。粒食之艱自古志，豳風綴景正而葩。前代賢君識此意，治效輒得史臣誇。聖朝寬恤無虚載，訓辭深厚漢文加。歎息作甘人長苦，殷勤示儉國無奢。欲使大官知穀貴，不矜元老歸禾嘉。周書無逸陳座右，憂思鰥寡至日斜。噫嘻農業爲國本，聖祚應與姬曆遐。

賦得閒宇常自閉沉心何用寫己丑年

昔尋舊壑去，偶爾爲時舍。居然謂真逸，朝暮雲峰下。翻笑浣溪花，不是知音者。長疑勸駕多，何因招隱寡。未上五湖舟，果秣萬里馬。別洞屢移文，羈棲成久假。豈少近郊坰，無心出遊寫。荏苒龍鍾來，躑躅麋性野。駑足金鞍施，枯梤湛露灑。閉閤非關痾，省愆動盈把。

賦得孟夏草木長遶屋樹扶疎限韻己丑年

廿載燕師邇帝居，西山遥影擁琴書。青郊露重枝先拂，緑畔烟消草未鋤。長日惟能吁暑暍，流年徒自省空虚。汗濛不是無佳蔭，素食優游愧有餘。

喜仲弟至作又每賡之三首　己丑年

江、漢喧卑難久留，一行作吏豈能由。雖無最課膺徽拜，幸免辜功入例收。回首不貪魚穴美，翻飛恰值塞鴻秋。家駒在側猶堪慰，小宛繁音續未休。

廿年紫禁此淹留，始信行藏不自由。卻羡埃塵三載後，便將江、漢一身收。新詩舊卷抽風晚，雜竹閒花砌露秋。拚得榕村權鎖閉，連牀未覺雨聲休。

成雲洞裏白雲留，幾度移文蓋有由。木落山空須一掃，梅肥笋嫩未曾收。離魂渺渺終成夢，寒露瀼瀼又洗秋。但得君恩紓倦鳥，行行余季亦來休。

和王姚江火秀宫示諸生原韻二首　己丑年

平旦陟高岡，高岡日又晚。上頂本是真人居，欲趁光陰路彌遠。左右屩迹蒼苔斑，多少先登人非緩。余髮方未燥，即慕夷曲與天泉。夷曲幽幽九折坂，天泉半灑雲外天。泉洞老仙語，朗朗總欺人。原當胎氣未完足，雷霆發亂來驚春。丹成淡泊守規矩，瞥見狎鬣誇龍鱗。我與往還四十歲，回望故山新又新。竈火如銀一片白，案上徒有明牕塵。殊無許多單傳訣，坐知光景萬非真。自從東京入佛後，例倚正議助怪神。先生便是廣成子，安在別人都已死。橫將生死作分疏，打斷虛空無乃此。

宣聖當年尚假年，儒衣千載此真傳。萬形不是周遮遍，太極如何恁地圓。只可占將後死者，休來突過古人前。操戈同室堪嗟嘆，恨不當身與講筵。

中秋催月己丑年

微出潮頭影已新，閒庭延望早通神。一年佳賞長如許，此夜清光别有真。蕭颯雨餘堪濯魄，朦朧雲際便翻身。桂花欲伴黄花發。寄語幽宫淨掃塵。

蔡聞之尊人雙壽己丑年

南浦扶輿浸海波，風流近代發黄、何。明季，黄石齋、何元子兩先生，俱漳浦人。龜山舊得中洲派，河南中丞張公講道吾閩，翁從之遊。湖府新增太學科。翁爲羅源教授，張公延入省會書院，俾作師長。更喜熊丸知母教，即今鳳羽已天摩。雙星齊向陽春曜，朋酒賓筵喜氣多。

榕村全集卷三十六

詩二

翰林陶君尊人七十壽以讀書未能歸迎致京師用仲陔慕二月初吉同人畢集舉觴余亦詩以賀之翁於今未謝應舉也庚寅年

寒白家聲歲晚收，西江靖節舊風流。學弓今已通金馬，埋劍還能上斗、牛。晝錦循陔羈北闕，春花扶板耀皇州。知翁用世心猶健，此日賓筵即壯遊。

二月七日仲弟生辰詩以祝之庚寅年

回憶髫童纔如昨，相看鬢髮已成蒼。庭羅五子書收拾，腹有三壬禄主張。二月吉初春雨霽，上垣景滿夜光長。髦期潦倒吾諸父，暍日飛鳴繞舊梁。

題汪千陂黄山採藥圖庚寅年

兹山源流遠，岷、峨發崔巍。峽雨通荆樹，江風入嶺梅。山脈自梅嶺而來。迤邐兩都會，又發脈生江、浙。佳氣亦悠哉。旁魄非凡境，草木得未栽。吾友汪君子，告我採藥來。勾吴異代事，彼值殷商衰。吾子生明聖，何病獨徘徊。回首上章歲，春風噲雁哀。同禂十九人，取次已塵埃。望子大先業，好勇宜取裁。武夷與黄山，仙霞爲之媒。中有聖神迹，夢寐日幾迴。所願如吾子，至今未得諧。安知不如今，子志亦行灰。壯子出氛意，欲勸又停盃。語默果由人，訪我閬山隈。

王孝子詩並序　庚寅年

有明中葉，霸州文安縣孝子王原者，父以貧苦，避徭役逃家去，遂久不復返。去時，孝子在抱，稍長，問母始知之，慟哭求出門，迹父所在，母未許也。既受室，即堅辭母行。徒步數萬里，歷十餘年，乞食爲糧，遇神則叩顙哀禱，至於感異夢，逢異人，卒得父於僧寺中，如所占兆，遂奉父還家，力耕以養。父子皆眉壽，迄乎曾孫榮貴，至今不絶。前輩多傳其事者，余覽而悲之，爲代孝子詩十數章，以綴本末。又系之以歌，寓一唱三歎之指焉。夫南陔、白華、華黍，有音無辭，然序者以爲皆孝子之詩也。余意必周之盛時，俗化醇茂，有至行著聞而不以文見者，無蓼莪、屺岵之什以抒其哀。而後之人爲之譜其憂思，奏之絃管，厚王化之本，彰人倫之勸。蓋余今者之作，亦束皙補亡之義，而長歌之篇，則眉山蘇公所以累欷於壽昌也。

一

哀哀生不辰，幼小失嚴父。嚴父去何之，爲憂猛於虎。

二

七歲識人事，慈母告我知。使我痛欲絶，慘裂中腸悲。

三

無父吾何怙，從父母誰養。抑哀度日月，不覺年華長。

四

弱息可陪姑，孤子當求父。亦有倚門悲，傷心去不顧。

五

生當與父返，死當傍魂飛。宇宙雖茫茫，幽明必有歸。

六

侵尋遂多年，跰足走萬里。日食仰朝烟，夜宿荒山阯。

七

逢神即有禱，遇人但告哀。東入田横島，白浪兀崔嵬。

八

清晨感異夢，覺來向人説。老者顧憐余，從頭爲分別。

九

莎根本附子，和之苦後甘。應有會合喜，行行且嚮南。

十

辛苦至中州，寄食夢覺寺。僧出文安人，爲叙同井誼。

十一

相問姓名間，父子驚悲倒。兒貌父不記，小字猶分曉。

十二

父言已絶念，無面返鄉村。牽衣投地哭，哀感動沙門。

十三

誰言僧無父，殷勤爲我勸。幡然發回心，感彼大悲願。

十四

抵里叩荆扉，慈母幸猶强。驚子來無死，且得父相將。

十五

喜極哭復昏，閭里亦横泗。聞説古來人，果然有此事。

十六

但願大椿茂，歲歲蘐花開。躬耕吾能養，不望檄書來。

右代王孝子詩十六章。

文安孝子二百年，奕葉之孫宧中翰。昨夜聞言歎且唏，今朝得閲前人傳。父子誠然是性生，亦緣慈愛日相見。世間孩幼失怙恃，忘情絶憶更無算。孝子心傷無根草，鮮民之生死所願。尋訪一去十年賒，周游何止天下半。自古完名乞與人，必令諸苦皆填遍。天公憐無退轉心，指點路途出夢幻。在昔明初高皇時，給諫侯公救父難。彼父在謫身可蹤，難者生死無音唁。中葉風厲道寖衰，莫將行誼當朝薦。事君不求孝子門，使捕魚蝦老葭亂。獨有神明感至德，孫枝茂衍科名洊。我曩承乏撫邦畿，往來洄溯文安淀。鞅掌未暇聽風謡，愧不表彰誠靦面。雖無文采動法宫，長歌庶作薄夫勸。

右贈王孝子歌。

壽高翁不危九十翁有弟特騁棄家遠去庚寅年

綺里採芝逝，東陵但種瓜。高風同百代，語默道未差。徐、淮俗化異，奇俠隱音華。笑談海客去，然諾楚人誇。世出世間事，二難並一家。千秋高士傳，雪映黄河沙。即今九十耄，綜理及魚蝦。心知地行僊，翻嫌舉者遐。令威如一返，應識吾道賒。

仲父破賊拔家難於今五十餘年矣欲爲家傳紀其事而未成偶因爲文安孝子詩愾然念先世舊德屬韻述其梗概且寄家後六叔父及弟姪輩庚寅年

我歲十四五，乙未丙申年。山海正摇蕩，四郊盈氛烟。避地高山頂，巨寇掩其巔。舉家悉纍去，季父亦在焉。父雖脱身走，骨立形僅全。吾祖以憂隕，遺恨子孫還。伯父時遠出，更有官事連。驚聞家喪亂，犇回哭柩前。與父握手泣，何以救髫鬟。我效東海人，輕身赴其艱。妻兒牽不顧，直入虎狼樊。慷慨陳詞義，賊帥欷歔歎。備禮送之歸，月骨終未完。至心忘恐怖，危事轉機關。此寇樹本固，擇居巖奧間。三窟安、永、德，四出延、漳、泉。分收要地路，高據插天巒。官軍屢失利，爲徒實有繁。自從鼎革來，至是已星環。伯氏召家僕，益之傭與佃。涕泣以情告，甘心願喪元。乘夜劫其巢，巢嶮雨又漫。百人造峰下，廿八爲登先。霧重晨昏晦，泥深澾且顛。既知入死地，大呼撼賊盤。睡夢賊驚起，不能辨衆單。踉蹌填崖谷，妻孥全棄捐。余季來無死，季父得先奪出。諸孤繫猶攣。尚有七八口，被羈在他山。賊氣憤怒甚，逐日戰聲喧。余時在賊中，見之魂魄寒。兵敗便榜撻，刀刃頭上旋。且戰且議贖，又許歸其媛。賊云我無家，不足相準權。無那害氣究，勍寇一朝孱。萬夫當百卒，有似卵投拳。嘗以十九人，父伯同孤墩。千賊凌曉至，勢無復生存。仆旗殺其將，十里窮追犇。此事尤奇異，鄉人到今傳。孟夏迄初秋，小大鬬百番。係囚盡拔出，凶焰一時湔。伯父士之彥，聲藉弟子員。每入文場會，芝草擢枯菅。奮起爲急難，衝髮上儒冠。文武聞天下，諸公賾有言。學使者孔文在公與僚友書云，李葆甫文事武備見於天下。哀戚患難中，爲詩廢午餐。癯然深墨色，銷盡渥丹顔。一家隸也力，三縣壘無堅。良有神道庇，豈非誠所專。當道斂衽推，功成絶因緣。揭來遊太學，遂去遯家園。別駕拂衣謝，巾車下澤間。書史湛日夜，餘事寄絲絃。我祖當明初，八世祖立功天順朝。好義聞海堧。曾從平江伯，軍功得授官。小子方家居，適值閩沸然。亦以濟王師，黄閣驟超遷。伯也誠高蹈，時論何愬然。奇節未章表，懷之心惓惓。昨者撫京畿，奏事乾清門。乘間陳始末，從容蒙下詢。在原嘉昔日，於野遂聞天。巨牓揮宸翰，深恩賁九原。命遣偏裨送，鄉衆萬聚觀。國編未敢望，家乘庶華爛。沈思孝友後，必有本支賢。我今如不述，蹟久事將湮。況懼流風微，末遠忘根源。薄物多詬誶，觸眼互睊睊。儻憶前人厚，足令鄙夫寛。他日詳紀載，爲詩發其端。

世祖賜柏鄉座主雪江獨釣圖恭題庚寅年

側聞長老説先皇，館閣臣寮如家常。政職之外通譏笑，有時揮灑翰墨香。吾師丐得當軒蹟，子孫奉之寶金緗。先皇明示絲綸寄，又欲臨淵振天綱。果是兩朝爲舟楫，功成譚笑入滄浪。莫言五相一漁翁，宰相漁翁一概量。鍵户著書五百卷，應與渭水論行藏。盛世君臣饒勝事，尺幅烟波有耿光。

讀漢留侯唐鄴侯傳有序　庚寅年

留侯、鄴侯，出處語默，大致相似。然自漢史，則以鬼物爲疑，唐舊書遂用詬厲。余觀二子，固非董、葛大醇者比，然所遇亦各不同。方外之託，殆古人隱曲深心，未可據迹議也。

嬴焰烈已極，不獨報韓私。碣石狂風來，九域正離披。二子誠逸民，豈忍坐視之。雲龍三古後，安必虞、夏期。相印輕於銖，侯封比丸泥。攘袂扼腕處，即有善刀機。呼噏存亡間，卻似閒點棋。坐呼採芝叟，緩誦種瓜詩。幾回思塞兑，再出整重離。此是賢人心，神仙固詭辭。自從崆峒來，下迄華山希。身授帝者法，不爲帝者羈。是或一道爾，於義不相疵。我論兩先生，如惠復如夷。史遷好奇偉，畫工只毛皮。唐人亦貌取，珊珊骨所嗤。何況東方者，立德不純師。

喜孟秋月有閏庚寅年

不愛春光豔，惟貪秋景頻。霜華多溉物，月色倍還人。場圃寬收拾，桁楊慢設陳。每年以孟秋奏讞。西成應再熟，京畿各道，秋禾甚茂。巽命恰重申。是歲停刑。魄滿增他夜，宵中正兩辰。山花迷曆日，黃菊破枝新。

送張景峰司寇歸韓城庚寅年

鎖院藹沉沉，偕公事檢校。羣英發春暉，孤潔懸秋曜。閒夢到幽蹊，千花向我笑。中有十丈紅，知公爲領裱。病夫何碌碌，承風採餘俏。旋膺北斗司，共奉明離詔。職掌同犇波，西園一般頫。如何便歸飛，告我家山妙。淇澳萬蕭森，嶧陽兩修峭。洵訏樂邱林，無競報廊廟。司敗一片心，東皇萬里照。惟有青門人，含情酒不醮。早晚踰梁山，陰陽遲爾調。

讀明季魏孝子學洢贈鹿太公百韻詩摘四十韻庚寅年

明衰當晚造，時事沸於湯。亂象成郊野，深根起廟廊。蠅營渝白黑，龍戰混元黃。占得守宮兆，星摇宦者芒。晉君迷二豎，秦國棄三良。處士摧東漢，清流湛末唐。祖宗優積累，節義滾成行。慘裂聞周、魏，彫殘繼左、楊。即家誅宿舊，提逮出軍廂。孝子紛營護，忠臣自慨慷。緹縈誠可憫，張儉豈曾藏。烈烈名家子，哀哀岐路傍。上書嗟聽遠，避迹畏聲揚。投命明知德，抽肝發頌章。閒情皆懇款，苦調反鏗鏘。猶切完巢望，終罹滅性殃。詩辭盈百韻，才藻歎兼長。宜作時之瑞，如何遇不祥。瓊英灰烈焰，碧蕙殄秋瀼。漫説身無就，吾云行已芳。不亡是聃壽，何處論彭殤。鹿氏傳忠孝，燕臺擅族望。直辭批衮闕，偉績佐巖疆。子也遑將父，翁言但死王。太公故韋素，義問滿衣裳。交盡南州彦，亭齊北海香。奉常怡暮景，閣老事高陽。雨化江村席，風移易水鄉。承顔仲稚慕，蒿目激中腸。他日孤城碎，空身白刃當。賢郎哀毁甚，魏子後先相。始悟兹亭闢，無心海内颺。平生多與許，變故忍忘將。直爲憂同病，非因救有喪。草枯憐臭味，狐死痛悲傷。任俠寧堪儗，求仁庶可方。山戎表孤竹，昌國剩汶篁。臣子垂千祀，幽、燕有耿光。斯人良繼躅，況我舊乘障。感彼蓼莪什，賡歌爲變商。

中秋喜月庚寅年

昔年拊王甸，所蘄風雨和。每逢節序日，瑣屑問謡歌。三五殷秋仲，來歲占麥禾。往往深夜望，白露濕衣多。責重信神理，不謂民言訛。今夕復中秋，孤曜奪星河。遊絲渾不掛，緑淨一天波。是日巽音下，恩施沸滂沱。海郡直乾卦，千家槁上科。轉米三十萬，帥府爲聯舸。兹事漢來無，禹、稷或經過。喜氣排新霜，豈爲枌榆頗。即見三登治，吾老卧邱阿。

李巨來母吴氏六十庚寅年

草廬舊望在江州，婕妤、曹家世業修。永夜燈光兼紡讀，由來壼教即箕裘。斑衣線迹春暉滿，彩軸綸音歲晚收。好把萲花高樹背，明年甲子又從頭。

擬古詩十九首庚寅年

蘇子卿懷李陵

熒熒陌上花，經霜著根蔕。人生義與恩，蠻貊不可棄。蓬轉入邊沙，所分長委翳。回飈忽天來，吹我上雲際。故友盈觴酒，殷勤爲我置。短舞復哀歌，淚下霑襟袂。嗟子慕奇勲，終怵神明忌。自非上聖人，達節安得冀。

武侯躬耕言志

我生逢離亂，避世來南州。四體聊且勤，正爲衣食謀。中原戎馬暗，微管何時休。天王狩洛、許，厥咎在諸侯。耕夫亦何冀，場功歲晚收。稂莠紛不薅，誰謂我無憂。

又續梁父吟

我昔瑯琊日，行吟悲晏子。今此輟耕來，居然寄百里。歲歲欲東征，苦無精鋭士。先生相齊國，一日遂忍此。晉、楚方彊大，時欲疆我鄙。民感區豆恩，爭爲陳常死。公室正睽孤，漫言以禮已。

陶靖節懷古

五世生韓家，秩比趙、魏老。一朝西風動，武穆枝葉掃。邘、晉、應、韓，武之穆也。張子亦何歸，避迹甘枯槁。不待擁立時，預識商山皓。偶乘少年氣，平沙奮一擣。意外逢真人，因緣攄素抱。時會非邂逅，辟穀良須早。

張曲江歸韶州

海嶠摶飛來，科名慙我設。曲江中道侔伊吕科。既乏匡時資，寧敢忘歸潔。皇路雖清夷，吾道每弭節。黨人樂已媮，衆女曼相説。鄙夫抱狷介，生還固無缺。翻思忤王鳳，又曾識石羯。余身豈憚殃，誠懼駭機發。贈汝繞朝鞭，恃有祖宗烈。

杜工部居夔

文翁既已去，相如病奈何。溯游夔子國，坐望巫山阿。襄王名跡卑，先主顧命多。古編增感慨，近事日蹉跎。蜀嶂有洩雲，蜀江能興波。飄零乃如此，卒歲但浩歌。

又聞郭令公退回鶻

我有八哀詩，昔爲寵亡族。郭公方朝宁，未敢入題目。曩者二京淪，收功兩年速。掉臂行艱危，無心避螫毒。顛沛義益明，晚節誠尤篤。片言拜花麫，杯酒卧廬幄。宗衮伏忠信，王路濟傾覆。名配尚父尊，兆葉大人卜。庶幾叙西戎，從此靖荒服。詩史病江干，無才頌方叔。

韓司馬從軍

宣王既平淮，桓公亦侵蔡。苟非以兵車，到今民何賴。列朝姑息恩，達官老成態。書生憤欲絶，儒纓擬將壞。但令渠魁殲，不望通侯拜。

又撫山東過華山

我昔登華巔，慟哭憂墜死。今來諭强藩，日行四百里。引分有重輕，非我前怯耳。孝子不登高，臨陣無退靡。

柳子厚與劉禹錫論詩

退之文最奇，往往似周、漢。能爲揚雄拗，卻效孟軻串。詩亦大破時，自言格一變。天秀綴枝柯，所遺放直幹。古人不相師，終然存體段。

又柬韓退之

少小不自量，失身誠有之。雖然愆過重，終與仁義期。夷吾從子糾，仲由比季斯。亦云行吾誼，遂貽君子嗤。魑魅爲人禦，鬼神諒我知。願言出三物，釋此同道疑。

种明逸見希夷

我志薄時尚，簪組非所求。遯迹華山下，養親具薪羞。側聞山間人，綺季乃其儔。

聖祖混中原，抗不事王侯。乾坤理一貫，水火道雙修。長夢周海嶽，回來飲寒流。顧視五代亂，升沈擬蜉游。真龍既受命，一笑萬事休。松風正屑屑，山路轉悠悠。雖無雲霞姿，結願在滄州。

范文正登第後

韓子虀鹽飯，我乃親嘗之。讀書得一第，穆然更憂思。宋承五代敝，馮道老韋脂。士習今未振，致主當何時。翩翩鴻漸羽，所貴樹之儀。絳灌雖重厚，坐使賈生悲。

王荆公與曾子固論文

歐公文之彥，懇欵自紆徐。近出縱横家，源流取張、蘇。懸知百年後，靡然皆步趨。尚存古人體，惟我與爾夫。柳、韓未足爲，何況漱其餘。勖哉曾夫子，共味六經腴。

又鍾山書懷

夙有家食尚，中路聖明偶。俄然忘薄劣，欲以瓦納牖。宣尼衰無夢，姬公去我久。儒生何不量，虚己良已厚。狂瀾方滔滔，豈易挽之走。但知霜雪嚴，誰待陽春後。望誠負蒼生，怨乃及朋友。投迹鍾山下，日夜訟愆咎。雅哀四裔侵，俗敝人鮮飽。器窳蠹莫知，瓶存綆已朽。民訖是多盤，孰言革三就。我憶白露詩，願將周禮救。同裯不我察，棄我如敝帚。鑠盡固是金，所哀樹百晦。寄語爾新昏，無易發吾笱。

蘇長公贈劉器之

退之在潮陽，不覺大顛下。云能外形骸，衣服爲之卸。況我同道人，意氣相凌駕。及此共遷流，鐵石乃君亞。海外乏友生，傾心向日夜。謂我浮華芟，無亦虛假借。

朱奉使還朝

燕山十六年，不料復生回。悠悠涉淮、泗，西郊已漸開。休兵雖可喜，誰言兩莫猜。憶在彼中時，賓禮數日陪。密問何音耗，新自順昌來。仇讐不足雪，鑫、種安在哉。不望麒麟閣，願參御史臺。歷歷述所見，仁聖豈無哀。深恐和戎人，未是魏子才。歸心何鬱紆，歸步正徘徊。

岳倦翁謝改國史

先臣誠好勇，殉國昧知幾。匡復親承詔，精忠獨建旂。雖張難與並，自檜更何譏。異慘當朝泣，深寃列聖唏。九原紓勃鬱，五嶺返羈鞿。日曆湔虚影，春秋炳白暉。名存身不死，功隳節還巍。煢子安能報，中興仰帝畿。

真西山謁建陽祠

生於夫子鄉，髫齡未負篋。幸此崑崙渠，爛熳山溪浹。孟氏計所生，相望猶幾葉。今我拜幽宫，高第響然接。既茹瓊玉英，花露豈足獵。同里兩文公，楊億亦謚文公，浦城人。吾將安卒業。

春日西郊泛舟辛卯年

田生非田家，諸父皆嗜儒。買舟具殽核，邀我泛清渠。兹塗日所經，車馬但喘吁。風埃洛城外，何曾省鑑湖。是日天濃黝，餘寒頗蕭疎。愛似南溪水，晶瑩照髮膚。含恩魚在藻，捕魚有禁。應候柳依蒲。太液通西岫，深溝寫平蕪。扁舟思夷曲，錦纜憶姑蘇。

尋花升遠岸，行藥到浮圖。諸子雜逸興，老者忘病軀。及辰修禊事，翼日，恰爲清明之。歸路滿風雩。薄晚風勁。連年看夏芍，春朝此遊孤。長望山之阿，所思天一隅。信美非泉壑，聊樂出闉都。主人善醉客，懽言日未晡。

怡園雅集排字辛卯年

晨起嘗侑餐，折柬謝文翰。徂歲易新姿，東風破舊院。朝岑景已迷，夕峰根未斷。午氣納寒輕，疲身獲欵遍。繁陰豁香開，茂密鳥啼亂。句律欣共搜，心迹憐全判。德音抵蘭芬，低回極歡玩。

送唐次衣歸省壬辰年

緑浪漾麥華，之子循陔去。白頭望斑衣，應倚庭前樹。巧匠忽袖手，遺誰實館署。俗下但犇波，豈憶南山霧。此行盛所業，來只光文部。況是古人心，不以三公顧。柳雨湖邊舟，花風壩上路。無窮惜别意，轉作羇人慕。投老負君親，素食已孤露。慰薦賴友朋，栖遲付良晤。愁人兮奈何，風萍儗離聚。邀恩抵故邱，去來幸一遇。事業富後生，鼎鼎方未暮。振刷步清夷，甘使流年誤。吾歸山之阿，寓我以佳句。

壽梅定九先生八十壬辰年

去聖三千遠，六藝日以湮。專家多墜緒，絶學少傳人。往往振奇者，紛綸失道真。坐令殘陋輩，嗤斥謬云云。我識梅先生，倏逾二十春。始見浩然博，繼飲薰然醇。扣其生平書，累世莫問津。秉鉞在邦畿，館置城之闉。後生頗知問，我老又誰陳。獨念千秋業，名山猶可分。誰能師老聃，存之侯子雲。金薤一毫芒，梨棗已繽紛。寶氣驚星斗，天上動至尊。連日乘仙槎，輝光薄紫宸。授官臣已老，賜牓顔其門。别來又七載，音素常諄諄。蠅頭滿長幅，龍馬想精神。堯夫室一堵，欲學范希文。衣冠鮮此志，無力故足珍。借問今何其，丹書出渭濱。道術混默語，古節高賤貧。有孫能傳業，文質已彬彬。況是連床話，歲歲雨風辰。當朝盛制作，官曲一齊論。吾知先生壽，有如川方臻。上之偕五更，饋酳爲國賓。就其老巖藪，户外屨亦苞。惟恨千里隔，無因奉酒樽。春風九十度，祝哽及兹晨。姑蘇佳麗地，杖屨每逡巡。頗訂明年諾，相遇菊花新。

題成絅齋所居畫圖壬辰年

城南有風榭，煩暑每來洗。草樹暗生秋，蒹葭明寒沚。靜者厭卑喧，蓬居乃鄰此。

繪事寫幽襟，歌篇動逸耳。子佩十年初，鄉賓他日始。名穫渾無心，學荒矻有耻。悠然思溯洄，何人秉周禮。

題高氏望親廬壬辰年

子房負奇氣，此地遇石公。君親事既畢，然後從赤松。高士諸生雋，幼慕出樊籠。顧瞻乏嗣息，嚴君壽未終。適館授荒餐，卧不設苴茸。雲有萬里游，欲令狎瀧涷。夜視蝨如車，拔髮串蟣蟲。親喪婦已産，一暮若騰空。孝子哀求索，歲行又閼逢。君留有誓言，吾去不可踪。其兄今大耄，儒俠淮、泗東。君理猶應存，遨嬉八紘中。以兹孝子思，爲作望親宫。屬我紀其事，高揭碑之豐。我本塵土士，素論薄崆峒。嘉君無弱節，足以厲悲風。天上有神仙，不離孝與忠。聞者休詑驚，爲爾話參同。

劉西谷館丈宿負詩名罷官乃益攻苦遂造古人妙處方期鼓吹大雅奄疾不淑同道歎傷余久瘍病喪不親唁追作挽詩寓爲盛世惜才之意壬辰年

棼棼植春卉，幾人獲其畬。非啓山川閟，終當塵霧遮。劉子雍州雋，早乘鳳池槎。秦風古悍勁，濟之以柔嘉。名聲久藉藉，而我日星車。未能發篋笥，已向傍人誇。會建行臺節，來觀析木鹺。迎我西沽西，水澱漾日花。職事訾何遽，文章厲益加。何殊永柳者，芝菌擢寒葩。近日數王、陳，館閣闢詩衙。君材尤茂出，清泚露文砂。二公相繼老，代匱有絲麻。聖世誰潤色，朝著佇朝緺。歲内隕三星，兹行豈龍蛇。風騷齊委翳，人物發深嗟。孤旐幽都暮，荒車峭嶺斜。玉樓知何處，詞會失專家。北地才難久，西鄰文喪耶。不鄙謂余老，披心共酒茶。百韻篇在手，寶之瓊瑶華。君没我方病，大招無挽些。書此寄吹篪，白露正萋葭。

寄六叔父 有序　壬辰年

六叔父七十壽辰，擬爲詩文以祝，職鞅鹿鹿，三年而未就。今朝援筆，聊爾成章，仍是叙述艱難，非祝釐體也。雖然，言於尊親者無文，而叔父至性奇節，所以取勳名，延福壽，在吾宗則宜有後於魯者，其大致曷以加兹。既用奉寄，又將廣徵能言者詞韻，彙成冊頁，俟他日納致尊前，貽示子孫有孝友天植者，尚得以論其世也。

叔父少奇俶，善悟不眈書。稍長從所好，高下遂鳥魚。適值閩中亂，奴隸亦節符。叔以俊傑名，儕輩盡招呼。吾叔莞然笑，云我病在軀。坐視羣兒戲，三歲集於枯。我時一丸蠟，無路至幽都。上懼驚長老，下畏洩童雛。向叔咨度之，答言忠必輸。汝迹不應露，吾艱敢避乎。再遣未能達，身送我僕痡。夜走連城險，直上贛關孤。拜表西江介，取道鄱陽湖。歸來成血胝，半載卧呻吁。王旅既南下，及我共憂虞。排浪扼鯨蛟，依山搏虎貙。團鄉勞子泰，哭庭劇申胥。中丞阻白鴿，將軍滯石珠。支橋通鳥道，枕席過師徒。代我控辭章，遂上機密疏。元凱權爲將，班超便棄儒。西邵東渡海，專閫衡山隅。雅歌長游詠，輕裘獨曳婁。非久丐身去，不與詿誤俱。忠智哉吾叔，章逢孰有逾。收蹤從松石，浪迹恣枌榆。書畫已工絶，晚更事鉛朱。經義數十篇，風格變唐瞿。以兹課孫子，騰達有三姝。幼學尚多輩，飛鳴竚後圖。前歲吾面聖，顧問尚憶初。人生終始節，完全世所無。少小同災患，相將兩素鬚。白楊傷滿望，寒柏只孤株。魂夢歸杖几，嬉遊逐巷衢。瞻依應有日，預此寄區區。

壽蔣子遵母五十 壬辰年

吾友何屺瞻，設教姑蘇城。其徒八九輩，盡爲天下英。或能熟紀載，或能妙唱賡。晚更撥其華，驅之以窮經。柳州有家法，韓門互自名。擁比渾無迹，曳笏何須驚。就中制藝者，直蹂王、錢庭。曰金又曰蔣，舉德如輶輕。古人亦今爾，何以學易成。外則功師長，内則恩父兄。蔣生有賢父，厚教薄經營。既知所日嚴，因識誰寧馨。孰言芝無根，醴水源自清。横塞他日事，即此爲親榮。今朝北堂舞，下奏南陔笙。百歲兹方半，正似月絙平。我歌致所望，不復作聲鏗。

題汪荇洲館丈把犁圖壬辰年

贊颺魯齋賢，昔有王磐者。便章政事堂，躬耕懷孟野。此是一絡事，如何知者寡。遮莫夏畦荒，塵埃紫陌馬。嗚呼！乘馬騎牛會有時，君今此志尚愆期。阿昆暍日採藥去，黄山移文未許歸。白髮青蓑春雨外，一幅長康爲我揮。

夜坐不眠念修宗禮述志壬辰年

我先君子，天常性生。篤厚源本，推溯宗祊。衰俗之中，心焉禮經。我祖之終，其目猶視。祝之不靈，先君乃誓。立廟修墳，怡然而閉。兵燹之後，祠燬墳荒。所以我祖，念之不忘。先君誓止，永言皇皇。皇皇多年，其志乃就。頽址桷新，堙邱松茂。割田立守，蒸嘗是侑。乙巳元日，聚族於斯。肇行一獻，洛度禮儀。於今四紀，姓戚循之。宗子法廢，愛羊存朔。直年均勞，奠獻以爵。三人居中，跪聞嘏祝。爲此禮者，非曰貴貴。載稽古義，無禄不祭。左宗右直，以昭穆位。余家主祭三人，有爵者居中，左宗子，右直年。

蓋有爵則得以其禄祭，宗子以存古，直年以均勞也。其序立則以昭穆尊卑爲前卻，若宗子貴而又直年，則主祭只用一位。大宗之祭，長至春元。始祖先祖，論取伊川。尚有春秋，沿舊以禋。有明時，宗中先達率於大宗祠祭春秋，先君增以長至、元旦，實與伊川論合。然春秋如舊，有其舉之，未敢廢也。此外小宗，各遵其格。法得立廟，自厚於昵。五世則遷，自統於嫡。今達官封贈及高曾，則法得立四親之廟。然五世之中，須以達者之宗子宗孫主祭，雖旁支又有貴顯，自復立廟爲宗則可，不得於小宗廟主祭。蓋先者之澤未斬也，與大宗之禮不同。大體既具，細文未修。凡我後人，置此悠悠。羈宧於外，有軫心憂。老負國恩，宜禮而退。服古於家，庶啓來裔。鄉鄰慕者，兼此講肄。祭禮之外，謹始慎終。冠昏喪紀，弔問吉凶。有殷無替，民德斯隆。文省情多，費薄意厚。雖貧可中，雖愚可究。減損周鬱，忠質爲右。徇俗既非，返古尤難。事不駭衆，義則稱先。厥維艱哉，損益之間。有弟勤經，能誦三禮。我將即之，討定大指。述作宗規，以諗我里。

榕村全集卷三十七

詩三

御書篤志經學額賜韓學士菼恭紀

六籍如列曜，迭出經上古。暨周始會元，珠璧聯一縷。漢氏燔灰餘，殷勤賴網取。文章最深厚，至今不敢侶。貞觀盛疏義，詳密理訓詁。鬱爲經術文，元和差可幾。宋德隆嘉祐，尊經自廟宁。自時六百年，斯文得統緒。聖代復皇初，四術崇規矩。不有國元龜，誰校觀白虎。學士南州來，宸眷久所佇。平生焉不學，經義其垣堵。採擷極菁英，涵釀並苴茹。根華共一貫，軒豁略門户。再召清夜勤，三接晝日舉。一朝下天章，巨額忽開宇。蟠拏蛟螭翔，騰擲鳳鳥跗。寓此優儒意，因之播鐸鼓。舊簡龍頭重，十載吴江雨。美節何高清，深恩即酬補。帝睠翰林枝，儀以凌霄羽。還代夔龍司，是冬正偃武。奪席與賜金，褒勉未縈汝。藉爾文道行，始信經學努。皇言孰改評，朝賦漫自譜。況復採巴歌，誰能托不腐。

反鮑明遠放歌行

天物天用之，委意孰爲非。冥冥良足慕，未必如我懷。越絶烟霞外，山川翠練開。豫章龍目生花細，魚須拂水來。飛飛春海燕，渺渺銜泥埃。繡户知已入，忽與時令歸。豫章在南山，度者云可材。幽幽盤壑底，而無棟樑猜。棲遲何以晏，三逕生荒萊。豈乃昇金掌，更欲表雲臺。無心作解難，順命且淹迴。

榕村初構二十韻

歲星初伐國，月令未攻鮫。弱水封三瀣，烽烟直四郊。田横客已附，公旦誥徒聱。一枝萬里狐狸穴，誰家燕雀巢。風飈傳鼓角，驛路滿弓弰。意興無斷絶，高深窮突坳。一枝營未足，陋巷綱堪捎。所遇識之表，聊爲來者髇。中峰氣特異，遥海色相包。迴澗盤窪頂，淺茸鷲小麃。僊人驅石砌，神女插幽苞。披莽佳將盡，誅茅跡尚膠。衡門塹啜菽，世室及吹鐃。曲澮通漪沚，連榕起密梢。阮公田惠與，宅相築渾殽。夜魄疎猶透，春流攪復淆。輕芬淡遠麝，微籟咽清筊。絶嶂孤雲迴，三村細鳥嘲。時從長者飲，或與狂夫呶。

弭節紛華路，放心汗漫交。

其二

石塘當曲水，異産聞濺鮫。宿昔躭幽徑，終身戀近牿。迴流清且淺，盤榦老而聱。屈折通疎岸，繁陰芘一巢。傾羲漏百線，缺魄懸孤弰。聚石開洲渚，因坰出突坳。雨過潤欲滴，烟宿翠堪捎。靜夜潺聞瑟，颸風厲發髇。畦分楚國佩，圃雜揚州包。坐蔭人親鳥，伏茸犬似麃。假山穿竇細，直角插筠苞。菡萏香分醞，麗支膩比膠。風流魯木鐸，感遇漢金鐃。歌罷皓衣裔，暝還黑樹梢。蔽虧寒暑變，激射雨晴殽。源徹思何慮，塵同跡又淆。冥心入遠羽，條歗起清筊。守拙天應允，長疎人未嘲。舂連雙影動，農逐一聲呶。寄語市朝客，息機巖岫交。

思哉席上即事

繁條結緒風，新軒每遊矚。陰晴生變態，萬象起亭毒。之子盡素心，寤懷矢相告。雨氣傍暮多，盛歊欲起粟。主人岸西偏，曬網晨來屬。同調騁幽思，詠言導所欲。君有五色絲，我是桑下蠋。六宮品元黄，無乃譏同浴。翩翩何與楊，齊心解朱襮。孫、陳角嶄然，誰令久横郊。史兄廿年交，古色紛歷録。詩滿老杜胸，杖護新葵足。夷險頗中更，今日興還續。兀兀喜呼觴，碌碌但攻玉。坐側衛侯弁，酣掀武帝幞。吟苦入枝梢，步閒觀畚挶。微飇動清陰，幽漪灑煩溽。欲借魯陽戈，西崦弭羲旭。鎮日浩忘歸，勿受苶然趣。方今聲利心，摇摇亂風纛。鶖鶬侈登龍，徼光羡籠鵠。我與二三子，願言超季俗。一慕羲、農真，洗卻衰周縟。況此靜嗚吠，並食帝恩沃。我輩殊潛見，清修同所勖。未妨大雅編，留作聖唐曲。自從鼻疾除，疑有蠼斤斵。荷麗日飄香，莫厭荒瓢緑。

待月

茂樹晚忘歸，高梢爛碧緋。詩成前夕話，吟向今宵暉。嫋嫋起風葉，遲遲清炎威。東方渾未素，雲露已霑衣。

榕二首

南方有佳木，冬夏常青青。脂可雜金碧，文能擬畫屏。幽根依澗壑，長幹老郊坰。意色今如此，中應藏百靈。

其二

獨有榕村榕，低垂前古風。孤根吹不斷，一水渡還通。偃蹴人何意，傾危神者功。每須風雨會，流韻滿谿中。

又排字

濃緑曛庭户，繁梢侵水天。眼看摇落盡，好似青陽偏。蘭浦伴芳草，清秋急斷蟬。滄洲長結蔭，吟咏有孤篇。

搆榕村草堂用王介甫招約之職方韻

吾甥孫氏子，小城阡之曲。門外一横塘，鄰頭幾竿竹。村外烟火深，路口罷荷馥。卧雲古樹黝，遞雨春疇緑。維時四郊閉，吾壘於焉築。閒情滿鶯栖，幽心寄游目。有榕攡著地，旋生非一木。分枝鳥已猜，問根人未熟。雙橋曾涉川，合幹擬支屋。我行蔭煩暑，或來憩囂黷。仰聽高翼喧，下俯微鱗逐。惜哉羈代網，不得騖孤躅。風埃汔少霽，王路趨何夙。犬馬戀恩長，禽烏愛日速。版輿三逕花，飛帆六月舳。甲子竟妖星，枌榆吾已足。逮此荒十畝，居然灑清瀆。臺漏萬翠金，池擢千紫玉。疎雨移時聞，西曦亭午縮。覆苑擷山阿，穿源下淇澳。畦中無數藥，雜以伊何蔌。地湧九仞蔽，天虛十里矚。勝踐光行葦，寬腸懿苜蓿。蜩分葉露餐，黽共蘭膏讀。罨靄正望山，陰晴時候谷。結者度外交，來此園中續。佳賓不須筮，良夜惟所卜。洛下多雪肩，東山富絲肉。背樹真悠哉，傾葵尚跼促。方今盛棟樑，塹委檀下穀。

賦得兩水夾明鏡雙橋落彩虹

一村烟色泉溶溶，亦有前人得句同。夾水對開幽事滿，雙姿枯老踏花通。鷗心渺渺虛圓外，鶴羽翩翩錦畫中。此地更令詩點綴，吟成月上四山空。

賦得人烟寒橘柚秋色老梧桐二首

對坐新花池，緜憂淡遠思。桐心虛易感，柑美氣何遲。遣興空昏暮，招朋拙鬭詩。盈盈一水外，吟罷隴西辭。

其二

林中通勝事，晨夕泛秋光。老色人先賦，菁姿句入唐。凝香迷月桂，結子亂金剛。更有幽蘭滿，霜輝倍鬱蒼。

題魁星畫像

孰始爲圖畫，遂流遍九州。嶄然人見角，高作天之喉。彩筆生春夢，寒花占上頭。清宵陪短檠，坐佇唱雞籌。

酬泰山和尚見寄

冉冉今秋又送將，山僧贈我意何長。幾番局爲貪機誤，千古人纔著手忙。僧書中以弈爲喻。報德三生終罔極，行年四十已非强。西崗來抵移文久，夢繞仙鋪澗底菖。

送施少保南征

七載經營後，帝心廑八荒。南車周譯至，樓櫓漢威翔。況是門庭寇，詎容臥榻旁。

臨軒思宿舊，高宴陪明光。服遠知無戰，安瀾更不揚。丈夫懷報德，豈獨眷維桑。

諸葛武侯排字

蛙聲居漢路，朱歷久曛黄。割踞三分會，玉葉亦飛揚。名才晚草廬，英心乃自藏。抱吟遥所託，孤嘯悲榮光。縱令辭高卧，卻教勒斜陽。瀟灑昏塵際，綰巾傲豪强。秦、隴奚難收，回瀾且一方。秋風渺魂魄，排淚計株桑。關河陳復非，萬年感以傷。片言誠拜獻，後世幾西梁。

諸葛武侯步王荆國韻

後人於古老，易地遂雌黄。炎季忠武侯，論者每推揚。嗚呼公不作，千載無行藏。受託白帝城，東征斧鉞光。區區控三巴，步卒馳咸陽。仲達四十萬，鼠匿畏其强。尅日還舊都，流星没西方。以死殉先帝，咬咬慘黄桑。我讀公遺文，胸臆填悲傷。惜哉漢業傾，虚有大厦梁。

張留侯步王荆國韻排字

發憤驚萬乘，低心捧素編。寂寞五君恩，泣涕當流連。邂逅識真帝，去留每閒閒。傾危在倉卒，應之何其寬。漢庭茅社開，託疾駐頹年。寄言圯下人，相需穀城邊。一起來採芝，手止重麗懸。出處有深意，愚者以爲僊。區區形貌間，世多司馬遷。

嚴子陵排字

漢家弘濟艱難時，渺渺鴻飛有所思。舊學未煩明主戀，幽懷已結滄洲期。空臺漠漠江初冷，驛路蒼蒼客尋奇。今古低回籠鳥恨，别來斷壁傲秋危。

陳希夷二首

元理浩難尋，大象藏於密。夫子洞幽微，千載無與匹。其殆羲、農在，或疑商、周逸。鳳詔枉然來，鶴馭安且佶。皇世廣成生，代衰老子出。明滅三墳道，賢者識其軼。又如殷父師，圖疇紛有秩。周、邵得諸人，前乃無旁弼。瀰淼泝西崑，紛華沿素質。先生卧未醒，白雲滿空室。

二

先生生唐末，早結桂華根。一自九州亂，逃人抱其醇。易道通消息，丹經淨魄魂。虛聲紛以謝，林壑浩埋真。拂枕長高卧，鳥鳴山花然。浮遊凌四海，所邀皆散仙。老爲清時出，心戀舊谿寒。爐火飛洞室，天風野鶴翻。傳及李之才，千秋起百原。白雲滿西谷，紫氣連函關。

新搆小亭排字

憑流倚築俯新谿，落照移陰壓短籬。最是林泉無待買，近多詩酒頗曾癡。蕭疎殘魄曛蘋草，澒洞冥霖度野池。拂席攤書還暮眺，淨瀾平浸數峰低。

榕

十畝之間，有榕三根。三根惟一，其植則分。根不摧兮，何以三植。枝不根兮，何以條肄。彼風能摧，彼枝能根。摧者其天，根者其人。既根在人，摧亦天意。欲令遠揚，十畝陰翳。

泰山新泉和韻

泰山天下望，峰有號金泉。觸石立成潤，登封此告虔。胡茲崇頂秀，襲彼舊名鮮。卓錫栖靈異，拈枝灑鬱煎。歲犇祈望者，昔著法師賢。一自上人至，再聞絶響涓。孤絲雲獨往，一片心相牽。解帶寒家舊，回頭滄海田。風雨將懼恐，夷險幾瀾湍。人道僧鄰俗，我言師不顛。蒼蒼南嶺下，藹藹長林邊。羈束每塵頓，馳依在蔚芊。何期行跡枉，告語新泉濺。涴土卬須友，干霄自詠言。源因斷復出，點便石如⿰石先。多是名山秘，今流法水湲。勞歌吾把卷，同調那安絃。歷落長幽侶，優游可忘年。酌甘蒼蘚壁，採苦白雲天。何用里兒喜，於焉故我全。吾懷云爾已，師意將無然。井邑旱望久，清渠聊可傳。

御製孔庭檜賦恭紀用韓昌黎太清宮韻

聞出聖人手，今存夫子家。三千天上種，五百道之華。荒蹟披圖遠，孤根閲歲賒。神明依檻宇，風雨護龍蛇。季葉呈苞早，傳崇禎十六年，手植檜，生枝葉。肇基降命遐。相傳關代運，歷古不參差。質與真容舊，氣隨王澤芽。我皇來釋菜，睿藻賁枯葩。幽興道心合，新篇都下譁。金鐃泮水奏，鼉鼓辟雍撾。南國棠猶惜，西州柏已嘉。人湮物乃貴，天敝教無涯。健筆蛟紛拏，貞珉玉絶瑕。音看精一衍，世即五三加。岱色增靈異，奎分焕彩霞。小臣睽隷御，三喟起咨嗟。

壽舊館毛念益八十

十七年前三衢道，我始逢君君已老。今日歸途又過君，開屏授几稱大耋。此地來自五嶺間，豈有異術駐朱顔。從戎暗指盧龍塞，王師徑度仙霞關。多君義俠酌君斗，霜風未厭茱萸酒。生逢聖明已倦飛，何似世出世間若此叟。

讀書

吾衰兼劇疾，讀書始知味。景迫身未休，又苦無專志。瞥若桃花源，雲霞一夜醉。堂室終自扃，大啟何由嚌。昔哲有師承，空山十年閉。動静相乳入，點點著心地。

七夕督學政至通州

連旬傾暑雨，天意誠若何。北地惟愁旱，傳聞不厭多。傷哉漳、滏濱，頻歲沈驚波。高土猶自可，下游勢則那。我來坐深院，雨脚亂如麻。文場時滿屐，絳帟手可挼。中宵七夕響，星漢漫平沙。云何裨野事，祲精爲擊摩。芃芃苗黍外，庶以育菁莪。雲霖道苦遠，心跡只藤蘿。

校士上谷將之永平

神京西出右扶風，控帶邦畿第一同。勝蹟徒餘今易水，英聲漸近古山戎。杏花開處迎長路，棗葉香時靜閟宫。自是虚缾畏罍滿，他時安敢望文翁。

和魏蔚州題俗傳吴道子寺壁畫水

蔚州先生忘年友，去我幽藏十載久。傳聞古壁餘波濤，我信先生紀其後。山河已改關城頽，豈有垣宇不傾灰。流俗好怪徒如此，先生好古亦甚哉。

燕臺懷古倣謝元暉韻

堯令宅幽都，禹功奠冀隩。星分紀津漢，垣塞限荒服。五嶽迴北首，三光轉南陸。霸跡遺汶篁，賢蹤表孤竹。俠游輕生贅，慷慨重言複。趙、代連悲謳，滄齊一極目。王氣鎮千年，農功宜百穀。襟帶控諸州，衣冠致羣牧。唐季矛始興，宋代師猶曝。雪滿薊門深，風清北平儵。關河域無畛，山川靄方淑。窮髮來梯航，不毛混軌軸。幾歲滯京華，六年守上谷。匪棠行當翦，無膏民何沐。顧瞻喟雄藩，循省思舊築。

荷花池聽蟬八韻

陵夏曾窺郭，尋秋再採苓。古蓮字。雨過畦草緑，池漲岸葭青。爽色來平野，繁絃下廣庭。居標清獨迥，抗韻久還停。素潔參朝露，餘音落遠坰。終須神蜕跡，豈欲耳煩聽。好友羣深院，高人自敬亭。覽兹感時序，相望想丹經。時梅定九先生自宣城至。

扈從應制

宵旰殷憂意獨多，頻年禹跡御南河。車書混一天無塹，琛賮長來海不波。萬頃烟光浮彩翠，千峰月色靜差峩。皇情遠邁横汾日，極目清平帝作歌。

關侯廟懷古用謝朓登孫權城舊韻廟在撫署之東偏射圃

世祖夷簒亂，舊物收一戰。昌符起白水，重光全赤縣。庠序跡周基，聲明訖禹甸。昏德誤閹贅，賄政易賢選。千里草遂青，萬方甲如練。帝子攬雄奇，良臣感顧盼。受寄永安宫，規取雒陽殿。詐權息諼謀，淫叡罷荒讌。微管衣裳非，似姬禮樂蒨。曩者下問時，豫將上將薦。華夏聲威殫，秋星靈爽變。心紆炎鼎移，代連洪鑪轉。河沔英風流，梁益咨述遍。我來近明神，古往動深眷。獨解劉氏襟，遂委曹公弁。涿州魂所思，樂毅風如見。緣茲締廟宇，欲以永丹絢。慨息共欷歔，顧步獨行衍。

寓興示兒

大海掀翻一葉舟，極知沙界等浮漚。支分家口存猿鶴，摒播擔囊謝馬牛。投老那堪爲僕射，數奇原不計封侯。何曾世事關身事，身外焉能替汝愁。

題易稿

至聖通憂患，孜孜翼此編。三千誰受者，五十獨加年。幸與翳經在，還同候緯宣。高當淪象罔，下則著言筌。徒曰奇而法，烏知道所遷。京、焦號師授，王管各門專。洛水標孤指，原山別有天。坐令皋席撤，一掃麻衣傳。朱子雖生後，羲皇未畫前。精微歸一契，淳厚得真詮。塵霧爲披去，幽昏頓灑然。如何思過半，更欲覽其全。理豈終朝悟，心從弱歲研。一毛今種種，衆妙只元元。摧緒西河暮，羈思碧澗邊。書成何必副，縢鎖寄風烟。

感懷

我生月在尾，疾厄備諸劬。樗材難斲削，無乃費般模。早齡逢迍險，末路足憂虞。朅來司民社，終歲事縈雩。鏡能催人白，紱猶困我朱。殘病鎮偃蹇，對卷蹔跏趺。餘生傍日月，光景不可圖。撫己誠庸虛，義與夏畦徒。陽春萬物競，天意存枯株。云雖瓦蕢質，陳以先玉珠。秋風動燕山，兩紀度平蕪。平生學海志，東望愧斷洙。性命誰雙修，心迹古來殊。寒花強自嫩，倦鳥憂能癯。顧盼聊自喜，多有臭味俱。綦履登我堂，譏笑忘我愚。絃歌全至魯，風韻欲歸儒。皎皎白駒賁，我往不能趍。沈吟思大過，鳴和起中孚。晨誦超然句，衰容欻已腴。

古詩多有斆梁甫吟者冬至後坐直戲成一首

步出青郊望，先朝有禪亭。西風驚草木，日暮動金聲。吁嗟微管子，列郡自交兵。東介不可留，戾止思南荊。仰視雲雷屯，沈想日月清。九州誰樂國，没齒吾深耕。

澤州陳相國扈從南幸有詩留别即韻奉酬

先生落筆鬼神驚，獨擅中朝雅頌聲。綸閣同時瞻粹品，泰山他日仰鴻名。徘徊酬德君恩重，直截當仁聖果成。下士最嫌聞道暮，殷勤愧殺丈人情

雨用朱子韻

故園值此日，山色朝暮明。最宜暑雨會，榕樹滿村鳴。驟合嶺雲暗，倐至溪風生。塍浮千畝緑，瀑瀉萬丈傾。衣爲帝京緇，夢繞舊林清。耆宿遠相問，誰言出者榮。臨岐屬昆友，三逕預經營。他日共蓑舟，欸乃入樵耕。

賜魚

校獵曾臨渭，豐年已兆魚。尊親虔俎獻，寮審飫波餘。頌雜庚、邱奏，詩歌魚麗，笙由庚，歌南有嘉魚，笙崇邱。風聞丙穴居。東方勞宰割，馮煖省空虚。此日兼殊典，他時應大書。入梁斯適可，在鎬又焉如。賢辟宣恩遍，高官喜氣攄。素餐誰獨媿，釣野未忘初。

壽澤州陳相國七十二首

寥遼大雅典型詩，四十年來繼者誰。聖域公真窺閫奥，鴻文世僅得毛皮。功名了不關房、杜，寵利何曾及傅、伊。晚出朝朝親欬謦，春風一坐又經期。

山右多賢夙所親，蔚州猗氏老成人。欽公道德追隨晚，憐我庸虚笑語真。天壽中朝應有意，星明南極久生身。恰逢陽長昭融日，下里無能祝降神。

和京江張相國西郊偕行原韻有序

前歲從京江相國請安西苑，聯轡還歸。時值初秋景明，緑柳垂蔭，先生欣然邀予憩坐。既申請益，更飫行厨，未賦頌言，先荷投贈，敬和請正。

長信曉鐘稀，白露塗寒楚。百執起居罷，歸蹄亂禾黍。裴公未緑野，即辰懽嘯侶。池荷明夏殘，河楊結風緒。誰忝京洛行，追陪躄馬、吕。提拂念衾裯，傾輸忘齟齬。席地醉香醪，從庖紛菜茹。亮節當朝欽，高標暇日舉。芳音難屬和，循誦祇含咀。

暮春二日集汪氏寓齋

百疢老來並，況堪職鞅多。雖有朋舊好，五載一蹉跎。燕京古垣塞，時卉亦紛羅。人事長如此，風物奈我何。二妙吾世講，長者恒抱痾。朝揖猶希鮮，鄰巷乃星河。今晨杏花開，邀我先經過。時雨渾未至，樓名「聽雨」。春風颯已和。悠然見故友，釋褐金盤陀。同遊者誰子，洙、泗文學科。盃行忘禮讓，局戲仍干戈。夜闌披卷帙，上巳舊詩歌。茲焉時又適，主人意匪他。當今際明盛，猗蘭採可挼。山陰會何陋，安晏只江沱。龍見方及運，三月龍見，又恭逢萬壽節。鳳飛在卷阿。才賢賡前事，愧我出聲哦。

題韓城張司寇皆山畫卷

歐陽尋郡日，樂此江、淮介。何如長河北，崩犇几席在。扶輿岐、郃間，夾岸崑崙派。梧竹滿幽谿，絲管摇天籟。南宫昨同叨，題目忽拈帶。公遂寫所心，德與知仁會。因之想舊窩，豈無峰與瀨。白首京洛春，未了𩙪塵債。移文徒喧豗，披圖紛靉靆。彼美烟霞外，悠然發深慨。

餞宗伯許時庵致政

國朝論前輩，蔚州魏先生。公爲下榻者，於是始知名。視學南中去，淚向孤寒傾。文章咨賞外，嘅息不能平。瓠子浩未塞，抱薪勞公卿。惡池挾漳滏，東鶩勢雷砰。三年雜丞尉，風雨一茅楹。拜賡翕河頌，帝嘉績用成。召歸局泉布，非久命寅清。衆訏文風上，誰言鄉思盈。聖主褒二疏，羣僚羨四明。心戀南山祝，花朝出王城。車迎滄海曙，櫂轉錢塘聲。引年盛世事，當代幾人榮。倦鳥廿年飛，夢遶舊林鳴。臨風餞鴻鵠，喟然歎冥冥。君恩共友誼，感惻有餘情。他日辟雍啓，還來備五更。

餞太宰宋商邱致政

引年古有之，榮耀如公難。控楚才何武，字吴心彌殫。入作卿師表，坐令吏改觀。行藏臣節古，終始主恩寬。璽徵黄霸至，詩送四明還。天光聞晝接，馬錫更便蕃。朝堂惜别時，六月正間關。惓惓去國意，豈覺道旁歎。驛路恩華滿，旌旜悠以閒。迎問領孫輩，扶車侍清班。而我忝寮審，摻手抱悁悁。悵望典型遠，賴公守歲寒。胡然卧商郊，疑事孰周爰。

餞太宰徐浩軒予告

四海雲霖望未休，超然元宰一身收。看來自是蒼生病，此去誰分聖主憂。幕府甘棠多惠愛，家山堤柳舊風流。髫齡相識今皆老，早晚隨公上小舟。

題馬氏家譜二首

兆叶鳳凰五世昌，兩朝顯績樹疆場。擁旄執戟君恩厚，説禮敦詩祖澤長。此日源流探水木，他年閥閲爛縑緗。將門司馬專名號，更羨儒風又發祥。

六載偏裨初起家，超遷南北擁高牙。投壺竊訝風標迥，仗節今知世德遐。派溯江州傳幾葉，流來河曲正緜瓜。勸君勉樹分茅業，物色青蓮鬢已華。

再望風雨

北陸當黄道，炎神入紫微。先庚金伏氣，季夏火餘威。觸景遊孤寺，通飈啓四扉。前宵襟稍展，洊晝願猶違。縱壑思游泳，凌雲慕奮飛。蕭蕭愆夜晦，習習兀山巍。翻憶南州日，長娱背樹暉。榕陰虧午照，瀑洞散朝霏。雨蓋從商假，風雩與點歸。貧耶寧足病，勝者自能肥。汗浹槐三署，涼辭栝十圍。盤餐蠅跡滿，偃息蚋聲稀。口喝惟嘗蘖，心煩欲佩韋。何時興地籟，早晚發天機。納爽羲、農似，觸苛趙、孟非。不嫌行遠泥，霉盡帝京衣。

七夕前喜陳季方至用昌黎韻

昔月苦暑中，詩句猶在念。有如渾水魚，相聚但喁噞。惟願梅雨頻，豈覺柳花染。白露已新秋，煩痾方一砭。節變亦難調，酷後未敢厭。輝輝牛女辰，下有豐城劍。出爲雷公開，飛去龍津閃。晉、豫初藴隆，吴、越坐昏墊。所望君子亨，康哉斯可驗。是歲禮賓興，書箱滿行店。貧者道路艱，賢者階梯欠。周貴士有時，晉富吾何歉。幽蕙出澤中，無人不敢豔。道合世當驚，文馳俗始譫。聞説天上星，猶然阻河塹。會合爲之稀，况乃守鉛槧。顧我一勺水，羡君萬丈焰。王路賢既登，山林吾可占。素食意長慙，緇衣餐不贍。默默元尚白，又虞吴、楚僭。

和韓昌黎薦士韻論詩兼諗同作諸子

洙、泗所誦習，六義列典誥。周游尚參稽，採摭無不到。虞、夏闕其文，吴、楚惡其號。中間備殷、周，四術此先導。騷賦起江、湘，調存而變操。宫往人不返，哀厲國斯耗。鬱聿大風歌，雖雄少渾奥。况復趙、代謳，啾啾候鳥噪。李陵本降人，曹家亦羣盜。文藻共繽紛，音節空騰蹈。幸有蘇子卿，抗節北庭暴。思王泥不滓，超然入堂隩。彭澤曠以達，明遠幽而鶩。餘子騁其長，後人從所好。中聲亂鼃黽，正室奪羿奡。浮靡同逝波，根源比行潦。大樂運攸關，心聲響旋報。興衰問季札，災祥哂禆竈。雜思精必亡，多眡眼恒眊。誰能觀治忽，於焉見靜躁。百勸而一諷，爾謔匪我耄。狂簡苦無裁，高明甘此冒。李白英偉姿，未免專放傲。工部忠孝人，往往獨深造。比物陳幽緒，鱗毛皆覆幬。閔國憂民勞，遺音滿傷悼。尊親思補衮，氣類日贈縞。荒涼跡已卑，繾綣心自告。誠然身中清，未妨頭不帽。此外鄭聲淫，寧殊秦國嫪。邵謂世無詩，吾言須採芼。譬如共文昭，何分魯與郜。又若輯萬寶，貴者大圭瑁。當代富文辭，壇幄盛旌纛。體合古並今，美能頌兼禱。陋士掇芳菲，終朝不盈抱。韓障百川歸，劉引關東漕。正雅當復興，頹風不足懊。沽酒城之隈，將爲吟者犒。他年樂堯天，擊壤遠相勞。

七夕限韻

溽晨長怫鬱，麗景好招攜。餘雨褰雲暮，新霜壓月低。何曾牛服耜，不見女治棲。

邂逅傳空遍，綢繆事杳迷。涼風先白露，清漢縵朱提。舉目無烏鵲，沈心問祝雞。未周人怨曠，安識象端倪。力穡勞焉似，成文懶則奚。俗情多捷徑，神物亦荒蹊。聞説今星紀，平分古會稽。耕桑殫地隩，飛挽上天梯。户户支機倦，家家礪角嘶。何堪紅乃蠹，更有食之鼷。天子垂衣念，羣司纍綬齎。瘡痍應即起，溝壑庶無擠。杜甫兒何結，韓公室不啼。大東瞻斗宿，直北布雲霓。陶、謝連宵聚，陳、荀五緯睇。章成方奪巧，槎泛遂搜柢。奎、壁誠星府，崑崙信地臍。元參童子草，光照老人藜。有分愚夫魯，觀風大國齊。洵許霄漢豁，未覺歲行西。連作三朝詠，横排七夕題。

編纂朱子全書仍用七夕韻

少讀建安書，平易樂取攜。晚歲乃稍覺，至味在卑低。先公忤時相，薄宦遂羈棲。光遠自他耀，孕靈悟世迷。藹藹春木芚，援我一手提。極亂宜生聖，風雨正鳴雞。善窮詩款曲，直抉易端倪。千年統有在，五百運屬奚。闕、濂流正派，洙、泗闢荒蹊。敬義爻雙揭，危微典若稽。數字真堂奥，萬世此階梯。炎室時當晦，青蠅不住嘶。馮依同社鼠，齧噬比郊鼷。萋菲憂方慍，荃蓀怒反齎。王淮陰毀毒，侂胄顯排擠。林栗攻堪笑，季通别不啼。没後光星斗，生前翳虹霓。聖明懷一德，異代荷瞻睇。傳心出符節，搜理入根柢。測曜循天腰，尋源溯地臍。摩編分執管，挍閣預燃藜。學淺慙程、薛，篇訛混魯、齊。徬徨三歲暮，點勘恒日西。惟應承制決，簡末敢望題。

自警詩仍用七夕韻

攝衣登泰岱，羣峙如兒攜。及與乘長風，又見五嶽低。平生戀一壑，畹晚未幽棲。幼志難甘棄，前途孰指迷。金丹莫得要，槧鉛空自提。人當用醬瓿，我也其醯雞。治才輸管子，資生拙計倪。志節非虞士，功名謝嬖奚。衹應蓬户牖，闢此荒山蹊。況乃侵肌病，何時拜手稽。尚思刺雨櫂，高處覓雲梯。日暮倦飛噪，長途疲足嘶。沈冥嗟鴻鵠，憂懼等鼫鼷。欲乘一息在，更作三日齋。宮牆非可入，門屋庶堪擠。須洞西巖響，鈎輈南圃啼。道心生明魄，世象比虹霓。不勝修途遠，勞止高山睇。可追枝葉悔，能復建根氐。策今如扶躄，循往欲噬臍。歲晏植嘉穀，平蕪刈棘藜。過時勤以苦，曷月化而齊。風歌衛武耄，日轉魯陽西。昔訓明且清，補過是新題。

寄梅定九仍用七夕韻

先生昔歲遊京師，亂稿丹黃富有攜。欲向西方南土部，從頭一審天高低。南公神識西歸去，滯迹五載猶栖栖。我時初得承清論，九章六曆總然迷。單傳自是有神授，寧許凡胎問粉提。心知揚雄越諸子，未敢賤近厭家雞。邸齋三月欵行笈，彷彿似瞥乾端倪。翻從背面虛假借，一似叔向忘祁奚。千秋絶業干誰事，抽心鉥肺窮荒蹊。軒姬神軌依稀在，七十二家理可稽。儒學本自遺經得，豈必海外來航梯。別後官館又延致，走僵學子汗流嘶。況我簿領相填委，觀覽圖象但咨齎。殷勤惟奉棗梨役，不忍名山空擯擠。中間風雨吹何惡，草元未就童烏啼。直爲萬年拭此淚，滂沱欲隕且收涕。燕市宣城四千里，經年一問樹雲睇。才與不才皆言子，枝披落葉動根柢。我又與君同疝病，中虛下脱氣攻臍。何時江皋再聚首，細聽他日一丈藜。周公有鬼前言戲，君壽應與伏生齊。徐、陳、王、魏數來往，相思共託夕陽西。七月七日賦此韻，先生入夢作新題。

諸子臨場文會

周室賓興宴，西京計吏車。三秋當日煥，五色報雲遮。吴、越聯帆暮，燕、齊複路斜。道亨千載會，人樹百年賒。至理遲遲待，浮生戚戚嗟。諸公深自重，我友聽無譁。有命方連茹，從天會隕瓜。林幽藏虎豹，水闊蟄龍蛇。環堵成儒業，名山閟國華。碧霄元匪枉，暮夜不須誇。白露行西令，金光粲月花。風清牕景徹，暑退户涼加。夜語侵巡柝，晨吟亂響笳。五星開此地，孤曜照誰家。投合同香蕙，匡持類直麻。傾心歌伐木，洄路賦蒹葭。思動瀟湘雨，文成嶺海霞。雕蟲新出巧，正鵠舊傳葩。老我聲需鳥，如魚目代蝦。忙追辰日燕，蚤離午門鴞。鋻遂聞芳芷，波澄見錦沙。知珍迷布褐，嗜味隔絺紗。韓愈鷩鳴靜，䕫翁喜鬢茎。頻呼沽易酒，不住煮夷茶。元鳥將歸岫，蒼蠅尚散衙。商飈吹大角，雲物建高牙。蘭葉抽仍翠，黄英茁未芽。惟應尋鄰舍，何處問天涯。景運初來鳳，中音即變蛙。誰言星漢邈，早晚上浮槎。

又三首

若連閏月即重九，正是離潛或躍時。星聚只今占世泰，風迴自古在人爲。明蟾洗眼應無障，黄菊低頭却不欹。每隔三秋愁枉路，還能慰我老開眉。

隋、唐遺事越千年，無怪明時亦得賢。望斷玉衡懸水鏡，心凝膚寸合山川。安仁撫景欣同道，元禮臨風惜共船。屈指正逢橙柿候，河南宅上擬開筵。

彬彬諸子亦時哉，潛羽三秋獻賦來。簾幕何人知睍睆，海雲迴首望崔巍。落英晏節嗟園菊，食實他年待鼎梅。不是白衣關宋祚，非烟當唱爲誰開。

榕村全集卷三十八

詩四

陳思王

孤竹生二子，勾吴有延陵。芝英不擇地，敗枿固所蒸。當塗實姦漢，陳王臨其崩。百代哀斯志，當與日月爭。以故餘述咏，噴風排嶙嶒。悱惻齊變雅，湘騷庶可朋。身窮行中慮，道廢人能弘。文采雖通後，吁嗟情不勝。

和杜拾遺武侯二韻

季興帝子英無對，不讓先生獨遂高。抵掌匡扶輕一羽，鞠躬顛頽至二毛。聞聲服德雖鄰國，寫款開誠在署曹。最愛建安弘毅詔，當仁自昔有勤勞。

後世功名只直尋，吾門五尺論森森。不圖明主哀無夢，勃起先生得嗣音。汾曲重期興禮化，伊川獨許佐王心。風移叔季磻溪遠，每揭陳書爲整襟。

讀唐宋名人詠諸葛武侯詩與諸子限韻

當年諸葛師，先聲在仁義。時史諱仲達，所以云節制。吾聞善奕者，固本而收勢。豈有三代王，多殺以爭地。陳壽生也晚，但識孫吴計。始以將略疵，終將天命媢。吾觀七擒兵，寧與七旬異。事雖非文德，格心乃一例。入國長如賓，雜耕兼老稚。皇皇公東征，哀我一何至。管子南伐楚，卻兵待盟刵。樂毅緩二城，欲以服華裔。豈無捷速謀，而非遠大利。漫言功烈卑，自許有深意。

和鹿侍御題己丑省試五魁卷原韻

老鶴刷縞衣，在陰鳴不已。豈無雲霄侶，呼嘯寧爲起。清唳引高吭，古節怡幽耳。不令寫入絃，不遺編在紙。喧啾邈不聽，孤潔結成痞。飛去自翩翩，來下何緜緜。閒看燕臺山，渴飲雞泉水。同調悄何方，沈吟觀至理。片響落人間，聲絶媚學子。少陵殘膏盡，剩馥今在此。慨息道之衰，哇濫有餘耻。自從文敝來，審音誰與比。又知隱者心，鎮爲時憂喜。異日東觀開，尚煩公一眎。

編朱子年譜

此老髫童便已賢，終身嘿語獨超然。蒹葭白露存周禮，松柏寒霜衛聖傳。共信姱修多本末，始知出處在幾先。風流百世非文字，汗浹頑夫正湧泉。

初秋

商律動吹室，金氛入候臺。涼風初瑟瑟，白露始皚皚。積雨全消暑，多陰未蟄雷。初秋關一歲，五穀繫三才。晚穡看雲滿，餘糧尚野堆。公閒長把卷，客至得銜杯。空有書成癖，何時道結胎。勞歌短髮暮，風物長年催。旅思愁還劇，鄉心夢一開。散懷千古去，同好幾人來。草色沾猶翠，蟲聲靜復回。宵零尤可喜，六陌避纖埃。

陶然亭秋望

爲踐夏日諾，閒來坐小亭。蒼蒼葭在水，綿綿隰有苓。秋聲中夜發，蕭屑正堪聽。層雲午未褰，樹色增幽冥。暫爾違闤市，居然度遠坰。流光截道飈，浮迹逐風萍。何物似故里，西山入望青。名士多京華，況復新羽翎。校書觀閣罷，幽意未曾停。洲荻續唐作，白蘋步楚經。雕搜無落韻，吟諷有餘馨。會友聊云樂，移文且勒銘。

中秋後晚集兼訂買菊

開尊望月正秋中，飂戾星移玉露風。便指寒花爲會主，先期佳節待文雄。長憐歲晏光華滿，三嗅霜姿氣味同。他日邀遊能踐約，不勞送酒入甌東。

中秋喜禾稼有秋得禾字

爽色中秋最，清光此夜多。友朋頻來會，風雨喜同科。不有幽懷者，其如素魄何。賞妍情獨發，憂國意周羅。湛露棲長畝，飄風入廣阿。皇恩披朔雪，膏澤至南訛。吴、越仍安土，江、淮自息波。哀鴻遵渚涘，舊葉守枝柯。我與二三子，謡歸雅、頌歌。當依顔有喜，衢巷腹堪摩。勞役成誰事，寒盟志匪他。猶慙應冊免，未敢饋嘉禾。

重陽前晴暖

九月難逢妍暖時，庭花蓓蘂紫黄枝。新霜霮䨴輕塗屋，微月清泠緩照楣。

論詩

三百列之經，五言乃自漢。緜延頗秀出，濃淡遞相扇。李家最能鳴，無與拾遺健。姿濯松桂踈，氣噴春濤漫。池鼃信可嘲，鮮採爭堪玩。快目摘其尤，刪除發芳潤。唱答謝知交，坐令一元轉。

有感

勞生未得休，欲愁且自勸。浮迹隨化往，築底須命判。園菊後時花，凌霞偏爛漫。青青巖上柏，孤矯寒雲半。誰能求稻粱，又復老葭亂。始謀乏古心，終已違初願。冥冥慕飛鴻，衎衎愧漸鴈。不是伊、呂科，骨鶩鬟亦變。宿習無始來，塵編竟日伴。三百興發憤，六爻起憂患。老至憂樂並，衰久魂夢亂。金丹信何遲，雞犬歲又晏。樹蟬吟秋節，高風在一旦。成相聊申歌，還欲告親串。

和友人上元夜即事限韻之作

獻歲開顔又豈曾，荆舒投老欲依僧。同有元澤之感。寒風對榻三更話，時舍弟在寓，每夕談論。落葉前軒一夜燈。潮水到門推上月，朝陰澀馬歷餘冰。那知亂緒難將報，雜佩空多愧子能。

賦得御製憶詠吴中風俗習尚非交讓官箴乏協恭也二首效翰林散舘應制

班聯難肅穆，俗化易遷流。慨想陶唐理，時煩聖主憂。五方雖異尚，庶類乃分猷。雀鼠風須變，羔羊道豈悠。恬熙遵帝路，黽勉贊鴻疇。再睹時雍盛，方知峻德修。職貢三吴外，憂勤五位中。山川雲水闊，江海地圖雄。有教斯成化，無私可效忠。至今勞聖主，何以報皇穹。返樸民還樂，和衷吏自公。天文高雅、頌，先譜二南風。

效進士應制

帝省休徵切，民依歲事忙。歌風知作苦，肄雅正豐穰。國福占生聚，天心念蓋藏。歸禾來牧伯，猶自勑幾康。

恭和聖製湯泉應候詩

山川望幸出靈泉，塞下新萊萬頃田。甘雨和風恒有象，深仁厚澤至無邊。繙書五夜希停手，任道千秋獨仔肩。宵旰勞心時發詠，豳詩一幅繪依然。

恭和聖製讀孝經衍義詩

虞舜中年慕，曾參愛日催。丹心遥獨接，青簡坐相陪。兆億歸同敬，孤鰥惻所哀。須知仁孝理，休頌聖明才。社稷二南啓，宫幃萬福來。配天三后肅，裂土百男開。證義分曹輯，微言稟睿裁。即兹天地察，何用白雲堆。

題離騷

離騷言求女，非用比明王。女有事人義，賢臣乃所當。當軸盡邪佞，高丘已絶望。庶位亦無人，下女日淫荒。豈無遺佚者，媒不遇鳳皇。恐爲他姓得，相率去高陽。惓惓貴戚卿，未灰心少康。庶幾屏夏肆，配天業復昌。公子雖未家，二姚誰送將。終知賢路斷，割意思游翔。遠遊何所適，山東一概量。徒有西風壯，渢渢捲八方。幾回指西海，麾旌裏行粻。所恨仇讐國，我馬摧悲傷。風人比興思，隱約遂微茫。幽昏情侈肆，天外事荒唐。郢書不可説，無乃燕人盲。四求女，爲君求之，非原自求也。

己卯元夜宴集同子未諸子用韓吏部韻

晼晚二年征路塵，皇恩中道改絲綸。歡情自昔輕難遇，薄酌今宵莫厭頻。古柏前庭終夜月，臘梅後院半枝春。何時緑印經旬合，雖未歸休也息身。

苦熱雨後驟爽署中口占

連朝雨氣敵炎風，猶在先秋伏日中。坐上來歌人泮渙，窻前一覺月朦朧。萬牛起處西疇滿，列駿鳴時北冀空。早晚休徵叶叙後，寒流洞口憩深叢。

題青花硯

嶺外稱殊産，文朋至寶歸。氣含訛火潤，根潄粵江肥。寒藻參差發，朝霞爛漫飛。沈思悦研處，光景坐相依。

孫柏加冠詩

人生始於弱，八經首在冠。望以家之楨，期以邦之彦。南有喬木陰，盤大由根榦。又聞老農言，見苗已收半。殿閣崔嵬高，有址便崇奂。河海流無極，緣源得浩瀚。迢迢行路人，舉足貴無勸。仡仡射者夫，體直乃洞貫。尚論古之賢，誰非早自勸。

讀書有感

西土有虎賁，於越聚君子。不逾三六千，國甲豈盡此。此其腹心者，熊羆不二士。然後億萬多，無難臂指使。我論讀書方，要道亦云爾。汎濫同飄風，精熟乃根氐。漢人重專經，宋人務窮理。

周濂溪愛蓮詩同翰林作

因讀愛蓮説，譜作愛蓮詩。幽芬無限好，貴此手中奇。在隰文王望，詩：「隰有苓」，苓即蓮也。濱皋屈子衣。山林廊廟致，惟此能兼之。根苗同結果，謂藕與蓮子。花葉異抽枝。祝子類窠蜂，張翼陋蹲鴟。荷葉如蘋而圓。心虚通七竅，藕莖皆有細孔。體淨滅三尸。蓮不產蟲。承露高金掌，迎風遠翠支。蕙蘭傷隱約，芍藥太紛披。沈吟洗濯理，屢動溯洄思。在昔中州物，扶輿產賢者。一出南嶽下，投老西江湄。比德念兹氣，攄篇發爲辭。伊人碩大儼，河水清淪漪。圓相千秋秘，高風百代師。我亦愛莫助，空嗟泥不淄。非關來身篤，佛以清淨不染爲蓮花身。無乃繼皇羲。潔淨精微，易教也。

喜雨二首

溽暑憂愆陽，秋禾最易暵。倐爾三日陰，微雨飛近甸。聞道迤南去，田疇已汗漫。而乃帝京中，郊塍猶未遍。是日雷殷殷，閣窻爲震撼。歸塗度南城，流潦正侵骭。煩痾喜一蘇，野無農夫歎。市集籌米多，庶用慰薄宦。

二

初秋未徂暑，不寐如煩痾。一雨挾風至，蕭然襲絺羅。出門雖泥涴，散野喜禾多。天傾十日雨，人沐九重波。坐堂親騷屑，捲帘看滂沱。

送阮子章參戎閩海

矯矯班家子，投毫心迹奇。時哉憑軾會，難者臨軒知。不次尋常得，無窮事業期。旌旜停社樹，矛戟亞桑枝。赤手圖天水，丹心照昊曦。猶嫌王粲者，徒有從軍詩。

恩賜扁聯酬陳對初二首

伴食常懷素食憂，女蘿桐樹倍驚秋。自天霖雨誰能作，振古高風不可儔。舊植久荒三逕路，滄波暫繫五湖舟。連朝浹背非關侯，累息深恩媿復羞。

二

與君先子舊時諾，夜月清溪曉露林。委翳不勝良友念，翾飛虛負故園心。雲迴舜世重華日，夢結商家萬里陰。巨榜高懸驚越分，新詩況復抵南金。

賦得爲有源頭活水來效翰林應制

咫尺靈泉隱故林，由來鈍懶寡參尋。目窮行潦潢汙路，識取先河後海心。月景臨時蒼壁動，川光起處白雲深。先生喫緊開來裔，坐俯寒塘一睇吟。

賦得三十六宫都是春效翰林應制

安樂窩中舊有經，希夷洞裏見分明。坐知一本能雙榦，又覺翻來只六行。乍瞥天根初息息，閒遊月窟亦生生。洛中幾度春光好，慨想風流萬古情。

擬杜工部端午日賜衣限韻

晨起趨丹陛，輕烟散曉霏。章成勞織女，藺獻動宫妃。適館風何似，承筐雅庶幾。波深零露後，候變炎訛非。卦序離當令，爻文日正暉。新恩榮作服，舊德念初衣。鵷翼情應愓，鶉懸事既違。素絲操者衆，元衮闕行希。履集驚添滿，冠彈倍覺巍。歸班參柳緑，曬篋亂榴緋。拜手稽將舞，循躬汗欲揮。睇思新欲理，刷羽慕高飛。

新秋二首

今歲足時雨，旬朔殷雷電。平明西門西，駐馬觀緑畔。昔者撫京畿，巡陌兼塞岸。長愁潦水發，又畏明星爛。雖復謝犇馳，民憂安得遠。且況煩痾中，餘涼爲我散。微風蠅已癡，連朝篋紈扇。幸當塡委簡，喜有休沐便。何時親農蓑，溪帆飛一片。聊與羈跡人，畢景窮遊玩。

二

郊西朝洩雲，屋北夜燃電。嘗麥方告寢，藝黍矗盈畔。我友三四人，平坦剗崖岸。著碁或敲詩，去工取熟爛。豈無聲華客，往往敬而遠。南士鮮參尋，儒官飽閒散。招之高春坐，直至暮颸扇。榕園憶方陰，訛寢從所便。谿來驟雨聲，巖落飛雲片。歸與異日遊，翻憶京華玩。

病中讀書

少壯知讀書，頗無閒歲月。於時寡疾病，無樂乃懽悅。或負東户暄，畢景獨繙閱。或迎樹下飈，吟咏自消豁。奥域豈必遇，涉趣生顛蹶。如彼春來草，芽蘖日夜茁。自從度始衰，症候纏如葛。寒暑長畏之，風月只虛厥。稍稍窺書意，千載未覺闊。俯仰多呻吁，形神不相發。日者爲病肺，羹飯徒茹啜。知味無餘馨，心鼻正一轍。秋物貪結子，何處辭風雪。乘除理則然，堪爲達者説。

九月望鄉有作用杜工部發秦州韻

平生仕宦跡，不作經年謀。濡滯二十載，冀域古封州。幾度望鄉井，目送鴻雁秋。邱瑩固有念，豈爲此都幽。完名思樂毅，謝爵慕田疇。恩重力不稱，夙願非所求。駭機朽索馬，孤蹤不繫舟。負乘曾寇至，舃履聽辭遊。皇鑒穆中天，寵驚亦已稠。丹心敢二念，白髮難分憂。潔身庶猶愈，欲以晚節收。忽忽桑榆暮，靈瑣尚淹留。十月霜露降，夏畦滿源頭。一觴遥未酹，明發沾纓流。豺祭逐金花，孤露營魂浮。松楸蒙錫類，谿谷匪優游。

恭賦御製詠竹詩濟濟心寧憶俊賢效翰林散館應制

由來梧竹鳳凰棲，截管崑崙理亦齊。高節清風長拂拂，蒼枝白露更萋萋。興懷側陋虞廷遠，繼迹卷阿雅什低。多士今朝初獻賦，賡成棫樸是新題。

御賜教忠扁額磨崖墓道恭紀

顯考生逢離亂期，莫年藩帥又傾欹。辛勤祖宇兵荒後，勉勖孤忠涕淚時。帝語煌煌今表厥，子心昧昧老思之。貞珉霧草應苔蘚，哲裔磨崖誦此詩。

讀史二首

武侯不憐才，殺延不待儀。汾陽修小郄，臨淮無旌旗。古人就大計，度外豁所施。我讀炎、興史，始謀誤者誰。一疏忠定去，再怒岳侯危。張也徒堂堂，自檜更無譏。迂疎輕決事，俊哲重知時。晏子殺三士，梁甫有悲詩。

二

嬴氏何其愚，欲使文字埃。六丁收不去，二酉錮將來。王莽飾六藝，猶蒙嚴筆裁。鼃聲同一貫，何事獨免哉。少康嗣夏家，羿、澆固沈埋。共工霸九州，五德無推排。高光皆除暴，何分姓氏乖。我欲遵孟堅，一辭贊麟臺。

董江都

下帷歲月長，邱園邈不視。遂使霸秦餘，中天揭仁義。三策徒裒舉，兩相終淪棄。六藝振王迹，千秋首儒系。譚經雜禨祥，籌邊同表餌。白璧有纖埃，豈足賢者累。

諸葛武鄉

管氏稱於聖，徵以仇者言。豈獨廖、李輩，失職不訟冤。孝尼身在魏，張儼自事權。鄰國欽英風，紀述故足傳。結好分天下，江東爲誓篇。至誠動天地，煌煌信史焉。

韓文公

性道烱有覺，聃、釋驅無礙。浩然生不虛，卓爾人爲貴。説禮譚刑兵，專門未足概。倘在二水中，必列四科位。

聞東南得雨詩以志喜

吳、越三載天行舛，大河之北亦多沴。賜復動至千萬餘，米價增高殊未損。奸宄因緣訌其間，遂令飢者越兹蠹。兵凶二事每相循，聖心洞古燭微隱。周政十二舉無遺，楚粟千艘下來賑。近聞市直欻然平，靈雨六月又已零。先蘇東南財賦地，旋知列道報西成。奏至微寬宵旰意，詔來不覺夢魂寧。雖無東漢三公責，難免宗周嫠婦情。況是升降多意表，從此吏治日休明。病夫亦在一物數，當使優游餘息謝歸耕。

追贈蔚州魏尚書環極先生

氣稟山川茂，頎然海鶴姿。早窺中秘冊，帝命簡拾遺。鵷雛擢珠樹。雲露忍朝飢。忽憶東山卧，一去十年期。誰料丞相薦，晚著豸冠巍。遂懷古人心，感慨登車時。臺館同華署，旅進每相追。嘗聞彈劾聲，清厲徹彤墀。有似噰噰鳳，引吭梧桐枝。又如執法星，暉暉明太微。嶽立西華勁，煦妪冬日熙。前輩風流遠，於公庶見之。洊陟漢司空，地軸發蟾機。衝死排九閽，批根摘輔毘。貪懦畏之久，殫力肆傾危。卒荷日月照，驛送錦衣歸。我辱忘年契，前後寄篇詩。獎許空踰分，終身負鮑知。曩歲貳中樞，奉命察邊陲。暮宿紫荆隘，朝遵易水湄。雞酒拜公墓，一慟哭吾私。獲聞公窆日，五雲護靈輀。生芻來徐孺，大鳥揖關西。投老點朝著，嘅息如公希。國初人物論，非公欲首誰。秃穎中書老，立傳少葳蕤。懷昔敲殘韻，落句日將欹。

六月六日祈晴

前夜近簷坐，飛蟲繞客燈。共言占水至，揮手氣如蒸。中宵驚枕夢，越宿猶翻崩。土令當爲帝，坤維正得朋。飽飫畿民諺，可以豫豐登。盛時無淫太，連朝亦已恒。卧聞雞不已，出見豕盡烝。晨起告明神，速導暘烏興。密壓收將斾，高褰固其縢。什刊雨無正，篇頌日之升。庶免咨者怨，明非怒所膺。有職執斯咎，自公憂不勝。所倚靈助順，爲我止頻仍。

承修性理精義

洙嶧輟微響，諸老尋其聲。六籍誠深迴，大義亦已明。何事蜉蝣陰，力盡大樹傾。爾來二百載，屏燭中夜行。我皇丁道會，俎豆巋然更。建安既躋位，羣哲庶憑靈。欲新比士制，推配博士經。是道由有託，於心遂取成。河、洛何栖栖，天使光我清。承局輯遺書，兹愧以爲榮。淵源非游、夏，何以飾昇平。

賜遊熱河行宫紀恩二十八韻

方囿文經始，新豐漢别邱。頤居誠伴奂，孝養更休優。兹地藏良閟，洵天作未修。帶環中採衛，控引外藩侯。形勢紛犇會，山川鬱糾繆。禾苗同腹裹，種樹雜遐陬。石矗孤峰起，溪迴萬户稠。泉源行堞上，烟霧洩城頭。鹿跂靈臺坂，魚依在鎬舟。誰將歷衡霍，何似望京周。

省野紓皇豫，觀邊本廟謀。薰風朔巡守，訛火此淹留。民事兼程報，曹章計日郵。道存仁智樂，心與躍飛游。即景多餘意，懽言有至憂。登高小天下，面内撫皇州。納稼咨千畝，披經論九疇。引年辭玉陛，七月渡寒流。目盡關山古，神清澗壑秋。病軀乖扈侍，禁直闕宸旒。及此歸來去，叨爲汗漫遊。卷阿風肆好，遵渚興夷猶。涉陟資車櫓，追陪動馬鄒。亭臯頻憩坐，瓜李互沉浮。賜息攤書處，羅張典膳羞。賓商疑入夢，凌影悟升悠。頽節應捐蒯，衰材分黜幽。天施無已極，夕惕卧南洲。

甲午春日送喀警庵村居

移室就村墟，幽栖愜素尚。陌塵靜不飛，野色正駘宕。嫩絲舞緒風，早麥摇新浪。春雨深一犁，晴川浮兩舫。眷言農圃老，久與簪裾忘。陳編得披尋，枯棋對閒曠。出逢漁樵鄰，卧想羲皇上。起予邱壑情，烟霄時極望。

榕村全集卷三十九

詩五

恭和聖製賜餞詩二首

嶺海微臣謬厠儒，身親武烈更文謨。深仁膏雨從天下，和氣陽春匝地敷。無力宣勞恩未報，有心師古道難符。翻驚垂老膺殊寵，載得光華滿驛途。

輸忠爲國慕前儒，薄植無能佐典謨。曠職每承天網闊，乞身又得帝恩敷。長河有夢依龍衮，裨海無烟仗虎符。戀主區區同犬馬，繫心紫闥竟征途。

御製餞詩又命諸王諸皇子及扈從大學士學士尚書都御史翰林諸臣俱賡和恭紀

帝庸撰作餞卑儒，盛有親賢效矢謨。三闋工歌麟趾繼，九成樂奏鳳文敷。繽繽散藻承天象，鬱鬱流華遶日符。節謝四明慚二傳，青門何幸耀歸途。

賜餞詩又賜謨明弼諧四大字八世祖先人皆有扁聯嘉獎總兵六叔父處士弟亦叨恩焉恭紀

中錫新章許號儒，更題巨牓古明謨。榮光八世占先兆，養逮雙親典又敷。尊輩微戎高宅額，諸昆素節耀門符。自知庸朽難堪此，惕息驚心漫首途。

留別南中諸友

郢書既重誤，燕人自得師。漢儒專門學，朝議猶倚之。六經如日月，涉夜則晻晦。諸子蔑古不尊經，何世不幽昧。穀熟生齒富，經熟人材植。兀兀蒔春華，歲晚君何食。諸子乘休運，翩然濳大業。吁嗟大業荒，昔在明中葉。始我出山時，長恨山無林。屢逢來者說，松樹已成陰。有源第一義，無息兩字箴。古人亦有言，「子寧不嗣音」。老馬僅知道，逸足乃所欽。巖石雖粗礪，能悟出雲心。瞥瞥秋日飛，戾戾晨風發。翻令主爲賓，與子牽手別。還憶我言耄，不鄙吾道拙。藉非名世期，胡然淹朔雪。

留别北地同學諸子

畿封稱首善，歷代有聞人。毛、鄭一家學，江都號大醇。其流今豈歇，厥緒貴能振。況此文明會，休哉化洽辰。諸賢生實幸，皇極邇相親。十載三餘聚，千秋六藝新。敢言吾道北，共荷聖陶春。陟巘多迷路，浮波在問津。採苓曾木末，適魯幾西秦。近哲傳心鵠，餘編援手鶉。如何揠苗者，不作力田民。訶祖三千律，華詞萬劫因。徒然斷根種，未論侮明神。昔戒惟三畏，余懲守一真。有源始名水，非道悉歸榛。布帛休嫌陋，饔飧莫厭陳。雅終還尚質，風亂必思豳。獵獵驚秋節，怱怱摻路晨。相期師樸學，他日出純臣。行遠難中憩，孳孳聖所申。

留别成絅齋

時世蒔華碎，萊汙莫耕菑。太音誠泊淡，歌罷歎者誰。輔嗣方弱冠，超然釋筌蹄。三禮如木札，二鄭耽嚼之。元凱豈無癖，斷爛朝章爲。韓愈儷花後，獨將本實披。翥生大笑道，成子屹不譏。雅效成、弘體，喜誦建安詩。校字武英殿，皇心正表微。三年勞編劃，坐閣比下帷。孟氏出鄒鄉，近聖亦自嬉。況生皇極地，日月耀光曦。燕、閩萬里遠，從茲阻且躋。所望遂有就，及泉揚其泥。内心惟惕息，外事攝威儀。並力己所檢，遮莫他人非。周行古在望，攸遵子既知。臨岐何以處，三復宛鳩辭。

出京舟中

自與閬山别，已逼三十秋。今日秋風晚，纔上張家舟。初齡偕計吏，髫鬌認沙洲。吟咏向滄景，喟念昔同裯。彼時雖落第，歸著老萊裘。歐生榮禄願，鮑戎坎壈憂。微名一日得，多難七星週。力將親度亂，義與主同仇。名籍達閨殿，心期違壑邱。烏私清夜切，子舍白雲悠。事業終微管，詩書祇夢周。坐令杜曲上，楊樹風颼颼。蓼莪既已廢，頍弁付河流。兹事古同歎，循心我餘羞。徘徊空素食，荏苒遂白頭。君恩猶有耻，衆議豈無尤。此生逢堯、舜，豪髮鮮禆酬。徒然錦衣暮，晝行如夜幽。携杖如阮籍，連床有子由。庶幾諧我老，日將舊緒抽。洞竹聞成蔭，榕枝未改稠。頗憐杜預癖，往遂虞卿謀。勞歌亂以雅，知命更何求。

宿遷遇雨徐氏通家子來會

冉冉涉南土，依依見楚山。湖收沂、沭水，地接穆陵關。昔覩瓠子至，今省松楸還。

歲月良興感，風土一開顔。是時冬之孟，肅氣來催寒。雲飛岱畎上，月介髦頭間。諸生恭父執，澀滑遠追攀。肥螯新酒熟，名鯉鹵糟乾。慨想蓴鱸意，日親蝦飯餐。便如履鄉貫，足以慰夜闌。

渡淮

張子思食鱸，韓公喜見蝎。詠雅傷載離，賡風懷曷月。況我燕師滯，請就絳縣説。三九歸不盡，四七除方豁。今晨濟淮、黄，山川皆昔悦。行路成親串，旅店如房闥。即看江都花，及剥洞庭橘。迢迢循吴、會，行行指越絶。仰瞻巖臺峻，俯濯巖溪潔。上賓武夷君，便立考亭雪。諸昆言來迓，停橈騰頰舌。釋爾他憂捐，暫將生理撇。烏鵲投其林，狐兔犇其穴。公望所以仁，疏傅於焉哲。喟然眷南山，蓼莪歌未闋。

望金山

碣石韜靈跡，兹山矗立頎。東南分底柱，河漢落支機。月出連天近，潮來帶海飛。風帆斷雲散，漁火點星稀。禹會留科斗，堯階鎖翠微。烟嵐長日護，谿壑萬年歸。聳色排今古，孤根眩是非。還躋嚴子嶮，更上武夷巍。

過蘇州題泉州會館

我祖昔遊此，輸公活殍瘥。義聲蒙採摭，前乘有餘華。我行吴江汜，適館久咨嗟。身慙有嬀後，八世賓王家。恭逢陛下聖，星漢入風槎。海客皆親串，相看手盡叉。摇漾扁舟遠，崎嶇石路斜。勞歌蹔一息，即此見桑麻。

蒙恩假歸過釣臺

少微天列象，嘉遯聖所珍。高尚誠如此，猶然論屈伸。孤竹初就養，紫芝晚來賓。功成餘石祀，霸定委金人。超然終不染，夫子獨標真。舊交排禁闥，有客亂星辰。匿名青海岸，沈迹富江濱。幽谷遂相慕，東京日以淳。後來躬耕者，義與釣漁均。三顧渾未起，依稀高卧身。大賢通出處，千載兩君臣。停舟頻夙歲，躡級及兹晨。總笄乏筠節，投老愧絲綸。霜色孤峰厲，寒光淺瀨新。蹔喜疎冠蓋，徘徊倚明神。

霧鳥有序

來自海外，脰與尾連，不見腹足，栖息常在霧中。其尾修長潔白，南方乾之，以頭爲柄，如麈尾狀。

不是樹間翮，相將雲際看。梢長垂亂柳，末茂散幽蘭。薄霧連成縠，輕烟疊作紈。奇羽走飛何所藉，飲息更無端。憐足夔應惜，潛文豹其寒。中膨羞豕腹，側睨陋雞冠。傳來乍，佳賓聚覯團。何殊遐舉者，縹緲馭風摶。

錢塘舟次詶費副戎汪千陂

自從渡揚子，種種似家山。草樹渾殊候，魚蝦日異餐。亦有故人好，宦游此江干。扁舟勞行色，連朝道所懽。長吟參戎事，高詠佐文權。未酣萍跡聚，忽唱驪歌還。别贈留珠玉，芳情指佩蘭。從此三衢道，回頭七里灘。役役吾輩老，何似客星閒。

斑竹

律筒調宫商，卦氣序蒼筤。剥蹟留蝌蚪，幽心起鳳凰。風傳楚水曲，種入閩山陽。近憶劉誠意，高標漢子房。伯温嘗應詔作斑竹箸詩。

擬感興五首

清、淮限橘枳，易地不能良。春蘭與秋菊，各自爲華芳。襲土順時令，芸芸以爲常。灌彼松耶柏，植根乃磽壤。密葉雜霜翠，剛枝借雪强。問之何能爾，所資日月光。日月無終極，萬古吐精芒。上界混冬夏，燥濕安足嘗。

二

岡陵餘古樹，淮海變微禽。如何靈貴者，翻限百年陰。以兹遊方輩，感激多悲音。爭修野狐道，競投化羽林。不悟夔蚿足，孰與風升沉。泰山石可腐，未如雲古今。耳目饒長注，終輸存者心。精恂居然别，何乃苦參尋。

三

繁星萬一千，未似獨月朗。同被太陽耀，何爲孤者迥。勇士力千鈞，便爲百夫長。流潦浩無收，一壑盡歸往。聚散理若兹，專驁意可想。所以顔之推，鼯蚓爲之況。

四

聞説金身道，須由鐵漢修。鐵使衆根斷，金將萬影收。悲岸無疏戚，覺海絶沉浮。造物曾未寤，雷電鎮日流。斯言盈千載，聽瑩爲我憂。嗟彼談根果，何不向此求。

五

人言江、河水，百川滙乃成。雖然此不讓，一勺乃其精。縱非横瀾赴，呼噏百潤生。又如崑崙枝，遠條東西傾。葉葉與根映，枝枝與根迎。雨集共綵結，何時到霄溟。

廣信道中

江水清見底，人從鏡上行。草樹夾洲岸，窮冬猶青青。掠波孤鶩過，淪漪寒藻生。南枝歸越鳥，心親眼自明。羈旅多鄉串，懽欣訪行程。

留題鵞湖山下石井

靈脈鵞峰阯，天雕石作欄。嵌空含宿潤，黯淡絶飛湍。遥海潛通碧，平疇廣浸寒。

前修多寄詠，無限水哉歎。

謁御額學達性天武夷精舍三首

昔年長老逐遊興，從問何處名山盛。迤邐莫須敷淺原，曲深第一武夷逕。尋幽易涉衆壑殊，獻奇觸眼羣峰競。宋家南狩西山西，光移婺女開賢聖。

居於夫子似鄒、魯，來往未曾拜舊宇。此行棄舍浙江舟，取道迴邅西水滸。探源莫憚九折深，仰止方知萬仞古。飄風爲謝武夷君，不是看山非採苦。

高山巋然哲人邁，猶有手整六經在。章句初年成習心，專門白首歸模楷。下竿淺刺寒溪風，肅佩上趨精舍靄。相看來裔寖微茫，誰念前修久相待。

寄臺灣姚總兵二首

勲名已結九重知，借寇三年意不貲。平蕩無踰滄海郡，恩威獨倚武臣師。更番樓櫓趨轅下。絶島桑麻亞戟枝。從此甌閩東漸遠，如君何用賈捐之。

歷鎮巖疆望翕然，量移海外績堪傳。南中須得張嶷久，交阯未容英國還。同事更欣來棨戟，新撫軍陳公，前分守臺灣與君同事。休居何幸息風烟。迢迢隔島遥相祝，盟府高勳挂簡編。

壽黄達甫並序

達翁黄君，安平舊家，兄弟同居，以友愛稱，患難尤篤孔懷之誼。又曾毁家貲數百，振人危困。余識其嗣廷樞君，適訪我湖山，告歸祝翁壽，詩以貽之。

長日紫荆樹，經風常棣華。尋常急人難，什伯傾其家。堧海衣冠舊，循陔玉樹葩。賓堂初夏滿，相侑酌流霞。

五月五日濯纓臺觀舟

知章投老去，得與舊林親。童冠偕行邁，簪裾暫出塵。籠銅喧里鼓，欸乃繼騷人。角飯沈香餌，機絲續釣綸。風謡千古上，世代幾番新。雲暗三湘暮，花開萬嶺春。幽情捐紫珮，餘事寄青蘋。徙倚黄昏候，斜陽别有神。

關侯誕日懷古用杜工部謁先主廟韻

建武中興後，風流大作人。屠沽嫺禮讓，處士卓經綸。擾攘生豪傑，間關定主臣。

一朝明契分，千里蹈危辛。中壤黄星黜，西偏赤曆屯。羈栖阻江、漢，宗社越周、秦。杞夏猶應帝，生申故降神。從遊來二虎，枉顧起孤鱗。沔水襄陽北，秋星渭曲春。成功轉息異，遺恨到今新。志義移風遠，詩騷弔古頻。爭知銘日月，不繫鼎灰塵。難者熊羆將，歡然魚水親。無猜匡大業，有望壓强鄰。舊史紛三統，新安序一緡。萬年兹仰敬，歲事肅衣巾。

賦得爲有源頭活水來

天稷流精遠，千年一問津。相期星漢客，須待武陵人。共望汪洋失，還歸滴瀝真。幽光含物象，清景絶虚塵。藝苑休勞日，心齊好競辰。春秋書底事，爾雅注何因。往哲悲岐路，前修貴反身。沈思入室者，是處起經綸。

又效宋體一首

靈源何所起，達者自知津。絶學非無緒，單傳固有人。欲尋活潑趣，須剖渾淪真。未用添新料，惟勤掃宿塵。當仁五百載，省己十二辰。樂處憂相乘，疑來信則因。六經歸一理，萬物備吾身。多少臨淵羨，何如理釣綸。

賦得夏雲多奇峰

四序多蒸變，炎離行雨辰。噴騰通嶽氣，澒洞走龍神。本自山川出，依然形影真。纖踈羅草樹，嵬磊兀嶙峋。忽助華、嵩聳，猶疑蓬島新。風朝觀締造，月夜想沈淪。禾得陵霄至，偏堪仰止親。功成歸澗壑，慨息念斯人。

壽陳子對初

一滯都門三十秋，南北諸賢從我遊。才難誠如聖師歎，求之不得是吾憂。吁嗟俗學塞天下，振古文章束高架。六藝小學亦失傳，忍使經書如長夜。有嬀之子熒熒暉，曩者木天啓絳幃。尊人白首稱弟子，又華其繼丹鷄飛。邸舍空齋鎮集止，一向一歆陪揚子。疑端强半爲諸經，辭咏亦抽作者旨。小陳之詩獨造妙，能與唐人角風調。館閣王、陳、劉若干，未知孰是領深要。更涉六書通九算，此事尤與今河漢。南宫之文雅以清，安得白眼垂青盼。奉詔修經揚絶微，聖學高深誰得知。圖象摹畫假君手，遂使隸首參皇羲。憶昔相從幕府行，風帆驛路急王程。長觸塞雲蒸訛火，身披薊雪頽落英。蹉跎荏苒便中歲，血指汗顔真可慨。君不見杜甫送高生，男兒成名多老大。得塗年少甚誤人，風流坎壞亦纏身。直經百忍千災散，坐守純愚萬福真。誰言祝釐非古禮，二雅幾篇稱壽祉。遠溯嶽神至拜楨，歸之令德風人體。況我與君同邑書，宕蕘側耳望仙鋪。世好連葭情不淺，周旋夷險意何如。贈言惟誦古人修，質有其文世所求。君悟碧霄無枉路，徒有相期歲晚收。霜風嘹栗摧葭亂，寒菊未彫早梅綻。君去應有十日觴，聊用俚歌諗親串。

榕村重構十六韻

西麓委初盡，平疇曲水通。開村名以樹，跨岸勢因風。偃作雙橋斷，聯成一幄同。摧頹雷雨意，緯繣鬼神功。久矣勞於役，歸來老此中。雲山皆接北，軒檻盡朝東。石峻希巖築，池灣儗頖宮。遠條陵廣沚，清沘度幽叢。無限晴光好，尤令暑氣融。精心藏秘冊，餘事息微躬。是地方營構，兹郊正起戎。憂思忘後樂，雌守那知雄。日霽今王會，霜華既病翁。白駒馳不住，青竹業何窮。昔夢榕陰緑，斯晨荔子紅。懷哉聊慰志，時復叩虛空。

五月十日遊成雲洞

買山三紀事，卜築舊無能。雜樹全荒徑，孤齋未宿僧。宦遊如泛梗，代網類牽繩。

責諸誠虛負，移文固已曾。密林喧虎吼，傍巖有瀑布水。繡壁蝕蟲薨。山石盡玲瓏，如蟲蠹。淇澳青千箇，終南白百層。木棉松榦倚，菡萏蘭香朋。隔岸環三渚，連潭曳一泓。當黏花苜蓿，荇藻葉荷菱。烏馭東西軌，蟾弓上下絙。谿風秋瑟屑，峽雨夜犇崩。信美知無度，懷思夢不勝。深恩紓倦鳥，老態劇寒蠅。杖策拘攣去，肩輿卷跼登。巨靈云既許，福地自然興。禹蹟藏何極，遷書寄有承。歷年賜書，將建樓安設於此，並收藏一二私籍。斸將巖石錮，付與谷雲縢。餘潦橫猶漫，初嵐直似蒸。南訛翻赤幟，且比踏曾冰。

祭鋭峰和尚

師本狂狷者，家落遂披緇。中歲頗歷扣，褎然稱傳衣。能言種種心，聽者開肝脾。樂成率爾句，慣著低甚碁。交我已三世，祖父歡迎之。誰謂僧無親，風雨相因依。余家昔遘難，自師發其奇。古言邵康節，亂世奸雄姿。隱几揮戈事，當機聊爾爲。下山便適館，到老無嫌谿。世出或世間，往往見幾微。我欲冠其顛，師欲剃吾而。上引韓潮州，下述周濂溪。巨榜山門路，無如愚者迷。甚服人禽論，最喜月花詩。師但莞爾笑，謂我徒毛皮。儒、釋一齊衰，相取重相思。今安得是人，飛錫下南陂。況是共憂患，投分過親知。長老當筵說，使我涕漣洏。迴車腹痛者，昔人所猶譏。而我久曠闊，豈不負雲枝。

今晨載齋飯，迢迢渡虎谿。無住一應現，爲我指端倪。

妙峰寺弱冠讀書處今來屈指五十餘年

昔有苦行僧，自名參唯者。中歲海外來，結構兹峰下。先兄好與遊，晨暮武溪瀉。猶然效陶潛，恣酒不入社。德林居南山，天問隔蘭若。相望三高人，世外亦風雅。逡巡五十秋，儒、墨齊飄瓦。嘅息吾道衰，帶累逸民寡。投老訪林邱，徒有巖泉灑。從遊獨舍弟，舊事記真假。當年讀書聲，户牖尚咿啞。淹坐至日西，憮然我憂寫。

榕村

卜築三紀前，落成三紀後。游宦如涉波，邈不知其久。榕樹加遠條，雜植頗陰黝。澗水無消添，稍復導源首。抗榭觀遥山，闢亭通四牖。前軒及南舍，皆倣魯侯茆。爲此將藏修，不量倡士友。薄遽遂周星，行復朝北斗。匪我老未休，命有驛神守。

榕村落成用朱子卜居韻

休居且慰意，誰復憶鷩秋。風候南中異，家山事事幽。況此豐樂歲，晨夕履西疇。

翻思三十載，身如不繫舟。暮鳥各有歸，三逕豈無求。夙歲徒經始，今朝再爰謀。鑿池通澗道，抗榭出山頭。斜陽交積翠，漲雨亂寒流。皇肯棄𩕳頷，甘爲汗漫遊。勞生分有息，寡過是吾憂。賓朋多雅話，學子念藏修。古人世耕讀，所望在箕裘。

六叔父恭懸御扁詩以賀之

當年重藺馳丸蠟，此日華顛捧帝書。駭浪驚波今已矣，高堂巨榜意何如。汾陽諸子皆金佩，元凱終身老蠹魚。況是瞿瞿多夕惕，家傳辱寵未曾疎。

丁酉還闕臨發申定鄉規口占

山水淨明淑氣嘉，那堪俗化任澆訛。人非本業皆無賴，里有仁風即太和。富貴長因驕佚敗，貧窮半是惰游多。今朝不作相如難，父老傾聽臨路歌。

留題鼇峰書院有序

趨朝道經三山，觀所謂鼇峰書院者。此地闢自儀封張公，而海康陳公繼之，二公皆以宿學清修，建棨於兹。下車之日，首注意於文事，是閩學將興之祥也。陪讌講論竟日，留此志喜。

扶杖趨朝命，停車採國風。諸姜齊稷下，三峽待文翁。倡道中州傑，尊師百粤雄。有虔初秉鉞，主靜日銷戎。媚學招韋素，賢僚倚帳紅。葱青環藻棁，幽翳滿芹宫。我老迷非是，羣徒質異同。抗顔愁笏曳，寫腹已缾空。白首慙嘉會，虚心竚聖功。作人天子意，翽羽戾朝桐。

壽六叔父並序

六叔父八十大齡，國老家尊，兼見兒孫騰達。逆想秋園瑶兕，神爲馳越，遥奉蝦言，獻諸緝御。

磻溪此日始登車，何似功成復釣魚。坐客當筵催警句，經生繞膝問難書。完名式里兼耆壽，恩獎顔門賁索居。古道親親尤憲老，長慙猶子未歸歟。

恭賦御製惜景勤經學

六藝無終歇，皇心在表微。洛書浮水出，鳳鳥應期飛。繼日思猶仰，先天道不違。同符乾德運，何處是春歸。

榕村全集卷四十

賦

木瘿瓢賦

何所懷之怫怫兮，駕言邁以遊遨。覽物性而潛思兮，感余心之忉忉。彼雨露之所施兮，寒暑之所化。物生各有以自舒兮，獨紆鬱而則那。余將問此由兮，陰陽幽而孔秘。眇相觀於四極兮，乃殊行而同義。日掩則生蜺兮，氣屯而爲雲。水衝而生波兮，火遏而成熏。器蠡以生瘢兮，玉疊而成璘。蓋存此而爲病兮，乃去此而何珍。在昔世之方茂兮，嘗抔飲而汙尊。儼元流之在中兮，蓋馨香之所聞。君子之高蹈兮，亦一瓢以怡怡。信斯美之可尚兮，又何必夫廟之犧。余固服於古之誼兮，悟屈伸之常道。蓋有蹇産於一時兮，歷終久以爲寶。維輪囷以樛羅兮，非草木之本願。嗟佳人之好修兮，獨遲回而歲晏。發微文於素質兮，心幾焦而飲苦。猶磨礪以終生兮，夫孰知余之所以自處。紛瑚璉之繽繽兮，燦金玉之熳熳。苟不陳於商、周之庭兮，曾不滿夫一盼。羌硜硜而自固兮，信古人之所佩也。余既不爭夫世之榮兮，宜非造物之所敗也。忽返顧以回首，見緑野之陰黔。恐微霜之所踐，有歲暮之嚴風。嗟獨酌兮獨樂，悵弭忘兮何心。

憶閬山賦

惟閬山之高大，耦華、岱而與齊。鍾神秀於南嶠，奠吾廬之正西。晨余陟於平阯，日中而始躡乎危梯。矯中峰之峻極，猶勞心於阻隮。及次巒而稍憩，有仙鋪之庭院，若斷裂之曾冰，等戔裁之素練，廣可坐乎百人，勢舒掌而平面。信神者爲之工，匪人域所經踐。豁兹巔之曠迥，羅童髻之諸峰。水淙淙而環流，覆異卉之青葱。忽大石之中拒，溜刳溝而深通。閱萬年之穿穴，緬涓滴於濛鴻。我欲窮其源始，闢荒蹊而薙莽灌。至靈竇之所開，纔沾濕而如汗。距數里以成流，越里許而成澗。遂懸長瀑以高飛，沃深潭之龍伴。潭中有魚四足。餘力以黽勉，乃直上乎中之峨。眺武夷於雲際，俯莆、漳之陵阿。眇近郡之青紫，謂清源紫帽山。盡壑底之乾鸁。倏白雲其下湧，漭滄海之浮波。行日月於須眉，走風雷於懷抱。偉人寰之若兹，矧翶翔乎天之道。念孕靈之何時，計顯迹之晚早。邈天地其無窮，諒兹山之不老。昔吾夢抵崔巍兮，乃在乎甲之秋。睇遊佚而渡江左兮，哦離騷之覽冀州。登絶頂以寥廓兮，云當見今古之長悠。心驚惶而來下兮，殘刦灰之未收。始悟古人之言升中兮，天與山其相接。故賢達之栖懷兮，常危躋而險躐。猶思及餘年以成吾書兮，斸巉巖之石篋。借烟縢以雲扃兮，託千秋之大業。日翳翳以呈黄兮，山沉沉而變蒼。鶩歸塗而乘急景兮，微飋發乎金方。雖無上之苦辛兮，有犇躓之周防。月色滿於平楚兮，孤清浸乎寒塘。翳兩紀之舊蹤兮，獨往來於寢寤。非兹遊之有啓於余衷兮，余何爲乎永慕。思投老以尋諸兮，既中虚而弱步。尚耿耿於攀援兮，倚巨靈之休祜。

雲無心以出岫賦

下士之乏節兮，傷語嘿之道屯。懿昔人之幽貞兮，超厲跡於青雲。信坎離之合德兮，乃非形而非氣。混陰陽之至精兮，洩神物之深意。蹤行藏之所適兮，惟顔氏其庶乎。固潛隱而未施兮，飯没生之水蔬。昔殷商之大旱兮，曾發王之咸陟。一隨渭水之龍彲兮，假靈龜而衍忒。緬千載以悠悠兮，或三顧其追踪。矧六代之泯棼兮，遇典午之曹公。溘吾遊彼彭澤兮，丐區斗之惠也。紛美人其滿堂兮，誰獨哀此憔悴也。迅回馬而驅車兮，望松菊之青青。離塵氛之靡靡兮，混元化之冥冥。斯人而不可親兮，長鬱紆而顧步。

日月絢其中天兮，際清夷之皇路。靄川澤之上氣兮，吾獨媿夫膏陰。懼雷師之我責兮，翳望舒以何心。朝翻飛於海嶠兮，夕余宿於靈瑣。悵汗漫而未收兮，恐清風之先我。魂營營其幾逝兮，喟天施之未酬。仰日暮之歸翮兮，詠三湘以銷憂。

憶昔年賦

憶昔年之方壯兮，洵有志於古初。矧世務之未知兮，羌無樂而歡娛。及蒙難而憂艱兮，乃備嘗乎顛沛。徒觸險以冥行兮，不知幸之已大。昧易爻之介石兮，輕小雅之臨淵。無古人之高節兮，乃獨易於由言。孰能施而不酬兮，宜怨及於朋友。至今耿耿以自思兮，誠反己之未厚。鍵哀誓於寵初兮，固不願此脂韋。豫終始以噉詞兮，亦豈先民之所非。寧不孜孜以慕學兮，愚而不足以發。始知道之信修兮，汝獨尚夫孤説。紛古哲之隨順兮，故語默之差違。至言行之無愆尤兮，則泯然而同歸。中未離於罪罟兮，仰天地之浩蕩。顧物性之既非兮，虚雨露之培養。年荏苒以西馳兮，意肅然而驚秋。何彼賢人之坦坦兮，忳獨懷夫百憂。思補過之無路兮，願假年以學易。曾未窮日月之故兮，敢深言於一畫。亦既奉教於先生兮，識時位之無常。擇經言而撿史兮，求吾身之所當。古有幸而獲濟兮，徒得福於无妄。欲握柁以操舟兮，又未知一葦之何向。無亦返於幽獨兮，問厥初而省之。歷萬法以徵心兮，庶天命之不吾欺。蔚巖松之青青兮，謇獨能彼歲暮。直以其有貞根兮，得幽靈之長護。唯嘐嘐之狂斐兮，曾未試於阻深。冀大咎之終無兮，誦小宛之遺音。

眼鏡賦

及余歲之方壯兮，辨白駒之散花。試玻瓈以著目兮，如山行之霧遮。越雑數之一週兮，當堯夫之始娶。忽有闇之自中兮，知蟾蜍之何處。丐此寶於西家兮，長垔鼻而不斲。又牽耳以防墜兮，若犇豨之在服。翳吾受之離光兮，固獨有此天明。曾幾何而瞀昏兮，假石麵以偷精。心憒憒以未平兮，恨攝生之未固。詧茲理於大荒兮，亦欣然而有悟。吾氣之充腹兮，何以日乎三飧。吾躶然以乘陰陽兮，歲又何以乎裘衣。逮榮衛之失馭兮，致二鬼之遊嬉。彼區區之草木兮，烈山奚取而嘗之。信萬物之我役兮，審吾生之爲貴。日月何所不容光兮，必發爇於陽燧。蓋真精之自然兮，本一氣而同流。得其所憑依兮，乃成功之我收。昔虞后之四目兮，豁廣寄於天下。及其苗裔之重瞳兮，褊不容夫范亞。樂工以耳眡兮，靜者以心觀。惟其初之必合兮，如地之輸灌乎山川。抱耿耿之褊心兮，謂附贅之可詫。謇既得夫希通兮，遂上手而稱謝。

秋高鹿鳴賦以盛世蒐羅英才樂育爲韻

始進以秋，欲其肅敬，興物類之呼招，比人倫之求應。垂簾鎖院，自隋、唐而以來，籲俊闢門，於虞、周而爲盛。惟士首民，用才顯世，故良臣資焉以事君，王者以之而享帝。由鄉升國，比三歲則賓興，貢郡朝京，隨逐年之吏計。揚於顯，動於幽，或眂兆以遐訪，或假寐以旁求。非梧弗栖，固來下於朝日，生草不踐，亦戾止於春蒐。於焉燕以鄉飲，席之工歌，陳旨酒之備有，詠嘉魚之已多。一矢者夸射策，三驅者廣張羅，竚鼂、董、公孫之對，列孔、顏、伊、吕之科。氣以類感，道不虛行。若神劍之干霄，匪張翳壤，比大圭之敵國，微卞沈荆。是以嘉祐追論，美歐陽之司柄，元和動色，爲權公之作楨。寄語太忙，無煩地上之友，借問至樂，孰與天下之英。時則金風肆發，曾霧褰開，月眸朗朗於孤帳，星象隱隱於三能。光動寒竈之烟，巷憐羈客，明收渫井之水，梯接妙才。野老無歡，賢人是樂，勞心斫桂，將爲貧者之薪，連口相舂，欲助飛仙之藥。爾乃茅茹彙升，菁莪弘育，宵雅肆三，南陔補六。惟孝惟忠，初衣初服，昔也求侶之鶯，今爲嘯羣之鹿。陋羊假質，走中澤以蒙皮，希豹舒文，向陽生而解角。望湯岡以斯犇，指文囿而攸伏，而且白毛洗髓之心，靜守緣經之督。豈徒效長途千里之驅，固將備宫沼四靈之畜。

榕村續集

敬書重鐫榕村續集後

榕村續集二卷，先從祖父遜齋先生所編梓也，歲久板蠹。且先文貞公生平著作，遺佚尚多。先從祖父林下幾三十年，不憚博訪廣搜，手自抄撮，又若干篇，存諸笥篋。維迪於壬午春，修補榕村各種遺書，檢校之餘，得自從叔延永先生之孫學洙處，如獲奇珍。復將先從祖父所刻遺編，及未刻録存者，重加詮次，陸續付梓。迨丁亥秋竣工，共七卷。先公手澤，幸不致磨滅，而先從祖父半生孏摭辛勤，亦庶幾可以無負矣。道光七年，歲次丁亥，孟秋七夕，元孫維迪敬識。

榕村續集卷一

書

上柏鄉魏先生書

其辱居門下者，年有餘於兹矣。自夫子光輔宸扆，朝夕署府，曾不得請益問業，於退食須臾之間。逮乎文旆西歸，嬉遊巖澗，以縶維朝野之望，而小子睠戀若失之意，尤有非偶然者。自念從少小受書史，即知辨古今人文章，以爲理之所積，氣之所發，淳漓高下，昭昭乎可察而知也。趙氏南狩之後，風聲而既日卑矣，五百年來，鮮足稱者。明之中葉，紛然有作，然隱括當代，其不遂淫於衰陋，而庶幾醇以肆，天台氏而止耳，姚江氏而止耳。天台之文，取材韓、蘇，而火力未足。姚江之才至矣，自中歲講學，以爲不暇雕刻鍾錬，故其氣或汗漫而不收。恭惟相君夫子，道明先天，學觀無始，天稷之源，其來已遠。宜非小子區區，所預窺者。真編大業，又未克究其藏，而但沐浴乎咳吐珠璣，以竊觀其浩瀚。豈非所謂理積而不掩，氣盛而皆宜者耶？故雖酬酢常譚，點染餘論，入性命，出謀猷，絢爛而歸於平淡，行止一放乎自然，卒澤於七國西京鏘如也。宋、元來音節，無所挂齒牙間。蓋自斯文派衍以還，以是鳴昭代者，如優曇花時一現耳。某也資昏而植薄，志約而聞孤。顧自十七八以後，興會感觸，留連纏緜，未忍舍去。天地古今，出入明晦，亦不可謂不涉其流者也。自惟生長荒僻，日尋蕪陋，方將北學而求依歸焉，乃一朝而得出於大賢之門，深自幸也。甘曠年以自疎遠，則有由矣。今之所謂師生者，非真有文章德義之相求也，權勢是追，而聲華是亟，旅進旅退之下，懼無所結於大君子之知。故積誠守塞，落莫自期，庶幾釋子之言，將此身心奉塵剎，是則名爲報佛恩者。以爲人生所以酬君親師，宜在是矣。區區奔走之踈稠，殆非君子所遐棄。然緒言要旨，闕焉未聞，瞻送道周，佇立徒反，良自恨爲俗見所拘，而自絶於希通也。伏惟夫子矜其愚而察其誠，亮其區區而終有以閔育之，幸甚幸甚。又家仲父諱日爔者，其行事别有紙請。其人在日，可稱奇士。向嘗一游太學，識之者稍多。然性好古而薄名利，遂遯荒野，寢匿聲光。小子念家仲父之行，必有附而後傳。夫子之言，必傳而且遠。苟録奇節，採幽芳，綴名山大册之末，異日或有用於世，或終不爲世用，而薦紳誦之，邑乘書之，其必有傳也已。昔何蕃氏得紀於韓公，仁勇之聲，至於今不廢。考家伯氏事蹟，似著於蕃使，幸而獲托其人以傳也。其亦無擇於川澤澗谿之高下，而亦有施者與？情辭交懇，忽忘冒瀆，伏惟鑒宥，則又幸也。爽氣初臻，崧光載絢，而小子隨行課誦，末由舞蹈於杖屨壺觴之前，瞻仰南山，祝眉壽以光邦國而已。

與徐壇長何屺瞻書

僕以投老歸林，而舊恩深重，弗獲寧居。先妻藏室，已於去臘破日者傳而了畢之。擇於二月初間登道，但行程紆遲，不能趁萬壽節朝賀，特遣小价持摺先行。賤體益衰癃不必言，近復爲瘡毒苦楚，但非前歲惡症之比耳。君恩之外，得重與故友相見，亦是垂暮愜心之事。凡同志諸友，皆先爲我致意，即覿面不能一一寓筆札也。屺瞻志在春秋，甚妙。大抵士大夫治經，便是太平機兆，治經而能祖述淵源，節中前聖，尤足以厚世道人心於無窮也。

與徐壇長書

十餘載羣聚倏别，黯然舟行，多值逆風而逐水曲，月盡始達臨清。過此朔風順流，便可計程站也。閒中欲理舊業，感寒鼻塞，經歲未輕，殊覺坐起煩悶，兩耳益聾。五更時，卧聽鼓角，棹聲微茫，在雲霄之外。獨眼視比前稍明，應是吸鼻烟之效，如赫公説耶？過此度行人抵家，惟時寄音書，以慰懸念。宦途古比波浪，我輩惟以言行尤悔自循，更無彌縫補救别法。一日夜坦然，便是畢世千秋形影。身雖投老，未免憂畏，亦秖以此意自檢勒。故欲公諸同人，守此護符也。

又一

途次遲滯，又一行衆多，幾度夫船，未易卒得，歲暮趕程，除夕僅得抵里。與發棹時計，日竟差蓂莢也。過吴門，恰聞于思公事，一路關心，至敝省乃知消息。生聖明之世，何患蔀覆？此恩乃磊落無他之效也。紫陽貽龍川書云：「願老兄退然以醇儒之道自律，則豈獨免於人道之禍，而所以涵養本原，以爲磨礲事業，發揮文章之地者，益高大而光明矣。」雪後陽春，長養加茂，豈非愛助者之惓惓乎？兹以萬壽節具摺請安，天末無可陪手，離圖書别又輶褻非所獻。吴門曾托子遵令昆代覓，然未必恰好。家中舊書四部姑帶去，讀書記是一部名篇，浦城已無此板。此册亦係前輩寫録補湊，尚缺少三頁，然難得之書，所缺無多，似不妨進否，幸惟留意。

又二

閒中重訂詩選，删去百餘首，然增入又不下二百首。長路抽添，應略見端緒。恨兄與屺、對二君不在此，逐篇評酌，庶無遺憾耳。近外間禁止小單章疏，外無所聞。身雖投老，然有所樂聞、所應知者，言其所可言，是在明者隱括裁寄。尤願讀書多，應酬少，相見朋友，論文章，勿談世事，似是儒者本色。行是而仍有謗傷，則坦然付之義命可矣。

與何屺瞻書

御試文極酣暢，論亦切題，不作泛語。以後有所作，正當確守宋人彀率，即異日藏之名山，亦不過抉窈微，尚體要，去宋以後之冗長耳。歐、曾、三蘇文，使當日稍裁剪，何讓古作也？所示背誦禹謨，不喻其指，豈寓出好興戎，招損受益意耶？信然甚善，或别有他謂，然而吾説亦爲燕説矣。

又一

兄志在以學自通於後，科名原不足爲兄喜。所可喜者，出自聖明特數，爲昭代美談。二則爲高堂垂白，苟非以險幸得之，亦古人所以變色動心者也。趨禁有日，深知慎默容忍，又因此得大精進。賢人君子，歷乎寵辱榮顇之途，處處是學，正爲此等。如必曰矯矯直遂而已，此以肆志山林則可，入世之後，即如千金良藥，亦須泡製幾巡，獨存真性，然後自度度人，其道不窮。況在我者未必盡是，在人者未必盡非，即令全非，又不足校。觀兄近事，真能以是自撿勒，此尤區區之所嘆服，誇於子弟，以爲愜我深期者。會場已迫，想未免費旬日揣摩。壇長及小兒輩先後來集，晤言之次，可以陳所未悉。小兒囑其度外置勝負，恣意吾所作。如此則神完守固，未必不於局促規趨者愈。尊意以爲何如？

又二

小兒回得書，備悉衷折。所料擿者輒已得之，無俟更贅矣。不能據理揆幾，而但以聞見爲先覺，一日十二辰，幾番摇震，何自立之可言？終須以千金易敝帚，其智不足稱也。劉大山卷，迥出其歷科闈作之上，如區區司衡，無超其右者，當弁冕矣。顧未知諸公賞識如何？舍弟輩又最推重兄文，以爲排奡妥貼而有聲響。恨忽遽行役，未得即觀之耳。

又三

見殿試榜文，甚喜。雖不在三人之内，然充館職，便與才稱。且將來得箇好學院，主司文章，有種子矣。前得字云云，備悉心苦。此等在當場者，内斷於心，拏處拏，拚處拚，有不能相謀者，故久而不答也。易義刻將竣，名文尚須補備數十篇。昨有蜀中學差劉君過此，來取諸書。初不之應，及面問頗自命。又於區區各前輩批論，皆歷歷記憶，獨不曉費隱章，略爲剖析，却言下涣然，似非全無實者。因贈以諸書，與之講論學政。不知其人素望何如，後來可指擬不也。賓實教人子弟如己，誠篤可風，觀射亦率府縣官，盡人一日之長。件件皆能如此，天地間漸有實事矣。

又四

久不相聞，一爲密切難通，一則自春至今，苦無善況，神瘁於吁嗟雨暘，力疲於檢衛胥史，殘疾日深，坐起艱難。室雖云遐，然中外相應之文，亦無時而斷。區區景色，知己者固可料揣得之，無容以告也。畿郡西成，此時已八九定，大約尚可稱豐年。蝗蝻則發二十餘州縣，其吏民皆能如法捕滅，與初歲調發倉皇，儼如勍敵者異矣。數河獨子牙發水最少，予將漸得優游，亦造物者哀龍鍾也。近疾病辛苦，隙中改得中庸、春秋一遍，春秋固如鷄肋然未足道，中庸亦尚有蕪蔓處，恨相去遠，不得面質。周官想已得其精奥，有著述闡明，能寄示一二否？算學，對初、居璧居然升堂，壇長尤爲困學以造階墀，有志誠無所不可。名文亦已竟選，稍復搜入而又汰去，其已刻者，約不過三百七八十篇内外。初欲兄敘行之，今姑冠數語目録之端，免使其書不成而已。有來索者，亦鮮應之，度其必至覆瓿也。

又五

扈駕在外，即聞兄有伉儷之戚。正擬回日奉慰，適值官署焚煬，傷壞幼孫，意思不佳，小兒尤甚，是以遲遲未及遣价。不謂兄相念切篤，乃輟至情而憂我之憂也。兄神理内足，將來自然有所擔荷於時，傳述於後，夢寐恍惚，亦何足云。見與壇長書，乃惑心所造，想與因成，管、郭之所不占。僕昨涿州暴病，自分已無活理，其時公私百念俱熄，但覺糊塗一生，未免耿然餘恨。因悟得論語「朝聞」一段，意思真切。今幸不死，迫欲有所參尋，而自少從無根脚，此時何處安身立命？乃欲於故紙中妄有點汙，蚓竅蠅鳴，亦已疏矣。平生諸書，惟易稍熟，其塗改稿，幸隨行篋餘，抄寫批點，一二百本俱無存，日閒便無可温繹者，頗以爲撓。樂筆要緊處，尚能記憶，得一年工夫，撿括類萃，可以卒業。然無此晷刻奈何？

聖明一見，即稱奬淹雅，甚有喜色。僕平生頗受友朋之累，然每諷「蒹葭」、「場苗」之詩，思所謂「舉逸民而天下歸心」者，喟然永歎，以爲此太平之基，太上盛德也。故每披誠不顧，其後良以自笑。近又推行水田社倉平糴之事，將來亦必爲人口實。然意謂雖不成，亦且存此端緒，毀譽蓋其外者。王仲淹云：「縱我不往，子寧不嗣音，奈之何以不行而廢也？」高明何以教之？

又六

比偶與澤州語及小韻書，坊無佳本，可以持攜。臘前煩季方就廣韻摘出入用者，韻目下注明唐人律令及古詩諧協之正。蓋盡用寧人意，約而少之，使幼學知大凡。然恐尚有差謬取笑處，渠帶去校好，屬龔君鐫版。兄或取看，更一鑒定，又無餘恨也。日月有時，制期遂闋，旁觀者淹速之論棼如，不如内斷於心之爲善。或筮以決之，亦古人所謂行止聽命於天者與？

又七

素車南旋，倏忽周星。緬知大孝不匱，哀禮之餘，永言善繼。惟良朋闊遠，結懷莫伸，疑事靡質，老病摧頹，加此悵悶耳。見季方頗問仙鄉形景，但得秋禾大穫，則千災漸散。否則才吏猶難遏其衝，況每下者。吾兄儼然在憂戚之中，雖閉户莫加責，正好緘其頰舌，讀遺書，考古禮，以終王制。鄭峚陽所謂「收視返聽，而通幽明之故」者，固不以人廢言也。曩會聚時，曾以摘宋史、選古文兩事相屬，日月之暇，且了其一，亦非細故，未知得分神於兹否？近閱孔子之道，大而能博，雖朱門答問，亦破句讀。甚矣！看古文之難也。詩亦大有關繫，但古調新聲，既難判決，知人論世，考究宜詳，須俟異日合並圖之。近代作述太草草，真可以爲戒，不可以爲師矣。韓文考異舊本，爲翻刻已畢役。壇長悉依廣韻字様，校對更改，似稍精細。今納去一冊，兄更詳閲一遍，有錯誤處，覓便寄示。乘此時尚可補正也。

又八

日望車音，未聞發軔之期，想默語自有定見，區區思之未熟，亦未敢便贊一辭也。衰疾拘繫，動彈更不能自由，誠不敢以時命擬古人卷舒由己之説。鮑照所謂「乏古節」者，其根源遠矣。家居所就何業？想當有體大思精者而日措意焉，時寓一二，慰我寤思。季方刻韻書，至今未寄到。前所示仄律極是，不審尚有謬論否？開口便多錯誤，此讀書所以難。然時下朋友，便分兩種，一則執其誤而嗸争，一則慮其誤而泯默。竊意二者皆非也。知錯誤之無足慚，而有所大慚者，庶幾爲古之益友乎？庶常蔡聞之道閶門，欲相見，兄素負人倫鑒，試叩之何如？東漢郭、李輩，甚能成就人，區區未得其術，但細勘有嘐嘐慕古氣味。如論真實切靡，則惟勤讀書者便佳，細讀正經要緊書者更佳耳。

又九

小兒信至，云春初起程，計建溪一帶，溯流濡滯，保護長幼，須春盡乃達閶門。兄必不爽舊約，俶嚴偕北，凉風徂暑之先，便望聚會也。緣功令以極、銘、通、蒙命論題，而正蒙文意奥賾，從來未有註，聊與疏釋大旨，並三書朱註刻之，即日成編矣。字係王端一手所寫，大小均匀，款式頗善。去歲病急中，一無所念，但以一二卷書粗通，而未卒業爲歎。今思之，猶拳拳惕若。雖日事簿鞅，然欲以今歲改就庸、易，未知能否耳。餘商略事頗多，總俟覿面。臨風引盼。

又十

季方留此，爲之覓館，其人志趣不俗，而能思索，將來名世佳士也。吾兄服闋，還朝必難緩，某明歲有丐假之志，但相遇於京於途，則未可必耳。聞兄憂戚之中，暇復講誦，此誠大業，不可遲遲，恨不得時聞新得也。潘稼堂聞有韻書，已脱稿，諒未得即鋟版。兄爲作書問之，不敢希得全篇，但抄其括要凡例數帙，因便惠寄，足慰傾喝。

又十一

得手札，覼縷即如面談。兄行遲速，亦曾細思熟籌。兹見所與壇長云云，具知慎重之意，變不可以先圖，幾動即應可也。貴鄉大吏，力行文翁、常袞之事，其意甚美。惟其輕於著述，有如所言，刻書豈是易事？古人竭終身之力，猶未敢公傳道之。近代不知此意，此從爲己爲人關頭失脚，將來豈區區沿習之過哉？令其心欲求明，意欲求安，即無論聖賢大業，非旬月所可就緒。顧寧人、梅定九書，名象數專家耳，精勤五十載，廢寢忘餐，僅乃有得。觀其自命，皆有質鬼神、俟後聖在其意中，非急於湊集刊布，書成而橅已茫然者也。保定所刻，皆可有可無小書，中惟洪範爲輕舉，今則觀人省己，益不敢矣。中庸依經解釋一遍，又爲餘論一編，皆未成之書也，俟有暇抄正。易經亦從頭修改，有正解，有餘論，如中庸例。看一二年，頗穩於心，方與兄及賓實共評論之。學者求不自欺而已，頗實見其然，非敢慕古也。惟榕村稿，若有閒日，稍爲改削增損，付刻不妨。蓋八比是秀才家業，如唐人詩賦樣，從衆自嬉，原非可傳者，故無大罪爾。近因令小孫及諸友五日一課，直中批擬既畢，亦隨手成篇，一字未經點竄，故未敢奉覽。此道一則當代功令，二則使後生知讀宋儒書，以上達於六經之義，有明所以治太平而俗醇厚，疑亦有助焉。今稍有才氣者，慕爲古文詩辭，而土苴棄之。故雖素負文望者，一爲學使主司，殊不能鑒別精粗。兄今諄諄以此指授生徒，甚善。將來心細理明，即爲古文詩辭，亦當迥然異於凡俗矣。

又十二

季方在此亦半載，讀易及宋人諸書契，悟殊徹。此人淳意未澆，而又不以義理爲厭，長此不懈，殆書種也。餘則大山時常過語，寂寥時，藉此數人當山泉雲物。愚自度年邁，略有晷刻，不敢虛過。易稿又改數次，與前復不同矣。封印後，又草就百餘帙，略如歐公童子問體，與正編相補備。今既脱稿，更加細改一番，將屬仲潁、振聲輩寫出，畢日相正。

樂雖不曉，然紙上譚兵，略能剖其條理，紀其算數，故亦就舊業修完，工程亦幾六七。然身心不理，雜好無窮，真正無派頭學問，如博弈然，猶賢乎已。韻學次耕舊説，早年曾面過，其大綱尚能記憶，但不知後有新見否？愚所臆撰，與渠同者爲多，故願一見其遺稿，以相參證。書義與秀才們拈題者，皆揮灑不加意匠，非正始也。小孫輩録存者，與索來寄數篇去，其何首頗可，幸標出見示也。洪範依經重解一遍，仲穎倣音韻五書字體，寫出付刻，去歲曾奉寄否？今再去一冊，並爲改駁其不中倫處，得以换改。敝鄉解元文曾見否？氣味時文也，然書理甚暢曉，閩中歷科第一元也。四川劉益侯所掄榜首，亦清正，此科兩人而已。壇長近文能入理，但恨生澀，倘非區區持衡，恐猶難覯邂逅。曩年曾以詩文、宋史三事相屬，未審暇時亦曾爲之兆否？側聞銜恤杜門，有司加重，至願有所周爰而不可得，高矣美矣。或虚懷而至，造廬則片席而福枌榆者，亦古人所不恡也。

寄楊賓實書

小孫會課，輒將其題目率寫大意，積數十篇。然須略加改竄，方可寄質。憶兄在京中處館，曾有授學生百餘作，皆短篇精鍊，理法周到，獨起講稍存時體。當時議欲改削存之，未審已就稿否？近日諸友，方有深知兄前稿之妙者，得繕一本見寄，使孫輩及朋友觀法爲望。

寄王振聲書

所示韻書，規模皆穩當，其精微處，更須細請聖誨，裁定指示，恐吾輩井蛙之見，不能及遠也。行文間有應商酌者，如序中「合於古而傳於今」一句，須潤色。蓋馬、邵之書，亦無悖於古，而未嘗不傳於今也。來字中「最古」兩字亦然。諸書皆在唐韻之後，非最古者。又説中既以陰平、陽平分清濁，則是見、溪與羣、疑之類耳。若官、關、間、堅，則雖南北音異，然皆陰平也。此又是一樣清濁，與陰聲、陽聲之清濁似不可相混。此一句愚未能曉，或有别説，可寄來知。又守温似亦是唐人，序中謂宋人，有所據否？其與神珙或同時，或先後，更須細考。至其大端處，已具摺奏明。

又

韻書未能細看，大抵規模亦好，且依此修去，從頭斟酌，損益亦不難也。重中、重輕、中輕之類，亦不甚確。如古人有此説，姑存之，以俟商定。看來東、冬、鍾、支、脂之類，雖唐人强爲分别，只好仍其舊貫，必替他尋一着落，終屬影響耳。餘面論不多。

榕村續集卷二

書

上雲麓富先生書

承先生報翰，喻以情禮，即日白馬素車，爲入郡之計，而劇寇氣焰，日以嚮邇。初猶不過意借道敝地，爲入永德深菁之謀。比見晚聯集鄉衆，申明約束，兼捉獲其黨羽，及偵伺者三四人，意懷忿恨，遂有密相圖謀之志。耳目手足，分散四出，皆裝扮如平民，布滿街陌巷市。呰門傍晚即閉，子弟夜不解衣，蓋凜乎遂成敵國矣。自念孱貧，有何才力，況在先君子憂服之中，悲慕不寧，安能復聞鼓角韻耶？但思欲乘間郡行，而晚一離此間，則大盜不須時而至。老母在堂，安敢棄去？欲盡挈眷登舟，則又纍纍多人，關係重大，山行水宿，憂虞滋多。況先子區區十來年精神，經營家廟甫畢，亦未忍驟委之盜賊之手。以此趦趄卻步，日復一日。賊勢不解，救援不來，而仄聞先生駪駪車馬，則已戒程有期矣。

初意官軍能來，足以牽掣其勢，猶可間道一行，對先生商略肝鬲。望眼已穿，絶無個人隻馬，時事相羈，王程不待，邂逅之慳，豈非命耶？衡、岳塘報當不謬，天下大勢已定，而維桑之苦，未有瘳期，政不知仁人君子，何以救之？大抵禍本不除，亂勢不弭，多置兵則病民，稍撤備則致寇，此閩海三十年之亂，所以相尋於無窮者也。此時撲滅餘灰，汎掃五六十年島嶼之穢，宜其勢若反掌。而文武觀望，情類養寇，坐使死燼復燃，奸黨生心，言念厲階，可勝惋歎。去歲，兩啟親王，幾不自量，薄寓請纓之意，由今追思，可謂狂妄悖謬。然憂感憤激，近忘其身，而遠不計人之疑己，庶幾知己君子，猶有能諒之者。鄉親自先生一家而外，各懷兩端，向背不測，故此啓始終不敢示人。有問之，則對以撫議耳。其實撫云撫云，非晚本意也。然中間所譚勦撫機宜，亦不過老生常談，賜蟒秀才輩舊話耳。第二啓又適逢卧病，假手於人，文辭曼漶，頗少警切，絶無可動先生之聽者。承索，固不敢匿，然粗閲即畀祝融回禄其可也。竊意主上南顧之憂，可謂拳切。自去歲三月後，採訪閩事使者，相望於途。晚嘗一遇之道路之間，爲之揮涙感激。然萬里之外，遥制實難，要之得其人，則一大吏、一大帥便足坐制羣盗之命，岳鵬舉輩文武兩言之箴，拯時良藥，無過是者。顧安得此而副簡在之心乎？又此番尅復，雖簡册以來，絶無而僅有之大功，然海内元氣，亦虚耗已極，不特閩中爲然，恐自大江南北，凡徵發調遣，輸挽所至之處，俱已大疲極獘。昔漢武戰功已競，而四海空虚，霍子孟爲之休息數年，乃復文、景之舊。今大亂取次削平，撫卹瘡痍之道，似宜亟講。嗚呼！非大小多廉吏，誰能承此德意乎？憶晚於丙辰夏，夢三烏共食，一日幾盡。頃之二烏相鬭，各飛去。又頃之一烏亦飛去。晚方快睹日光之完，忽已身在日裏。見其中有屋宇廳事，上坐關侯小像，晚即祝曰：「適者所見，豈非耿、鄭二逆將自相吞噬，吴賊以次蕩平，聖天子復手定太平之象耶？如不謬者，神其點首應我。」言訖，木像遽點首如人形。無何，海寇取汀州，遂與精忠絶好。又無何，而親王度關矣。今吴三桂奔竄窮蹙，授首可期。三烏之兆已符，太平之徵不遠。又聞主上益自厲精，雅好讀性理大全書，此又太平之瑞。漢、唐以下，好學之主，留心文鑑者多矣，未有潛神性命者。武功文德，求之二千年中，皆匪其倫。吾儕幸親見之，其於太平之化，亦拱而俟之耳。然時若有所深思，時若有所願言者，何也？其思爲嫠杞之憂，其言爲芹曝之愛，知無益損於高深，而自有不能已。且傷彈之鳥，聞弦則驚，野人遇虎害者，譚而色變。晚生三十年，而傷彈遇虎，不一而足，安得不色變心驚哉？主上聖明如此，而凝厚忠誠如先生者，即日台衡翌扶元化。吾君乎？吾師乎？庶幾厝我於袵席之上矣。至於三年患難中情形景色，雖不足追述，然亦有可相感歎者，顧非晤面不可筆繪也。恐先生欲知其概，謹以僞吏官洪磊聘書、知縣楊芳請札及晚辭啓稿並繳覽。當時啓稿，受意於先子而爲之，先子曰：「立言卑遜不妨，要使此啓異日，字字可質於聖明之前，而後爲不負心也。」稿成，先子復陳於先祖之前，父子墮暗淚而書之。嗚呼！患難教子，安樂棄之，而今而後，晚雖窮盡人間富貴，此痛莫消！先生愛先子者，念此當亦喟然增惘也。此三紙，自親王、將軍及諸當道，未嘗一出以示，蓋示人則近於好名。今以呈先生，則家人父子之誼也。

與甥孫思哉書

吾泉害氣未究，重羅此厄，不獨在扃中者無完卵之望，即不佞亦自圖遠竄，不復能守祖宗之墳塋矣。今幸解脱，實藉天幸。然此番當事，苟不懲毖後患，剗絶根株，吾儕從何處安身立命，委之大運而已，奈之何哉！不佞擬到郡慰問諸親戚，而海寇屯住同安，逼近坂頭一帶，仇我深矣，備之宜密。又數日感疾，是以中輟。前興兵時，無處取糧，凡諸親租谷，各有那借。甥倉中借貳百挑，俟將來當道有設處，即填補並聞。

又

不佞原擬再到府城，而自月初冒病就路，歸來覺日日俱不爽快，一往一來，殊非易易。不佞此時，强弩之末，家中百凡罄空。昨因天氣漸寒，查所以禦冬者，自綢緞衣服至粗布，俱盡解以與人，所存者朝衣耳，爲之憮然。然祖宗無虞，足愜素願，要之力亦竭矣。今吴三桂已死，劉國軒又敗，大兵於廿二日入長泰縣，蔡寅斗亦於十九日死矣。看此大勢，取次削平，如亂得遄靖，不佞方有郡居之志，甥乃更來耶？磚石之喻，不可不思。再觀幾日景色，以定行止，勿得輕易，以貽後日之悔也。餘縷未悉。

寄季弟耜卿書

近以簿鞅餘暇，覆點朱子文集，將取其要者，彙成數卷，庶便温繹。須得年譜，檢對先後，人來時，或他確便，弟可搜出封寄，切切。覺得五百年來維持，真是此人之功，孔子所謂「民到於今受其賜」也。此人與孔子相爲維繫，百十年來，人莫盡心其學者。故經義之道亦熄，不獨雒、閩爲土苴，幾於鄒、魯亦贅物矣。中間有幾人自名者，皆是今日繙閲，明日立論，無爲己之心，而忽以持世自任，祇貽嗤笑，益助衰歇。渠輩蓋不知菽粟之味，是凡人飲食而不知者，故一則惡其説之害於聲利而不事，二則謂其理之庸常無奇而不思也。近如顧寧人、梅定九，皆盡終身之力，專門名家，卓然可以自通於後。聞北方尚有一二人，同於梅子之學者。至於移其心以事經籍，則吾三十餘年，未見一人。蓋彼之學奇奥其外，而此之學精實其内。外奇奥故有好名之心者歆羡焉，内精實故無爲己之志者畔援焉。豈知從上聖賢，二千餘年，心血盡此數編，安有不出一點辛苦，而夢見者不成。周公俯仰待旦，孔子發憤忘餐，是在彼搜奇摭異，眩視駭聞也。歷覽俗尚，殊爲可憂。不過數年，恐更有左道異端，乘之而起者。蓋消長盛衰，人心爲之魄兆，其證候先見也。吾儕又無德業，足以重吾道，惟挾區區之明，狂呼一二後生，使事探討經傳，而卒無應者。弟平生與十三經相寢興，而又觀玩閩、雒，可謂賢者識其大者。今於孫卿所謂「誦數以貫之」者，儘已成熟，不足復費日力。惟一意於精思探討，有得則效横渠修辭之法，條條劄記，以備遺忘。如前書所説三禮，是一件大功程，異日將以相屬，切具其端緒，再作一二年講論，便當幽者明，散者同也。屬有所感，晨起作書相報。

又

自弟出署時，吾巡漳河，凡月餘乃返。未煖席，復迎鑾，又月餘乃返。返時，簿牘如山，又值報銷奏讞之期俱逼，竟不得數日坐理功夫。又以捕蝗遍歷郡縣，至今四十日未歸也。老大殘疾，鞍馬殊危，兼以伏日暑雨，炎溽交蒸，北地泥水深厚，終朝跋躓，然中心安焉，雖冒病不辭者。自惟垂白，功德不竪，督學時粗盡區區，爲有以及人。今則捕蝗蝻已近十萬石，將來當不下數十萬。直隸秋成大熟，幸未爲此物所傷，抑亦竊比於禦灾捍患之細者耳。考亭至訓「身勞而心安則爲之，利少而義多則爲之」，吾輩其奉此以老乎？弟遠遊兩年，古文時文俱大進，並詩字亦自不能而能，可識吾前言之非謬。今無論秋闈得失如何，可以來者尚其自勸。千秋事業，於科名何有？況有韞必章，造物亦有時而巧於宣洩者乎？汝與傅、佃二姪，固必無虚發倆，只令崇積學殖，要勿以淺近滯其心胸也。臨場須慎閎，來者又是源瀾羣吠，烏能知我家法？多言可畏，矧有一二不類子姪無知，而受人愚，如汝所言前歲云云者乎？内恕己以量人，各興心而嫉妬，古人之言，於今累驗之矣。埅兄處有我所寄游定夫、朱子、王姚江等字，俱囑爲我收好，我將遣人來取。墩兄、埅兄車馬間未能俱寄字，即以此遍傳觀之。

寄耜卿諸弟書

我去秋面聖，即求解幾務，許俟鑾歸，既又許以今歲春後。而屬至尊宅恤，加以違豫瘠容，殊未復以私事黷請，不獨不敢，亦不忍也。冬間隨班奔走國憂，拜跪之外，日扶曳行四五里，兼有文字起草看詳，本分職掌，衝嚴寒，受極憊，不知此身何以捱過，意亦祖考默相佑耳。行止固有鬼神，今直虚舟視之，不敢存意必於胸中矣。行年七十七，耳目手足之用俱廢，天恩君恩擬亦非久相舍也。去歲偷隙，論孟劄記、詩經説、離騷、九歌説並脱稿。家居整年，反無一字。故知平生領得勞碌文憑，老杜所謂「斯文憂患餘」，其有感於兹歟？今歲有暇力，又將學書、春秋、樂原有稿，惟禮不敢動手。得耜弟究此業，將來斟酌存家，成湖山小小經學，俟後世好古博雅君子，亦一事也。根枝未離，凡子姪皆篤愛，遠地屢有訓言者，深知不類之非福，欲其共登於岸耳。言我過者我之師，阻尼吾事者吾之益友也，將感激之不暇。忿懥藏蓄，以爲仇敵而念報復，可乎？

示長兒鍾倫

我起身後，須與汝母及諸叔善事祖母，朝夕省問温寒，三餐外詢察饑飽，暇時相率聚譚其側，務得懽心，比我在家時，要加數倍周密。我得間即圖歸養，極多不過二年，斷不稽久。此意屢當與祖母言之。每月寄平安問一次入京，封皮寫明月日。我到京亦頻寄家書，以月爲度。

家中費用以儉爲主，除墩叔處我有另單分發，其陶督官店賬，我結明後，可按月支取雜費。租粟亦須查核各處多少，遇時季成熟，發該管承行催趕收貯。何處實收若干，皆須稽察明白，遇用支發，勿致侵欺。

族中鄉中户婚田土，一概事務，閉門勿預。有以微利相啖，浮言相激，虚罔不實之事相欺者，小人情狀，千態萬端，切須謹察，勿墮奸計。投拜倚託之類，尤宜慎之。此輩皆無好意，操豚望歲，爲累不少也。

家中門户，早暮須謹啓閉。婢僕一束之以法，火燭更須防慎。

明歲直年祭祀，前一日齋戒省視牲饌，其儀注就諸叔處取觀，倣而行之。請墩叔奠獻，其豐儉之度，依前歲所刻圖，不必以多爲貴，但須件件鮮潔，不可陳汙涉慢。

五祀依舊圖，届期以牲酒致祭勿忘。

我行後，或有至親意氣不合時，不必以格格待之，仍然春風和氣，敬愛之不改其常。亦不必屑屑暴白，自盡吾事而已，自然消化也。

讀書須有常程，月會歲計，皆有成緒乃佳。以勤爲本，以虚爲用，就將積累，自有見效之時。大抵見辛苦意思多方妙。三英須時時鞭策之，今政是敬業時，萬一放倒，便無足望。

每年以完輸錢糧爲第一義，須察我本户李聖義歲額多少，按限完納，謹藏糧單，以備查考。若當交輪時則納，李義總户亦如之。並諸叔皆須以是告之，勿爲官役口實。

我行後，事事俱須與聞。至親未必皆明大義，相與愛惜名節。閫内或爲小人鼓煽，干預鄉里一二小事，尤易蔽於是非曲直，而暗於利害之機，更爲害事。

輸糧　鬮政　鄉事　讀書條目　至親禮節　當道交際　親朋往來　家中用度

租店稽查　京書時通　委任常人　濫交雜要切戒

右訓示十二目。

又

途中看梅先生書，其功夫可謂不媿古人。漢人學務精熟，誠兩字妙訣，惜其時以專門自限耳。看來近代讀書，無一精熟者，不獨吾儕也。精熟以治經爲先，能治一二經作本領，然後從吾所好，則不犯程子遊騎無歸之病矣。吾嘗欲以暇日，取易注疏、大全及語類，宋、元諸名家，精擇詳裒，萃成一編，既令胸中浹洽羣言，又以惠後進之業是經者。塵鞅如斯，安能卒就？且自所筆記，亦欲及時改削，粗使條序，不可得兼也。汝便可稍立一規模，逐漸做去，勿忘勿助，歲月可成。若至取舍難決處，共講議之，此功一竣，不愧父祖傳經矣。如有書寄四叔，將我此意寄曉，贊其起三禮稿。人生至五六十，收拾家業，不可悠悠矣。況朱子云，惟此等事，尚可從容講論，以慰窮愁也。

寄示柏藻諸孫

途中節次寄書，想俱到。今於六月初七日入京，有二次旨意，令伏暑且勿衝雨水赴熱河，俟處暑前後出口，又賜官房一所居住，皆本朝來未有之曠典也。我病已痊愈，但殘疾益甚，不能坐起爲苦。又寒暑陰晴，皆入腠理，鼻長塞而耳全聾。要是老態及之，無可奈何。壇長輩於旬日前，爲我筮得乾之小畜，玩一「或」字，似非持久之兆，乞身非遠，未可知也。過蘇州後，病稍差，即於舟中草出論孟劄記，四十餘日而脱稿。向後閒時，並學、庸舊稿删改，便可謄清家藏，以酬宿願矣。孫輩此時，想已在省，讀書做文章之外，淹速莫非命定。若果是有志大業者，發洩愈遲，成就愈遠，切不可以俗情罣於胸懷也。十二伯事，辯明便可撒手，服而舍之，人益悔感。奭是佳子弟，正當以厚德培養之，其不温經書，不誦古文，乃俗下派頭之誤。一舉人進士，便當作天來大事看，英材淪溺於無師友之助，良可惜也。賓實分巡，乃當宁試可之意。餘家事須汝等體吾意，不能一一。

寄示奭亞台菊四姪孫

汝爹之變，出自非意。我之諸姪，老者惟渠一人，吾嘗戲言，將引爲老友。今又先我彫謝，何其悲哉！所喜汝兄弟，皆讀書守規矩，將來食漁仲公德澤，必能昌大其家。目前惟銜恤杜門，然暇時不可忘本業也。少時曾讀過經書，須取起温習，既知作時文法，則不必埋頭誦臭爛坊刻，摘選兩漢、唐、宋古文一二百篇，口讀心追，筆下自然健勁。勿惑於苟簡議論，蹉跎歲月，爲賢者所惜。謹記吾言，望之望之。漁仲公碑陰，吾暇時另作一篇，托屺瞻寫好續寄。

疏

謝寬免保舉處分疏

臣李光地謹奏，爲恭謝天恩事。臣因去歲三月間，請假陛辭，口奏侍讀學士德格勒、侍講徐元夢文學優長，在漢人中罕匹。及臣行後，皇上親行考試，德格勒理體乖謬，不能成文，徐元夢亦膚淺凡庸，最出廷臣之下。臣以一時愚迷，遂成欺誑之罪。又德格勒妄奏，臣願爲外官，以便養母。彼此互相稱引，更難免朋比之嫌。九卿廷問之下，臣惶媿交集，置辨無辭。惟有據實供吐，俯聽皇上嚴加處分，以爲臣寮阿好徇私，薦舉不實之戒而已。隨兵部尚書張玉書、刑部尚書圖納、都察院左都御史馬奇等傳上諭：「李光地先奏德格勒所學甚博，文章甚優，亦善占易卦。德格勒又稱李光地若以總督、提督任用，令同伊母赴任則來，若於別處任用，必不肯來。因伊等互相陳奏，朕欲辯其真僞優劣，特加考試。迨將德格勒治罪，又有稱德格勒被朕左右之人誣陷冤枉坐罪者。今德格勒活口尚在，李光地亦至，朕欲明白此事，故令詢問。李光地既自認妄奏，同考之人又將德格勒不能作文懇求之處供出。九卿詹事科道等官並李光地，俱稱德格勒所作之文全無文氣，甚屬陋劣。事已昭著，應將李光地治罪。但李光地前爲學士時，凡議事不委順從人，臺灣之役，衆人皆謂不可取，獨李光地以爲必可取，此其所長。除妄奏德格勒外，亦别無如此啓奏之事，姑從寬免其治罪，令仍爲學士，嗣後勿再妄冀外任，並希圖回籍，宜痛加省改，勉力盡職。爾等可於九卿詹事科道官員前，將李光地嚴行申飭。」臣跪聽之下，泗泣嗚咽，不能仰視。伏念臣奏對失實，孤負皇上拔擢深恩，自知罪戾宏深，無復闕廷之望矣。皇上不惟寬以處分，許之滌慮，而且念其從前一得之愚，訓飭之中，尚存奬録。聖仁高厚，天施地生，真不知所以爲報。惟仰承聖訓，夙夜匪懈，精白一心，以補塞天恩於萬一。臣不勝感激涕零之至。

榕村續集卷三

序

洪範注初稿序

洪範一書，不傳久矣。微文碎義，雖更演繹，而天錫禹敘之精微，茫昧而莫測其端。故其義理象數，兩失傳焉，使神聖之大法大經，面稽天若者，不白其緼於後世，歷漢、唐而迄於今矣。夫河圖撰二氣之變，洛書立三才之經，故羲、文因圖而造易，禹、箕敘書以作範。此二者是天地之所條陳，而千古聖賢，所以兼體而盡其道也。故圖、書、易、範之學不明，則天地聖人之心皆晦。程、邵之纘羲、孔，揭日月於中天也，而範猶未著，其將有所待於後人耶？愚自讀洪範，即有所不允於心者，大覃思稽，慮合圖、書以究其原。三年之後，恍然若啓余焉。三千餘載之心，豁於明月，而凡遺經之所載，微象奧理，義類融通，舉無毫髮之可疑，質諸禹、箕而不悖，竢諸後世而不惑。於是傳而明之，不敢避其專焉。嗚呼！天人之故，遠哉微矣！非玩心高明，神智幽通者，未足以與於斯也。吾所信者，禹、箕之心也。不然推衍之説多矣，又何竢於區區？圖、書之象，九疇之例，列於篇端，智者觀之，亦思過半矣。總論三條次之，乃繼以疇説，而又復採集諸儒之論，裁其最冗而膚者，比次録之於篇末，以相參考。其間或得或失，有所偏全，要皆疇學之藴也。

四家文略序

近茅氏選唐宋八家，然考宋人之論已如此，蓋定品也。於今世應三場之業尤相近，而亦鮮熟讀精思，篤嗜其辭者。剽剥於村學坊賈之餘，其氣體卑凡，殆非才之過。然而姿有上下，或家貧不能具書，欲其備觀而盡心焉，是二難也。得書矣，才足以遍獵，然猶率莽忽略易，孫卿氏所謂「誦數以紀之」者，不知何如也。況能詳求作者之意，考其言之淺深醇雜，辨其體之遠近高下，畫分其段目，彌合其條貫，使古人之營度削鑿，如出於今日者，斯則難而又難。余將課子弟學古而竊病之，先摘四家之文，纔百餘篇，稍爲之區别批導，間亦發端一二，以徵悟者。使村下家貧，皆不苦於難讀，與高者驟無汎愛不精之患，先殫其口耳心思焉，而後博可致也。先四家者，以其體爲近古。

唐偕藻易經圖説序

易至近代，而圖、書先後天之説紛如。徑情之士有所感焉，以爲造端百原，而證成之者朱氏，撰空之彈，上及二子。雖然，二子不可非也，圖、書先後天之傳不可誣也。鶡蠹之誚，蚍蜉之撼，而於日月奚傷乎？且彼紛如者，有所感而徑情以彈者，亦因陳言而立論爾，肆譏爾，其於所謂經緯表裏，分合變化，精微幽賾，無睹也。蓋倀倀乎莫得其端以疑，又烏能灼然道數之原而信之哉？霞漳唐偕藻先生，覃思易象，比丐假里居，寄所著圖説示予。予讀之歎曰，此所謂觀象觀變者與！無文之易，其不在斯與！夫順數、逆數之説，圖、書之合也。上消下生、下消上生之説，先後天之合也。以順數、逆數之説，合於上消下生、下消上生之説，圖、書先後天無所適而不合也。他所錯綜貫串，卒根極理致，與朱、邵微言相發，有天巧之會，無人智之鑿。意於此奇而法精微而不賊之指，其亦庶幾矣。先生氣静神恬，樂易而堅確，古稱默而好深湛之思，與所謂清明坦平，洞見中外，覘其用意，無乃相似。宜乎味無味之味，而窺人之所不窺。異日者於周、文之經，朱、程之傳，必將發揮真得，以究性命之發。予尚得執卷而聽之。

蔡方麓詩序

詩有四始，惟雅可以見君臣相與之際。故人之始入學也，宵雅肄三，願其他日之如此也。旨酒、承筐，所以仁下也。四牡皇華，所以忠上也。紀恩燕者，有蓼蕭、湛露之篇。祝壽祉者，有天保、南山之叶。以至采薇、六月，則且履行間，歷時歲，雨雪楊柳，感物詠歌，使讀之者如睹成周之盛。詩之爲教遠矣。然其爲之者，多出一時文人賢士，或自敘其事，或互相褒勉，人與言傳，夫是以編之詩書之策而無愧。方麓蔡先生，少占巍名，官禁近，才學爲天子所深知。長於賦咏，其作滿家。兹編蓋先生之一體，所以述恩遇，紀隆盛，抒忠愛，序行勞，效唐人之近製，而能嗣二雅之遺音。柳子有言，欲使木鐸者獻之法宫，增聖唐大雅之什。今先生地望足以自建，颺言矢詩，九天垂聽，又何藉乎采諸遒人，副在有司哉？萬壽後，先生受命祭告，遂犒西師，尤能得軍士之和，宣拊循之德，兹所謂「誦詩而能使於四方」者與！唐人應制，莫善於燕公張説，其平生被遇荷榮，鳴聲流溢，巡邊詩則又清壯，凉風夜雨，笳音戍歌，與東壁、西園相爲掩耀。始奏以文，復亂以武，先生似之矣。予非知詩者，而先生猥以示予，聞音撫節，自附於竊抃者而已。

許徵若文集序

己酉冬，計偕自南來。黄兄御掞在京師，以書逆予於道，及許兄徵若者，盛有所稱引。予於御掞，斷金友也，惟其言之信，知其稱譽爲不苟也。甫入都，舍館皇皇，許兄亟來相訪，稠人廣衆，會集之中，未嘗有所論質。然其勃窣英悍之氣，固已得之眉睫間矣。既數日，出所爲八比之文相示，其取神措體，駸駸乎師道、定宇諸君，無障、嘉賓而下，察其意望望如也。予於是知徵若學不溺於時，奮然以先正爲師，私心益歎慕不能置。嗚呼！文之弊也久矣。即以制義論，行於今三百餘年，中間文質升降，與其國家氣運盛衰，如合符節。化、治、正、嘉之文，非善也，然方諸末流之淫放，則已如咸英韶濩一唱，不可再聞。於是而溯斷響，肆力追之，豈非所謂豪之士者與！雖然，先正之所以爲先正者，不以其文也，而況於業舉之文乎哉？予願徵若益知其所未知，養其所難養，厚其文章之本，而應舉以緒餘爲之。譬之交際婚姻，聊爲士女之羔雁而已。區區所論，守之者瀕十年，逡巡懦僊而不能尺寸進。然不揣厚顔，每樂爲知己道者，冀有勇於予者，而俾予焉是資，則庶幾將終於有立。此予所以於許兄焉眷眷也。黄兄謁選數月，一日以德業未逮，浩然南歸。許兄實從之。予乃歸其文而引其端，承許兄意也，故不專乎序文，有贈言體。

鋭峰和尚文集序

鋭師交余家三世矣，所卓錫必買山相隣，近時爲人牽挽去，去則復來，來而若忘所適，情款之篤，季俗所爲難。乙未、甲寅間，余家有寇戎之厄，師以心相憂，以意相助，卒其所以出險者，師有力焉。師習静之久，幾先屢中，雖絶口不言人事，或時於茶弈讌談，微文隱要，及驗之事後，往往而然。李子曰：世之譏浮屠者，謂其棄天親，薄世義。師以家貧親病，不得已而逃空虚，感念所生，終身於邑。凡所交遊，知愛無賢愚，待之若一，視物有患，如身親之，可不謂之有心人哉！而又何譏焉？余不曉釋氏法，而師往往見許。顧惟愚陋，蔽舊學已深，不能入也。有問余方外交者，必以師爲稱首。揣師於章縫之倫，亦復如之，豈非以公道相取與？師之序，余安得辭！

富雲麓少宗伯七十壽序

國之將興，必有端亮醇直之人，應會而生，蔚爲風流，成於習尚。其在州里鄉閭，則亦其氣將聚，俗將還，邦人士將有所顯慕潛化，而敝者革也。歷察朝家舊事，風之興廢，孰不由兹？禮部侍郎兼翰林學士富雲麓先生，蓋所謂爲朝家出者與？雖薦紳士大夫議論，鄉黨稱説，三十載如一日。其爲朝家出，灼灼明者，而吾獨重言之，豈不以感之深，慕之久，夷險進退，出處言默，周旋反覆之熟且詳，故有以託於不阿之義，而憮然論世也。先生端亮醇直，稟之於天，兼所術者正，爲文章深厚明粹，軌步先民。所謂儕世詭俗之行，離經破體之文，先生非直不屑爲之。蓋樑棟無曲木之用，大吕絶纖哇之響，直體雅韻，天定而性成故也。官翰林十餘年，公輔峻望，爲後輩師。既以學士參綸扉，出爲卿貳，顧問所及，據禮而對，盈庭聚議，獨攄孤誠，不囁嚅於羣忌，不應和於衆趨，直吾所見，臆盡而止。其言曰：「會議者，上對君父，下則動繫生靈國計，詘詘噏噏，吾敢與聞？吾竭吾誠焉爾，豈計人之喜怒，事之成否哉！」今大學士張素存先生，於制舉業最能古者，每與予論文體，首推先生爲大雅、王風未墜云。故刑部尚書環溪魏公，清直震海内，平居語人：「吾會議班中，見其胸次洞洞，無夾帶一物，雲麓先生而已。」噫！二公信知言，亦豈苟言者？先生去國八年，而輿論益孚，雖濁流薄夫語，先生無不動色。某惟天子方恢忠厚之化，槐棘之下，極一時惠人長者之選。如先生者，方特起爲世用。即先生疾不復出，而逵路高騫，羽毛在望，朝與野與，皆足以潛驅淳風，翊世休明。吾故曰國之將興，應會而生，則先生者其首也。若夫鄉閭之事，某雖晚出矣，以其所逮聞，及其所親見，有可論者。自明季文敝，染翰之侣，窮極怪神，而吾鄉爲最。順治間，先生首與同志爲程、朱之學，錢、王之文。先生達後，習又屢變。然至於今，蓋有能知正學，而誦守之者，先生實倡之。先是達宦退處，猶頗聞枌榆休戚事。先生曰：「非病夫所宜。今遐陬遠澨，痌瘝辛蓼，廟堂之上，靡不周知。夫鍵門庭，麾請謁，勑子弟奉刑憲，餌松木而觀泰平，是吾事也。」先生杜門屏跡，而清風厚德，遠近欽畏。後進之士，駸駸嚮風。以視翹然自謂爲善於鄉者，課其居德善俗之效，孰與先生，必有辨之者矣。某又聞之，昔人有言，洛陽之廢興，天下治亂之候也。自前代辛酉改元，而時事一變。閩於是時，海患芽蘖，六十年來，民不聊生。又自己未莊羹若前輩魁天下後，臚名賜第，亦往往而絶。雖斯文之昌鬱有時，識者亦謂，習尚澆訛，文窮質獘，有以使之。今閩亂之平，則靖海侯施公力也。其爲士大夫欽式，將使吾鄉風聲氣運，蔚然如隆、萬前，先生之功實多。先生與施公皆誕以辛酉歲，夫亂之端者，治之肇也。亂所自生，必生其人，以弭亂開治於數十年之後。故夫吾之稱引舊俗，而幸與先生並世者，亦豈徒哉！某釋褐後，未素識先生。先生謬有所聽採，獎掖夸詡，不顧其能。患難中，間道馳蠟書，復繇先生以達。故予於先生，德義之恭，情私之感，寒燠風頹，金可斷而吾與先生之交不可間也。歲庚午，先生年七十矣。念雖羈官萬里，不可無言，而言又不可以勦。用述其所以窺先生者，以爲繫於朝家，而自附於不阿之義。雖然，以斯理揆之，先生蓋未艾，則予之歲歲從賓朋後，以禱願先生者，戔戔之言，遐不竭已。

太倉王相國七十壽序

嘗論人之乘運，如四時然。當春而發者，則其質厚，其氣和，且有雨露之養，無霜霰之傷，而其天也全以固。國家方盛，猶夫春也。際其會者，雖萌甿衆庶，莫不載厖淳之風，獲康壽之福。累而上之，則皆所以贊佑乎休明者。況其膺寄倚職，弼亮爲時重輕，是必居德之茂，斂祉之完，有以應期篤祜，能存我以厚蒼生無疑也。遠稽上代，如合符節。故《書》稱壽者，《詩》咏老成。漢之隆也，食五更於太學。唐之興也，朝廷之上，老儒半焉。宋莫盛於仁、英，時則有若文、富之徒，躋於大耄，爲邦家禎。明以化、治爲日中，今海内所謂故家舊德，名行修而禄祉卲者，皆其時雋也。恭惟我國家單厚以受命，固已食福而薰和。及乎我皇壽考以作人，無不興仁而遍德。畔亂既削，要荒既來，紀綱既肅，澤惠既周，文教既烝，禮樂既舉，於是崇敦樸，黜浮華，薄細苛，獎宏大，側席耆舊之英，翊成久道之化。吾友太倉先生，乃於是時，欽承簡畀，陟贊樞機。且以其優於文學，恭畏小心，圖書禁密之地，令總大綱焉。先生曾祖文肅公，前朝名相，其家之本深末茂，衣裳洋濟，爲南州冠。雖然，吾交先生四十餘年矣，恂恂退讓，無加人之言，無上人之色。及與之久而察之熟，則其宅心至寬，其志仁至篤，於人物臧否至辨，於事幾輕重至審。不知者徒以爲貴盛而不矜，知之者則以爲文明而能晦。於戲！其所以克世家聲不替益光者，豈苟然哉？吾聞喬木之家，與社稷實相維繫。何則？家猶地也，國猶天也，地力厚，然後能受天之施。及乎合氣而動，則陽春景運，於此占焉。梧桐朝陽之詩之所爲作也。先生世澤如此，其德度又如此，宜乎與太和之朝默相感召。故吾之所以欣幸者，非獨寮宷之私，而吾之所以期願者，不爲氣類之同也。歲之初吉，爲先生七十令旦，祝年之辭非古也。某又不文，卻不爲者久矣。顧於先生不能無言，猥惟庸材鄙德，老辜國知，徒以齒髮皤落之故，聖主收於陳人之列而養豢之。向謂爲時重輕者，則既蔑矣。雖然，朝廷眷待之恩，則不可負，求舊之意，則不可虛。故幸有如吾友者，龍馬其精神，以佐時而酬德。是則吾雖衰謝，猶得托附名迹，以無貽聖代羞。是今日區區頌禱之志也。

湯西涯少宰六十壽序

古者舉觴上壽，不專爲降生之日也。考之鄉飲之禮，六十者坐，五十者立，其加豆亦由此進。古之尚齒，其尤在六十以上乎？齒至六十既可尚，而況乎其有位者、有德者，達尊之義兼焉。此少宰湯公之壽，其鄉人所以聚會而祝辭也。昔余以學士掌院篆，是年公始入翰林，耳熟公才名，目一識公面而已。其後余督學畿輔，旋改任巡撫，公由編修改諫垣。比余還朝，而公亦督中州學去，未敢云上下議論而號知心也。公在中州，感激聖主之知遇，潔廉峻整，以爲羣士師，竟三年如始至。清聲上聞，是以連擢以至今職。居常對士友間論，或謂視學者，非以鞭樸得財，鬻入無傷也。余曰不然。譬之侵侮於人犯他科條者，侮人者也。學校之贓，侮其父母者也。吾曹以應舉自進，非由此出身者乎？當日者視一名如登天，今則遽忘之而塞其路，故曰是侮其父母之譬也。雖然，古言作人者，必稱豈弟，記曰：「豈以强教之也，弟以悦安之也。」非强教則師道不立，非悦安則學者不親。今之君子，或能畏功令，自矜愛，以從事於斯，則目賢者矣。然而誠意不至，振興無聞，其於强教之道猶遠也。況乎厲聲色，重刑笞，視士如奴隸然，而無子弟之愛。不悦不安，而望其蒸變，不亦難乎！公於二者，蓋兩得之。夫是以中州之士，頌其潔而懷其寬，服其教而不忘其澤。余既熟知公視學之美，及爲寮寀，譚燕彌親，相與登陶然之亭，望蒹葭之色，賦詩咏言，藹然酬恩，私砥名行之志也。録事廣東，不通私謁，如視學時。門人有銜命典試者，必戒訓嚴切，聞者悚然。余於是有以知公而祝公也。夫詩言「豈弟君子」者，豈獨作人一時而已？又曰「遐不眉壽」、「遐不黄耇」，爲其爲異日之典法，使來者有所矜式。小、大二雅，疊引累賡，蓋王化之本，上下相與贊助而成之者也。今天子錫福中外，萬壽日親酌八九十以上者，於節行老臣，尤加意焉。公之年蓋未艾，其嚮用者未極，故余爲道夫君子之壽，以與世道相延引者，以慰其邦人之願。

車太母七十壽序

今天子理定功成，垂心文教。以爲三歲春秋録士，校一日之長而已，若學使一官，則寬之以考績之期，責之以養育成就之事。是以特重其選而難其人，非素被聖知，必使九棘參評而請命焉。得旨後，復臨軒而誨遣之，其慎也如此。夫以任之重而薄承，命之嚴而聽藐，非特孤聖天子之使而負士望也，平日以是進身，一朝而蔑其臭味，誦讀家修，蓋可知已。是故古之爲賢臣良有司者，必推之於父母之教，以爲志之定者不變，而誨之豫者不忘也。吾閩學使車公，銜命來兹，汲汲惟校文録真是務。適余以休告里居，士論翕然無間，庶幾稱上意而一振儒風者乎！及見其爲太夫人七十壽文徵言，而知其庭訓早守志素。蓋使君之始典試也，先公給諫先生貽書戒之，及來視學也，太夫人又稱先訓勵之，故奉以周旋，而兩有令聞。嗚呼！善則歸親。使君之賢也，豈非所謂「式穀似之」者哉！今太夫人既壽且康，如月斯緪，明霸方生而未艾。使君之守其教，充其孝，設施於時，以爲親榮者，又非特今日已也。載考諸詩，其言壽考者多矣，而多歸之作人。然則作人者，固宜壽考。而匡相有言：「福之興無不起於室家，其育而教之之親，益當壽考無惑也。」是故雅言古之人譽髦斯士，而首之以「思齊太任」，頌言魯侯視泮興學，而繼之以「令妻壽母」。此其事若不相及，而作者彙言之。然則孟氏以育才合之父母之樂，而關西以爲錫類焉者，真達於天親之際，仁孝之源者乎！余固不文，於祝釐之言尤不工。然於使君爲先後同署，感吾閩學校之清，而欽其所本也，故不得以無言。

季父母六十壽序

諸父母猶父母也，而少同居而長受業，而相與出入甘荼，周旋上下夷險，則其愛最篤，而其知也最詳。地之於季父母也，自少小事二人，能聞見則多，同居可不謂久乎？纔勝象勺，便以當成人而鞭掣之，聲色嶽嶽。然至於今二十年有餘矣，言猶在耳，可不謂義乎？中更家難，父脱母亦釋，地男女兄弟五六人，與季父幽囚係縶，至於年有奇。顧時稚幼耳，微季父母，不斃刑拘，且瘞風露，可不謂恩乎？是故篤於愛而詳於知。乙卯春，季父母浹甲之年，又適同月賓朋至止堂，除於粲叔。顧愀然曰：「時事如此，吾何驩哉？」小子進曰：「無憂。夫平巇苦樂相代，如陰晴寒暑，昔者與叔嘗丁之矣，今回思之一夢耳。」地惟季父母之可以壽祉者三，於理亂無憂也。叔根氏孝弟，據正懷方，遇兄弟或姪兒，引禮批繩，義動於色。吾族將昌，與際平時興禮教，必有老成耒艾，碩果慭遺，其不在叔乎？地聞之，陰陽得位者，其家實大。叔母之德至矣，撫媵御篤姑姐妹妯娌，此其彰灼者，若夫哲順之極，無儀無非，蓋見亦罕矣。叔義方之訓最嚴，羣弟於今有抱子者，卒莊憚勿敢肆，游無匪人，行無越事。凡此者，皆家之祥也。地謂季父母之多壽祉，則在乎此。地又聞之，夫人之志之行之學，如果焉遺必生也，如種焉殖必穫也。故不於其初於其卒，不於其身於其後。叔初年爲學，鄙夷舉子家言，譚文以漢、魏爲宗。黄幼元先生，末造名儒也，著書賾隱，世未知好。叔獨心嗜其説，咀其英華，領其元微，雖子雲侯芭，無以遠譬。又特熟古今事，王霸之略，俊偉之舉，未嘗一日而去諸心。其所謂周公瑾、王景略、諸葛孔明、慕容元恭云者，亦未嘗一日而釋諸口。今叔方優游農圃市肆，灌園觀花，訪禪彈局，叔母以和敬助之，自處以龐公、伯鸞老矣。然又聞之，天造亨屯，山川雲出，地視叔精悍之色，猶在眉間也。二弟修文武業，既有端序，是不將發明王之夢，必在其孫子矣。屬父母諸父母謂，地甫官歸，宜有以祝。敬述前言，而以請曰：地惟生之晚，於叔父母大節細誼，不盡見也，抑志行大凡，則庶幾焉。夫洗爵稱觥，少者事也。頌德祈祉，古之遺也。遂奉家尊命而敬書之。

榕村續集卷四

論

君子不器論

語道則足以該事之施，語事則不足以盡道之藴，此非事之外有道也。蓋道也者，貫乎事而不滯於事。故方其爲之也，順乎理而無心，及其成之也，付於物而無跡。雖至於開天下之務，定萬世之業，而於吾之本體無加。凡所謂區區有以自見、有以自名者，舉不足以語之也。此君子不器之説也，試論之。自形上之道，不能離乎形下之器也，久矣。見象形器者，天之所以示人也。象事知器者，聖人所以承天也。器於禮然後可以成身，立成器然後可以利物。君子之於天下，夫豈離事遺物，而坐談夫道德之妙者？雖然，德未至於全，而役於事者則泥。道未臻乎化，而著乎物者則膠。於是乎有資學爲之竭，巧力爲之盡。究其終，莫不各有至焉，而人率得以器名之。其藻躬立品，已自進於廊廟瑚璉之華，而祇成其爲器之貴。其興事建功，已自躋於尊主庇民之列，而無害其爲器之小。遊聖門者，身通六藝，而兵農禮樂之有素焉，曾不如夫沂水春風之遠。仕列國者，勤勞三事，而慈惠忠清之有聞焉，亦何補於功名事業之卑。是何也？學不以求仁成德爲先，則所成於己者，材而已矣。仁不以一世内溝爲痛，則所施於民者，法而已矣。之人者其自立於世，與所以爲世用者，豈不卓乎有所成就，而不足以侈於君子之門。君子之爲君子，道備之謂也，德成之謂也。故藏器於身，而其用非有損，制而用之，而其體非有加。其器之神也，如權衡變化之無方，而不易其經德之常。其器之大也，如規矩準繩之有定，而不滯於匹夫之守。可以大，可以小，而不可以一人之材品命之。可以用，可以無用，而不可以一時之行業拘之。無論技能智識非所以語君子，而亦未聞有所謂君子廉、君子義、君子慈、君子勇者。蓋其道德之中，無所不具，而無所不化，雖欲名之，不可得而名也。故曰君子不器也。或謂：唐、虞之世，水火工虞之職，雖皋、夔之侶，不能以相通，則君子而器者有之矣。曰：病於德者，雖至於無所不通，亦器也。惟其優於德，則雖終身守一事焉，而益以明其爲不器。此皋陶安於有司，而后稷自謂便人之説也。知此，然後可以論君子。

夫子之道忠恕而已矣論

今夫聖人者，非有異乎人之道，而有異乎人之學也。非有異乎人之學，而有異乎學之體用也。非有異乎學之體用，而有異乎體用之安勉也。雖然，無異也。聖人之存心，猶是人之存心也。聖人之應事，猶是人之應事也。有以存之，而聖人之心可知。有以應之，而聖人之事亦可知。則雖安勉不同，而體用無不同。體用不同，而學無不同。學不同，而道亦終無不同也已。説在曾子以一貫之旨示門人也，曰：「夫子之道，忠恕而已矣。」請申論之。夫夫子之所謂一貫者，豈易言哉？體之而爲至德，則渾然而泛應者，道之所以不可測也。擴之而配天地，則至誠而及物者，神之所以不可知也。今必舉下學之事，而以爲聖人之立體者在於斯，聖人之達用者在於斯，不幾於誣聖人且誣學者乎？而不知其非也。静存之中，萬理之原備焉，聖人能盡之而已矣，不能以有加也。肆應之交，一心之理著焉，聖人能通之而已矣，不能以有違也。一人能盡之，則人人皆可得而盡之，一人能通之，則人人皆可得而通之。故充一貫之量者，至於天地之所不能窮。而約一貫之旨者，實爲下學之所可共證也。嘗試與求夫内外物我之間，存者何以存也？發者何以發也？動静還相生，應感還相因也。是豈漠然而中無所主者乎？是豈紛然而外無所持者乎？中無所主，則不惟無以爲聖人之心，而且無以爲吾人之心。何所恃而物無不周？何所恃而事無不當也？外無所持，則不惟無以爲聖人之事，而且無以爲吾人之事，將所謂裕萬物之基者何爲？所謂建萬事之本者又何爲也？是故語之以一，或疑其無可幾。語之以忠，猶謂其無可幾也乎？語之以一而貫，或疑其無可循。語之以忠而恕，猶謂其無可循也乎？一念必求其誠也，念念必求其盡也，如是而爲忠，即如是而爲一矣。一物必求其順也，一事必求其安也，如是而爲恕，即如是而爲貫矣。酬酢之先，而裕其施於不匱，感通之際，而會其源於一本，如是而爲忠恕，即如是而爲一以貫之矣。詣有淺深而理無殊途，境有天人而歸惟一致，然則夫子之道，豈必求之幽深浩渺之域乎？以爲忠恕而已，信乎其盡於忠恕而已也。雖然，語其道，則聖人之道即學者之道，而論其功，則學者之功，豈遂爲聖人之功哉？惟求其旨於切實易簡之中，而致其修於操存踐履之實，循循然由勉以幾安焉，然後由忠恕以進於一貫也無難，即謂與聖人同其心，與天地同其體者矣。此又曾子告門人之深意也。

知言養氣論

千古聖賢之相傳者何哉？心而已矣。所以傳心者何哉？理而已矣。是理也，具於方寸之中，而周於天下古今之遠。不有以明之，無以辨是理之真也。不有以行之，無以守是理之正也。夫至於辨之真，守之正，則於理無所不得，於心亦無所不安。此孟子不動心之學，所以繼孔氏而度越諸子也。至於自言其目，則曰知言養氣而已。夫言感於外，而氣發乎中，此二者非心也，而心之所以動則由乎此。何哉？蓋言者心之聲也，我之言生於我之心，人之言亦生於人之心，不知人言者不足以知人之心，不知人心者亦不足以自明其心也。若乃氣之動静，運乎神明，而心之出入，乘於氣機。涵育至則内外相資，而持養踈則本末交病。如是而雖守其空虛無用之心，以曰不動，其誰信之？況夫孟子之時，則尤有難者。邪説淫辭，紛然滿於天下，而隨世以就功名之士，則且依阿詭隨，柔靡而不能以自振。於斯時也，欲於羣言淆亂之中，而卓焉不爲所惑，且欲以其氣浩然於波流頹嘝之際，豈不難哉？惟其夙聞孔子之道，學四十而大成，故其於言也，則知之，明乎真者，不可惑以僞也，而吾之心何所疑？於浩然之氣也，則善養之，守乎正者，不可撼以邪也，而吾之心何所懼？不疑也，不懼也，而吾之心何所動？蓋感於外者，既不足以移之，而充於中者，又復非外之所能震，則信乎心之不動也。彼告子者，其心非不頑然有以自守，然與其置之而不疑，孰若知之而無疑，與其制之而不懼，孰若養之而無懼。心一也，而所以事心者不同。由孟子之道，則言也氣也，皆爲有用之物，而心亦有用之心也。

由告子之説，則言與氣既無所用，而其心不爲無用之心者幾希矣，其亦何以察無窮之理，而應無盡之事哉？是故惟精惟一，堯、舜之不動心也，博文約禮，孔、顔之不動心也。曾氏得之，以爲格致誠正之傳，子思得之，以爲擇善固執之統。而孟子之學，又得之曾氏、子思者也。

治曆明時論

天地之所以不窮，時之爲也。時變易而無端，故天地常運而不息。然則天地之間，無適而非相因也，無適而非相革也。易於兑、離之卦，而獨以革名者，蓋兑者澤也、水也，爲陰、爲月之象也，爲寒、爲夜之象也。離者火也，爲陽、爲日之象也，爲暑、爲晝之象也。澤在上而火居下，是陰陽之相根也，日月之相薄也，寒暑之迭乘，而晝夜之交錯也。生克之道，於是著焉，變化消息之機，於是寓焉。故觀象之聖人，以是爲曆法所由起也。蓋造化之所以相因相革，陰陽五行之氣，迭運於其間而已。分而爲四，則分至啓閉者時也。別而爲十二，則朔晦望弦者時也。析而爲三百六十，則出入永短者亦時也。極其遠，則元會之久，莫非是也。推其細，則晷刻之暫，靡不然也。若此者，孰非時乎？孰非時之革乎？苟無以明之，則歲月日辰失其敘矣，發斂生成昧其節矣。天道無由察，而民用無由與矣。安可不有以明之哉？然而明之者，不能求之冥冥之中也，不能探之浩浩之表也。蓋有治曆之法在，曆之足以明乎時者，何也？夫時之更革，雖運乎氣而難知。而曆之行度，則著於象而可見。陰陽五行之氣播於下也，日月五星之象垂於上也。故察其天日之會，而歲之分至啓閉，其時可明矣，驗之日月之交，而月之朔晦望弦，其時可明矣。辨出没之分，揆南北之軌，而日之晨昏永短，其時可明矣。參之以表景之差，而晷刻之暫無所違矣。推之以七政之合，而元會之遠可坐致矣。蓋時者二氣之分限，曆者三光之度數，分限不可知，不有度數以紀之，則其節序之潛移，氣化之默運，終莫能得其端也。又何以使天道自我而察，民用自我而興哉？是故羲、和之命，申於堯也，璿璣之制，備於舜也。五正怠忽，夏后所以加誅。五紀協用，箕子所以陳範。未嘗不於治曆之事兢兢焉。是聖人所爲，見天地之心，知天地之化，而推以爲範圍曲成之用者也，豈特推步之術而已哉？若乃治之之方，或紀之於書，或象之於器，或立常法以舉其要，或參變化以求其中，隨時修改，以與天合。凡以使曆與時，常相應而不相悖焉爾已。乃後之治曆者，吾惑焉。一以爲曆起於筆，一以爲曆生於蓍，紛紛制作，而日差月異，其術不久而遂廢。夫聖人治曆以明時，而彼欲强時以造曆，其舛謬則宜矣。

温恭自虚所受是極論

古之學者，何其循循然於傳道授業，而所聞無不得於心，所習無不成於身也。蓋未始不由於受教之有其基，力學之有其要。夫是以德業交修，日進月益，而不能已。此弟子職有所謂「温恭自虚，所受是極」，而小學引之也。夫人自八歲以上，則授之以方名書計焉，則又教之以舞勺舞象焉，則又教之以學樂誦詩焉。以至進退盥灑有其節，則古稱先有其文，何莫非弟子所受於先生，而務乎誦習講説，以究其極者哉？然而世之學者，吾惑焉。往往有講而無聽，有傳而無習，師弟子授受之間，以應文塞責而已。其有志而向於學者，則又患乎氣質之不美，習俗之所咻，傲慢之容，足己之心，有以錮之。於斯時也，欲其遜志時敏，以幾所學之成，是亦卻行而求及前者類也。古之學者則不然。有所受於師，則必退而熟之復之，研之究之。雖然，恐其無以爲受之之地也，則虚以承之。雖然，恐其無以爲致虚之本也，則温恭以將之。蓋無所拂於容者，必其無所距於心，而有親師之心者，必其有敬業之事。故其所謂「温柔孝弟」、「志無虚邪」者，即温恭之類也。所謂「從善服義」、「必就有德」者，即虚之類也。所謂「朝益暮習小心翼翼」者，即所受是極之類也。推其所以承師受業者，而爲學之大端舉是焉。是以雖在孩提之教，而有以爲大學居敬窮理之階。雖當有造之年，而有以爲聖人崇德廣業之地。學之所由成，而教之所由興也，弟子之職可不務與？

説

中江北江説

禹貢導漢曰："至于大别，南入于江。東滙澤爲彭蠡，東爲北江，入于海。"於導江則曰："東迤北會於滙，東爲中江，入于海。"説者皆以彭蠡爲今鄱陽，而於導江所謂滙者，亦以彭蠡當之。辨之者曰：江、漢合流已久矣，至此不應有中江、北江之别，一也。且一彭蠡耳，而入有江、漢之異，出有中、北之殊，二也。彭蠡在大江之南，當曰南滙，而不應曰東滙，三也。江、漢之入彭蠡一耳，一曰滙，一曰會，一曰東，一曰北，四也。鄱陽之水，實合諸州之水而成，特湖口與江通，而非江、漢所滙，五也。以此致疑，故或以衍文而欲去之，或以禹蹟所未及而致誤。夫以爲衍文，則經中文從字順，頗疑非衍。以爲大禹當日聞見之誤，則夫彭蠡之自有源，而誤指爲滙者，則通矣。若夫同一江也，而中、北殊稱，同一澤也，而江、漢異入，與夫或滙或會，或東或北之參差，則終不足以折其疑也。

是以竊讀蔡氏傳及朱子辨論，而猶有未能釋然者。因就諸家所援引，而私以己意言之。按：蘇氏以岷江爲中江，漢爲北江，而豫章之江爲南江。雖三水合流，數千里而後入海，然猶稱爲三江，以總其實，政不必較之於味别洲别，而後可目爲三也。此蘇氏之説爲可用也。且荆州無海，而言「朝宗於海」，以窮其委。揚無三江，而言「三江既入」，以究其原。明乎此者，於導江、導漢之文無惑也。此可以解三江之説也。蔡氏謂廬江之北，有巢湖焉，每歲四五月間，大江泛濫，水漫入湖。至大江水落，則湖水洩而隨江以東。竊意經之彭蠡，或指此湖言之。而下導江之匯，則方以鄱陽當之。蓋亦就其一南一北之大勢，而各係於江、漢之下，非謂入此者漢，而注被者江也。此可以破一澤二水之疑也。漢水入江之後，並行而東，故曰「東匯」。江水東流之後，稍折而北，故曰「東迆北會」。概以凡例，無所齟齬。且巢爲江、漢之所注，則曰「匯澤爲彭蠡」，明此澤爲江水匯而成也。鄱陽自受諸州之水，而與江相通，則曰「會於匯」，明此澤自匯而成，而江特與之會也。其於文義既通，而事理不謬，而又何紛紛之疑乎？或曰：導漢之條，既曰匯澤爲彭蠡矣，於江則但曰匯，而無其名，明乎其文相備，而奈何復以他水當之乎？曰：經之例，未有無名之山川也。然江湖之間，三苗之地，荒忽闊略，安知其不但以匯稱，而聖人因之耶？且經既不以其名稱，而但曰匯，則已變例矣，又不待解者之分而爲二，而例始變也。

千載湮滅之跡，豈末學淺陋所可必？邇因讀先儒之説，而覺其義猶有可言者，存此以備一説，或博雅君子有以正焉。

律説

古者六律爲萬事根本，蓋聖人之通乎神明，而寓於氣數者，其制作之精有如此。今雖不可聞其法之詳，而周、秦、漢初之間，傳記所述，推其源流，遠有端緒。以及近代，朱子、蔡氏之書，則抑可謂簡要而有徵矣。余比者頗嘗學焉，而竊推其立法之所從來，則知其果出於理數之自然，而非人力之所及也。蓋聲發於氣，氣者聲之本也。天有五行之運，則發爲五聲，地有十二辰之位，則定爲六律。故干支聲律之相乘，皆究於六十，此自然之節也。其敘則在五行，爲水、火、木、金、土，由清而濁，氣以微者爲先也。在五聲，爲土、金、木、火、水，由濁而清，聲以盛者爲主也。至於運行之次，則四時之氣，以土居中，而木、火、金、水皆得以其序而相生焉。五音之氣，以土爲主，而火、金、水、木亦得以其序而相生焉。二者雖若不相資，而其理實相爲用。故五行之氣播於四時，則十二月由是生矣。五音之節寄於六律，則十二管由是定焉。十二月者，元氣之所周流。十二管者，元聲之所通貫。元氣漸發則漸薄，元聲漸散則漸微，故氣盡則生，聲窮則變，無二道也。其清濁之次，相生之序，亦政與五音同。清濁之次者，如兄弟長幼之倫，河圖自一至十之數是也。相生之序者，如夫妻子母之屬，河圖一六同宗之類是也。故音律之道，圖、書之蘊也。或曰：黄鐘一律，尤爲十二律之本，得其數而後定其律乎？得其律而後定其數乎？其數之長短周徑，空圍積實，亦果各有從來而不可易乎？曰：自漢以下，是執數以定律者也。三代之前，是得律而定數者也。黄鐘者，自然之元音，非器數所可求。聖人者，亦既竭耳力而得此一聲矣，於是欲推其法，以生餘律，而不得不以數寓之。以其徑爲三分，以其圍爲九分按：法徑不止三分，圍亦不止九分，此舉其概耳。者，象天之圓以一圍三也。長九寸者，象天之數成於九也。空圍九方分者，象地之在天中也。積實八百一十分者，象九九之衍數之極也。日從天，故度其外分之縱長，每寸十分，得一旬之日數。月居天而從地，故度其内積之方分變而圓之，得十一分有奇，應一日月行之數也。此豈非所謂真至之理，各有從來而不可易者乎？今且以其生律和聲之理而竟言之。日月經天，相推以成歲，止於十有二月，而又均之，爲二十四氣。律呂相生以成聲，止於十有二筩，而又半之，爲二十四管。此數之正也。然月有十二，而歲尚有餘分。律有十二，而聲尚有餘調。於是正數之外，則有氣盈六日，朔虚六日，以滿其分。正律之外，則有變律六管，變半六管，以足其調。蓋歲之閏，由於三歲之中，有一閏月焉，五歲之中，有再閏月焉，然後數不參差，而日盈而月闕。律之變，生於陽滿而陰虧也。故月積而成歲，則三歲成矣。律調而成聲，則三聲之後，有一變聲焉，五聲之後，有兩變聲焉，然後音不斷續，而樂備矣。蓋五歲之間，五音之際，其次三次五之後，則中氣之相距，律管之相遠，必皆隔越一月，而嫌於不相及。故必有再閏二變者，居於其間，然後氣序之推移，聲息之密禪，泯然無迹，而渾然其同歸。此造化自然之等，而制作之妙，所爲與天地準也。房庶知變聲之爲閏聲，而不知變律之爲閏律也。變律生而適補聲之缺，變聲用而適當律之踈，此豈人力思慮之所及哉？吾故曰皆出於理數之自然，而聖人特假手焉。世之知律理者，其尚有以正之。

此余二十年前作也，時讀律呂新書，已能言大概如此。偶蒐舊稿見之，不忍棄也，略爲改竄而存之。壬戌七月望前記。

解

春秋天子之事解

春秋何以爲天子之事？蓋當時列國各有史官，各尊其國，漸習之久，雖共主亦不知。

其紀晉文公召王之事，曰：「周襄王會晉文公於河陽。」此類可見。孔子雖因諸侯之史而作春秋，而其義例則一以天子之史爲斷。故曰「春秋，天子之事」者，此也。因此句錯説，遂以爲夫子欲行天子之事。豈知春秋正王道，明大法，亦不過如定禮正樂然，申明文、武、周公之憲而已，何嘗以天子自居哉？史遷述夫子之言，「我欲托之空言，不如見之行事之深切著明也」，引者亦皆錯説，以爲夫子作春秋，是見諸施行之實事，非空言比。用此與天子之事相證，宜乎謬説相承，夸大不經，而失聖人之意遠矣。夫子之意，蓋謂我欲以空言垂訓，而無所指實，不如借二百四十年之行事，善惡昭然可見者，寓其褒貶，庶乎其公道在於人心，而好惡深切，其行蹟在於耳目，而勸戒昭明焉爾。如論著書立説，則均空言也。豈有諸經爲空言，而春秋獨爲行事者哉？凡讀書，文義之失，其弊可以至於無窮。又如司馬遷言：「易本隱以之顯，春秋推見至隱。」蓋言易論神道以該人事，春秋緣人事以明天道焉爾。見，讀現，即顯之義也。今亦誤解爲推窮隱微之義。故説春秋者，須究勘鍛鍊，幾如文史之酷深，豈非文義不明之弊乎？

榕村續集卷五

記

泰山脉絡記

上諭："天下地脉，皆發於崐崘。其北幹自北極四十五度下，至於長白迤及高麗，以盡於海。其南幹則自陝西來者，盡於中州、江北諸省。自四川來者，盡於江南、江西、閩、廣諸省。南北兩幹環抱，此天下山脉之大勢也。朕累年遣官，按星土測量，始知山東泰岱，其脉絡並非中州出來，乃自遼左金州渡海逆生者。今登州與金州相望，兩岸之間，諸島錯落海中，如龍脊聯貫，猶可驗也。至岷山龍脉發自川南者，自貴州至廣西、廣東是一支，自江西梅嶺分爲建康、錢塘、閩中又是一支。此兩支半在嶺嶠之外，故兩粵、福建自秦、漢以前，未入版圖者此也。因山東泰山之脉，遠自塞垣之外，渡海而來。江、浙、閩、粵之脉，又遠自嶺嶠之外，循山而盡。所以禹貢導山四條，只據中州言之，而無山東之山及江、浙、閩、粤諸山者。蓋知其脉絡來自塞外及嶺外，當日跡所未經，故聖經略而不詳，正所以存信也。從來説禹貢者，至此每多窒礙，蓋未得諸實測故爾。朱子謂盡於兩浙、閩、廣，又言北其首以盡會稽，南其尾以盡閩、粤。所謂首尾云者，蓋以脉分兩岐，有似首尾，非謂閩、粤山脉自兩浙而來也。」此記録之未瑩，讀者不可不知。

吴真人祠記

古之聖人，欲以和上下，理神人，參幽明，於是乎有神祇物類之官。究其道若巫醫、卜祝、方術之事，而實其人皆有齊聖淵微之德，敬恭寅畏之心，精白純和之行。故能通於陰陽，交於神明，統理吉凶變化、灾祥之道，以爲天地山川、神鬼民物之紀。是故其生也，人而神之，殁則祀典載之。至於精神之所憑依，猶足以禦灾捍患，翊世休明，水旱札瘥，靡求不感。此理之常而教之極，而衰世以爲怪神誕異，不其惑與？自王道之亂，天人不交，古者陰陽、巫祝、醫方之學，皆以爲技術者流，而莫之講。而世之神異靈爽之士，能自治其神氣，以役陰陽五行，而通人鬼之道者，類皆托於僊、老之傳，而號曰真人。嗚呼！此唐、虞、成周秩宗宗伯氏之屬也。彼既不得官王爵而典神天，猶能齊心存神，木食澗飲，而知至道。推其餘至於驅役鬼神，禱召風雨，行符藥，療疾病，禳灾害，弭妖孽。上者或有助於國家，下亦行於閭里，要歸利物而遠於邪。若此之類，稽之歷代，其彰彰於世者不少。有王者起，其將以釐百神之祀，咸秩無文焉，此族其可廢哉？吾邑清溪之山，其最高者曰石門，峭特高清，望之知其有異産焉。吴真人者，石門人也。考其家傳所載，生於宋太平興國己卯，卒於景祐丙子。幼不嬉遊，長遠聲色，心潛六合，氣運五行。仁宗明道中，得異人神方，能藥法兼行，以治鬼神，卻疾癘。嘗至京師，診帝后疾，繫綫察脉，隔幔炙乳。其他如濟水旱，御寇兵，拯灾厄，神異之事，不可殫述。卒之日，鶴雁蔽天，道服儒冠而化。自真人上昇之後，諸有禱望疾病危苦，無不立應，於是鄉里創廟立祀，漸聞於朝。自宋南渡，迄於明初，累蒙封號，詳在本傳中不載。嗚呼！此余所謂「生爲神人，殁載祀典」者與？惟其不遇明王，使之理幽明，和上下，故托於僊、老之倫，而以「真人」稱，而非夫世之怪神者比也。真人至今垂六百年，其子孫聚族山下，奉真人遺容，遠近祈請，靈感猶舊。斯像則來自濱海。曩歲，奉旨遷沿海之民於内地，真人見夢，預指吾湖而栖焉，逐魔治病，歷有顯蹟。自先君子及先兄在明檢討，深崇信之。至誠感神，休咎之朕，靡不先告。蓋先君子屬纊前數日，猶爲真人祠事。兹記之作，亦先人志也。嗚呼！祠成有日矣，今始承先志而書之。真人名本，字華基，號雲沖云。

傳

莊方塘先生傳

泉郡之南，聳起而特秀者，爲紫帽山。山之下村落繡錯，巨宗名人，輩出相望，往往爲吾郡冠。而青陽莊氏，尤擅科甲，人物之盛，非諸族所及。明季最顯者，曰宮詹羹若先生。以經魁於鄉，禮闈及殿對皆第一，官館職，不附魏閹，沈廢數年。崇禎間，起爲左庶子，追贈詹事，褒特節也。余與其孫素思君遊，又知宮詹曾祖所謂方塘先生者。先生名用賓，以嘉靖七年成進士。初授行人，使蜀，則盡卻藩國供餽。又以正言忤吏部尚書汪鋐，由副行人累轉刑部員外郎，出爲浙江按察司僉事。在官甫八月，理冤獄，靜譁伍，獎拔廉吏，所部肅然。有屬官倚勢貪横，先生執法治之，拂巡鹽御史意，疏劾先生。值汪脩前憾，先生遂以罷去。先生時年纔三十一歲，凡家食四十餘載，絶意仕進，宦囊蕭然。居鄉一介取予不苟，孝親睦族，行鄉約，開水利，邑人愛敬，鄉評至今重之。自嘉靖三十八年，倭寇犯閩中，連歲猖獗，攻入興化府，殺居民殆盡。沿海衛所相繼告陷，而内地劇賊黄元爵等，因機交煽。自郡之内外，所在皇皇，勢且不保。先生憤然曰：「士大夫不得行於朝廷，無封疆之寄，保障鄉里，吾分也。」乃練丁壯，躬督率防御，多所捕殺。郡城戒嚴，先生爲當事畫策浚城壕，部署城中守卒，使各爲營伍，民心遂定，城賴以安。當倭敵突犯時，遠近村民争入城逃生，勢急甚，城門且閉，幾相擁入水中。先生力請當事，願身守南門，乃操筦鑰，坐城門外，令得魚貫入，全活以數萬計。及宫詹之顯，泉之人無知不知，皆曰：「古稱活人滿萬，子孫必貴，方塘之有後也宜哉！」其隱德如此。賊魁掠無所得，乃發人塚取贖，而益恚先生甚，掘其父骸以去。先生聞，則拊膺號慟，不與賊俱生。乃傾家貲，募死士得百餘人，與弟用晦分將之，逕奔賊營。賊正追官兵急，先生招官兵，使乘高爲掎角，無得輕動。先生約束部伍畢出，賊不意，馳下突其陣。所募士見先生憤不顧身，皆殊死殺賊，無不一當百者，賊遂大敗。乘勝連破賊十三寨，獲其父屍以歸。賊望見先生兵少，復悉衆來追。用晦殿後，與其僕俱鬬死。先生轉回，戰益力，賊竟遁去。會分巡僉事萬民英、指揮歐陽深等，以水陸兵齊至，望見先生殺賊狀，皆下馬拜先生。先生泣曰：「某以父弟之仇，假官軍威靈，願更一戰。」乃寘屍舟中，轉前攻賊營。官兵繼之，遂拔賊三十三寨，陣斬倭首級百一十顆，生擒一十四人，奪回被擄男婦二百七十餘人，牛馬器械之類，不可勝數。時嘉靖壬戌五月初二日也。倭寇既潰，黄元爵等俯首就招撫，泉郡悉平。先生始以忠義糾旅，徇公家之急，乃賊積怨深，怒於先生，剖棺洩憤，先生遂以死自誓，泣血慷慨，以區區百十子弟，摧賊數萬之衆，曾不崇朝卒之。用晦以身殉父，而先生滅賊報國，忠孝大節，可謂皎然。禮曰：四郊多壘，此士大夫之辱也。又曰：父之讎，不共戴天。兄弟之讎，不反兵。斯義也，先生兼之矣。當道屢上其事，爲冒功者掩抑，久之未敘。或以爲言，先生則又泣曰：「吾豈以親爲名者乎？」終身不自論列。萬曆間，先生子鳳章控於朝，下其事部議，贈先生太僕寺少卿，用晦廕一子，試百户。素思與予同官翰林，好古鯁亮，有先生之風。

鄉後學李光地曰：昔余七世祖在天順間，以布衣糾募鄉旅，從大司馬平鄧茂七之亂，論功賜爵，其子孫貴顯昌盛，略與莊氏等。故曰：「嘉兵不祥之器也，以忠孝仁義行之，則受其福，否則熸焉。」余年十五六時，與兄弟十餘人爲巨賊擄去，祖以憂死。而伯別駕公飲恨嘔血，購死士並家僮百餘人，與賊連戰半載，悉奪出家口，巨寇遂平。今小子無功受賞，代匱綸扉，而家世奇節，曾不能如先生子一聞於朝，表章其事，則余媿莊氏之後人多矣。

書後

書木鐸道人詩後

明嘉靖季，學使者周公孟忠，取道吾鄉，阻雨信宿。羣兒聚觀，因試以文，拔二人入泮。高祖羅峰府君與焉。臨行，留此詩，署曰「木鐸道人題」。時鄉族間發解者纔一二，自後科第遂盛，今四十餘人矣。長老以爲詩讖，故勒石所駐山隈，不敢忘其志也。

書翼朱傳經匾後

次崕林氏曰：「羣聖之道，備於經書，經書之指，明於考亭。蔡子之書，則所以攻堅發微，而考亭是翼也。」遵巖王氏曰：「國朝以來，盡心於朱子之學者，先生一人而已。」鄢侯署晉江令，奉檄修先生祠，落成有期，請余表章之。敬約前輩之論，以顔其宇。

書先祖念次公家傳後

孫光地曰：吾族自旌義公來，多自致於豐。然克配者，必稱祖。蓋祖營貲非厚，而其卓犖好義，敦説《詩》、《書》，有四海大志，不齪齪於饘餱間，是則同也。嗚呼！蓄貨而不邁德，遺篇而不教經，不出畦步爲豪，而無闊遠之意，如豚眠糞壤，無慕乎廟犧。然則二祖之蹟，其足以風乎？是故意量上也，勤力次之，福命爲下。福命猶無源之澤也，幸而逮身，鮮克繼矣。惟勤力有餘，惟意量無窮。小子不及見旌義，而聞其事。若吾祖，則少嘗侍焉，晝匕箸指教，稍憶其一二語，皆諄諄啓後，絶無恒近之氣。夫其意量遠矣！

書先府君惟念公家傳後

孤光地曰：天與人其相反乎？非也。蓋天大而人小，天遠而人近。爲其近且小者則似切，爲其遠且大者則似迂。及其久也，然後衆知其切也。人惟身之愛，公惟祖之親。人惟利之騖，公惟學之勖，緩文史，重經術，拙生計，同物患。是故當其生也，味無味之味，事無功之事，憂無益之憂。而人不以爲當也，微獨莫之慕效也。姍侮者有焉，微獨外人也，諸孤猶疑焉。今府君之去，未二年間，宗法漸離矣，子孫之業寖以荒矣。百口之族，十室之里，規切之意微，分憂之道喪。然後衆或感而思之，微獨其孤，微獨其宗，蓋鄉之人莫不思之。嗚呼！凡公之爲，果其迂而不切者乎？公矜惜天物，苴一履之敝，至於八年。末歲益窮窶，而其汲汲根本，愈不能忘。前輩富雲麓先生銘其墓曰：「衆修事，公修天。」此府君之概也。

祭文

恭勒御書教忠告文

惟我顯考，篤孝天生，追遠繼絶，誠徹冥漠，安貧樂義，惟日孳孳，騶虞竊脂，寧有强勉。值閩逆難，移以作忠，光地等幸全身名，繄惟考訓。事定之日，身已抱痾，三歲危憂，膏肓莫剌，嗟惟誠感，喪葬哀榮。逮地登朝，漸聞天聽，頟符之錫，微顯闡幽，實事真心，理應無媿。今練日吉，勒珉道周，華衮天章，萬年不腐。世俗碣誄，未足比方。恭惟考靈，祇受憑依。今以展墓告期，不勝哀慕。

祈母壽告文

光地叨恩竊位，進不能報國家於分毫，而老母吴氏，年七十五矣，便時刻膝下，兢兢愛日，已懼無幾。今處讒傷之會，危鯱不能自安，敢及抗疏養親事乎？緬念古人躬遇難，惟有委順自修，聽命之至。神明啓我聖賢，教我祖宗，祐我風雨霜露，無非玉我於成，敢不感君恩而承天意？但母子天性不可奪也，百年常數不可越也。際暮日而不能盡爲子之情，則更歷蒼旻，此恨無極。惟冀明神默啓，吾皇翻然錫類，放歸田里，奉母餘年，省愆補過，以答天地君親，斯爲上願。如其罪疊積深，驟難蠲釋，敢籲明神回天之力，延母齡算，以光地在世之年，減損益母。俾邀恩予假之日，母子一得相見，則光地瞑目無恨。微臣聞天高聽卑，神鑒在上，螻蟻之誠，動必有感。是用齋戒三日，焚香告神，伏乞垂靈嚮答，微臣光地不勝叩首瞻仰之至。

祭猗氏衛先生太翁文

嗚呼！道義之感，曠世同悲。何況千里，淵源所歸。今夕何夕，文曜熹微。哀問入都，賢愚歔欷。傷我門下，典型日違。追唁無由，有霣沾衣。卓矣先生，冀方之彦。少賤授餐，斆學則半。河汾之墟，於昔先岸。仲淹流徽，德温著範。邈哉誰嗣，先生所歎。夢寐如通，羹牆可見。試政宰邑，逐惡鸇鷹。身去之日，百廢俱興。歷曹司憲，南嶠周行。不鄙荒陋，文教聿蒸。顧瞻背樹，款款私情。奉以北還，蹁艾解纓。先生之學，志行古道。銜恤抱疴，禮文是討。推行於宗，奕奕寢廟。三獻降登，主婦奠藻。躬行暇餘，幽尋遠紹。其書滿家，不可殫校。先生折薪，夫子是擔。白璧持躬，父命有嚴。英姿果毅，元氣渾含。忠孝大節，我人具瞻。探厥釀蓄，藪聚淵涵。隨地及物，風和雨甘。聖皇側席，中丞推轂。彼都人士，彈冠拭目。伊川還朝，魯齋侍幄。迎使開書，鮮民見告。見星而奔，爲期則速。朝野之望，哀哉虚屬。嗚呼！斯文之運，有開必先。大中吏部，式啓宗傳。譬彼崑岷，其流涓涓。飲於河漢，則遡其源。夫子繼志，揭道中天。先生之壽，誰云不繇。某等南陬，晚出問學。無路糊名，受知門外。列屨鞭掣之慇，介如有悟。其奈暴寒，十年猶故。遲師歸來，摘抉昏瞀。我心之憂，棘人之素。羈官都下，矯首西郊。生芻曝絜，沃酒以澆。先生之神，賓於唐堯。安得巫陽，爲我下招。先生之志，孔明且昭。夫子弭悲，吾道殷遥。

墓誌銘

仲父漁仲先生墓誌銘

吾先自劍州尤邑徙安溪，初祖曰君達府君。傳六世至巡宰樸庵府君，以尚義有武功，受爵於朝，爲邑右族。巡宰曾孫曰羅峰府君者，庠生，今贈榮禄大夫，是爲吾高祖。生曾王父次禹府君，今贈榮禄大夫，生王父念次府君。王父力善樂周施，徒手再成厥家，衆推以爲長德，今贈通議大夫。有子六人，伯父於次爲仲子，伯父諱日㷲，字葆甫老，別號漁仲。先王母夢巨神至而娠，伯父生，目光冏然，形貌端碩。稍長，能自課學，倍諷爲文，沛然奇麗，同伴屈焉。年十八，入邑庠。十餘年，受廩。順治甲午，貢於鄉。時郡多寇盜，其大者乃窟穴數邑，脅誘旁近愚黠，標置部署，以爲徒夥。擇最深邃險絶之山，上有平田仰泉，積薪蘇米穀，餘數年用。四下削壁萬仞，一面微脊，纔通猿猱行耳。賊首某者，自居之。百十里遠近，復錯置諸落數十，徒卒多者皆千百計。乙未六月，吾先君與季父二室山居，賊攻圍盡俘以去。時伯父奔祖喪自遠至，既卒哭，自從一僕行百里，叩賊壁以省弟姪，涕泣感魁以義，且乞以財贖，要言而歸。自傷骨肉斷散，輟去午食，冀同饑餒，作詩以紀之。悉棄山田産，雜他白金貴貨，盡入賊。賊受之，而拘質無還意。伯乃團里卒，設重募，狖援蝸綴，夜覆賊巢於獨蜀之山。賊失險恃。後追賊至龍通砦，盡卒以致行糧，留十九人自衛。賊諜知伯父先君俱在，集其勍者七八百人掩至。即其日以十九人與戰，大破走之。自是每遇必大勝，自初夏至秋，劇鬬累月，弟姪次第奪回。賊窘甚就撫，而數縣積寇皆平。以廷試至京師，公卿延重，禮之如貴人。入肄國子，文聲籍甚。應選府通判歸，讀書教授，垂四十年，年八十八而終。嗚呼！家之興覆，命也。抑觀禍之所作，未有不由情誼睽孤而至於日頻者。其去禍之福，未有不悲哀閔痛，並志一心，而善氣爲之還返者。故古人傷内難，而不避外難。伯父之入壘也，内人環泣遮留，一不以綴意。在途遇賊黨，告曰無爲俱燼也，則曰此實吾來意耳，黨亦感涕。斷午食，唾血骨立，内人環泣，進菜果，痛哭謝絶。其入山田券於賊，跪謝祖前，風雨起跪處，屋瓦飛揭。伯父哭祝曰：「吾兄弟子姪復回者止。」日光還稠。其以鄉衆襲賊巢也，澍雨忽注，至山上大霧盤空，故賊不知所備，以至狂走，顛跌死者塞崖下。其大小之鬭，有賊叢砲齊機，不能傷尺寸，而吾一發輒斃數人者。伯父書生，手不勝錙兩，徒行不可兩里，以豢募百十卒，摧賊滿萬，剷無堅壘。既滅賊報當道，而弟姪男女十餘人，完回無一傷者。其奇事震撼遠近，至今漳、泉間，以爲美譚然。惟伯父孝友純一，不知生死利害之及於身，謂兄弟連氣若一人，手足廢則俱廢，無獨全理。至心格神，遂濟斯難。及事之既已，退然文愞一書生耳。四十年來，仕者簪紱，居者逢佩，而追惟急難之際，求安寧於喪死之威，召陽和於風雨之會，使祖先委祉不墜，而孝友未衰，到於今者，繄伯純誠之感，實今難而古亦僅者也。伯言和氣温，風度春容，博學多文。諸生時，歷試皆居上等。明季人士，奉其褎彈以爲去趨。貴遊子弟，學文章會友者，見伯來，筆研銜袖，喜於見收，敬之如嚴執。晚歲善古文辭，句鏤深踪，塵於秦、漢。四方之欲薦美述事以寵其尊卑，雖假名達宦，而文必之伯，合若干卷曰傭言。伯父生於萬曆己酉年四月廿六日卯時，卒於康熙丙子年二月初九日辰時，與世母佘孺人合葬於鄉之盤口，坐午向子。地自戊辰趨朝别膝下，奉帛爲衣。伯父報曰：「吾未視陰，縣車尚可待也。」倏忽十年，追念前歡，遂爲永辭。丹旐道車，不能執紼，命也。銘曰：學足辭英，萬象日生。今人何儔，誠以盡己。厚倫洗恥，於古無羞。邵先之澤，豐後之脉。爲家綴旒，南原崱崱。北川在側，萬年以邱。

處士梅織瞿先生墓碣

某得交梅定九先生二十年，知其學該貫經傳百家，而曆、算二者尤最，蓋自洛下閎、祖沖之、僧一行、郭守敬，術非不至也，然去聖既遠，竭終身而不能窺隸首、商高之大全。至定九，乃庶幾焉。定九間與余譚易，肅然致恭曰：「鼎之祖若父，至今治此三世矣。媿吾不克負荷，而又懼先人名行之不傳。今老矣，瞻望松楸，泫然三喟，子能爲我表而揭諸？」余遜謝，數載不敢爲。定九既歸宣城，則又遠書辱焉。顧余又方職鞅不暇，乃先表織瞿先生之行，以請續，當及西安公以泝厥淵源。蓋梅氏將碣諸墓左，不敢使有先於昵之恨。其略曰：

公諱士昌，字期生，世居柏梘山。山高處有織嶺焉，故又自號織瞿，蓋取詩所謂「良士瞿瞿」者耶？西安公邃於易，先生其家子，庭授有素，晚乃卒究其業，爲周易麟解一書。取春秋二百餘年事跡，與卦爻相證明，推其成敗禍福，以窮吉凶悔吝之故。余未之得見，然嘗讀其序而奇之。考之司馬遷曰，易本隱以之顯，春秋推顯至隱。易與春秋，天人之道也。遷之生於孔子近，其論蓋有所昉。邵堯夫之學，始堯甲辰年，迄於五季，四千載治亂興衰，紀以運世，而用易卦經緯之。蓋邵氏以數起，而先生以理附，先生之書，邵氏之志也。生明季，爲諸生，知時將亂，卓有遠識。凡交遊文社，一切謝絶，曰：「人當爲獨行君子，前世黨援之事，可戒而不可入也。」甲申之變，士之喜功名規仕進者，萃於南都，先生微服僦僧舍以覘。一日遯去，曰：「雖有夷吾，未易爲宴安江沱計也，況今日之事哉？」遂棄儒服，杜門屏跡，以終其身。嗚呼！避名而自晦，知幾以遯出，先生可謂得易之用矣。事西安公及劉孺人至孝，並至耄耋無忤色焉。平居恂恂不言人過，然遇事好義勇爲。嘗爲族里解京倉，費千金計，人多走匿，後又負約，竟不責償也。先生少小有經世之志，自治經外，若象緯坤輿，陰陽律曆，陣圖兵志，九宫三式，醫藥種樹之書，靡不蒐討殫究。遭時之亂，抱不一試。然雖崎嶇戎寇間，轉徙逃避，講誦教子，未嘗蹔廢。先生之學行，其大致如此。昔宋蔡神與，以高才博學，通天地人之奥，而晦於時。其後遂生西山季通先生，大闡家傳，顯名當世，至孫曾而材賢輩出，位有至執政者。今先生之學蓋神與之徒，而定九先生，又已無媿季通。是朱子所謂「足以顯其親於無窮者」。況孫曾之能世其業，亦既爲之兆矣。賢者有後，天其將發久閟之光，吾又烏乎量之哉！梅之家世，於西安公碣詳之。銘之曰：天官之學，實肇於談。遷述世德，慨息周南。邵氏有古，蔡有神與。絶學將興，不其有緒。梅家之業，殆世修之。井之行惻，王且收之。我揭諸阡，汗顔縮手。昔人有言，自附不朽

榕村續集卷六

雜著

劄記三條

論語謂：「知之者不如好之者，好之者不如樂之者。」說者以氣候深淺言之，固是。然看來當下便有此三種根器。蓋有一樣人，聽説道理，甚是明白，只是不甚喜愛，曉得便了，更無餘味。又有一樣人，心亦喜愛，然未能一意耽嗜，則或他好有以奪之，便不能久於其道，復而不厭，亦不能温故知新，日進無疆。惟上等根器，纔知學便有樂意，樂則生矣，生則烏可已也。至誠無息，此其基本。明道欲著樂書，想是發明此指也。

「吾斯之未能信」，「信」字最是有味。若説自信其所知，自信其所能，只是粗淺話頭。須知便是已知已能，而信他不過，終久不著於心，臨事無得力處。故著心而專一不二者，篤信故也，臨事而確然不惑者，篤信故也。求之足民，由之治國，皆有以自信矣。

然知德悦道，夫子皆未之許，而獨曾點、漆雕開爲見大意。可見「信」字不在材具上説。讀書而病記識不牢者，想亦是未專一之故。且揀一件篇數不多者，如大學、中庸、太極圖之類，盡看衆説，而加以精思明辨，直到熟爛無遺恨處，則雖約而可以該博。從此觀它書，便有相發相助之益，而無貪彼失此之患。此讀書第一要法，無論敏鈍姿性，皆當如此也。

國風序義

國風列國之序，其義前儒未有言之者。惟程子嘗論之，然於事理之間，猶有所未盡也。蓋詩之篇章次第，其細義雖不可復詳，然其於諸國先後之次，則必有深意存焉。今略依程子之意而論之。二南，周家受命之本，而王化之端也，修身齊家，蓋廢興理亂之繇，故以爲風之首。上所以感，下所以應，風俗之盛衰，莫著於此也。衛自東遷以降，世有家闈之亂，莊公以殺其嗣，宣公以亡其國，始於宮閫，流於民風，二南之反也。廢興理亂之繇，上下感應之效，於是爲著。故邶、鄘、衛次之。周所以衰，實由於此，故王風又次之。王風不淑，畿内之國先被其化，故鄭又次之。王迹熄而霸圖興，故齊、魏、唐、秦又次之。齊霸而後晉興，晉霸而後秦盛，天下之勢，駸駸而入於秦。夫子已見其機於删定詩、書之際矣。强侯擅命，則兼並小國，而大亂由是生，故陳、檜、曹又次之。陳、曹亡於春秋之終，檜亡於春秋之始，故檜之卒章，傷天下之無王也，曹之卒章，則並傷天下之無霸也。桓、文一降而爲七國，是無霸之徵矣，夫如是則天下之亂極矣。亂之既極，必有治之之道，故終之以豳風。文中子曰：「豳風居變風之終，明乎變之可正也。周公之處流言，風亦可云變矣。變而不失正，非周公其孰能之？」嗚呼！序列十五國之風，而天人去就之故，國家治亂之機，如指諸掌。其間之風聲氣習、言語性情之變，則尤使後世之觀風者，有所攷焉，其意豈不深哉？若夫宋、魯之無風，以先代之後，周公之嗣，採風所不及也。吳、楚之無風，夷狄之邦，風謡所不載也。杞、蔡、滕、薛之屬，無其詩，闕其文，則亦有所不可攷矣。故夫子之序詩、書，修春秋，而王霸之道，世運之變，道術之汙隆，禮樂之興替，莫不於是乎昭明也。

記太極圖説

圖首之以太極，渾然一體，靡見其餘，粲然萬分，罔形其缺，是故以圓目之。次之以陰陽，陰陽之氣，互爲其根，故不可窮也。陰陽之精，互藏其宅，故不可貳也。陰中有陽，陽中有陰，以此也。次之以五行，五行之交繫乎上，一陰陽者與。其總會於一，一太極者與。次之以萬物，夫萬物之極，何以二之？懼人以爲形化之後，而視天地也間，其離本也遠，故纍之複之，以爲受極於父母，與天地同。自天地而生此也，自父母而生亦此也。氣化形化通乎一理，人之全受而歸於天地父母，通乎一道。太極、西銘，其無異指者與？

道術各有宗旨。有物渾成，老氏之宗也。不生滅，釋氏之宗也。試以一言蔽之，元氣元神而已。若夫吾道之宗何哉？陰陽四時，列象羣生，百感千慮之變，巧歷不能計，意想不能窮，曰氣之所攝，曰未也。曰神之所涵，曰未也。蓋曰理之所統云爾。此三者，雖同謂之極可也，然言同而指異也。莊、老之書，有曰無極者矣，有曰太極者矣，要皆不離神氣而言。若孔子所謂太極，周子所謂無極，是所謂統天地萬物之理也，吾道之宗也。

動静者，太極之全體，其道盡於乾矣。至哉坤元，承天時行，故曰動静兩端，循環不已，立天地之大義。兩儀之立，於道未分也。別爲五行，各一其性。有萬之生，氣質不齊，或晦或明，或柔或强，或淳或斑，或否或臧，皆根於五行之性，離而不相一也，固而不相易也。故言氣質之性者，自五行始矣。雖然，周子不云乎，「五殊二實，二本則一」。以其本之一，則錯綜之理在，變化之機存。觀其生克，審其不二，不待乎温泉寒焰之屬也。又況乎人爲陰陽之交，五行之秀，得天地之中以生者哉？

中正仁義，方其未感，静也。應物而見，動也。就四者對言之，則又義、智，静也；

仁、禮，動也。然則周子之主静，主其寂然者乎？主義與智乎？曰：析言則異，互言則同。義智非無感也，寂之意多。故方其寂也，仁禮則歸於義智之府。仁禮非無寂，而感之意多，故方其感也，義智則行乎仁禮之内。無欲則静，善乎勉齋之推言之也。主静以善動，陽根陰也。無欲則静，陰根陽也。蓋不翕聚，無以發散，而旦晝有牿亡，則夜氣之存焉者鮮矣。曷觀之天乎？萬物不生，萬籟不鳴，專一凝寂，故能敷大化而鼓羣動。及乎物各付物，天何意哉？無所淹留滯固，故能肅時令而成歲功也。夫人之所以淹留滯固者，心有欲也。欲於何生？氣有偏也。天不偏，故無欲。聖人無欲，故合天。與天地合德，太極也。與日月合明，陰陽也。與四時合序，五行也。與鬼神合吉凶，男女善惡也。或曰：與天地合德，仁也。與日月合明，禮也。與四時合序，義也。與鬼神合其吉凶，智也。

記通書

大哉乾元，萬物資始。朱子解以爲即繼之者善也。元亨，誠之通也。乾道變化，各正性命，成之者性也。利貞，誠之復也，此於理自相貫。然愚意尚欲剖析言之。蓋繼善二語，大傳文意不分陰陽。若曰此一陰一陽之道，其在天者，則嬗衍似續而相繼，命之所以流行而不已也，善也。其在人物者，則凝聚堅固而已成，分之所以一定而不移也，性也。二者莫非至實之理，故曰誠。莫非至粹之真，故曰善。善固善矣，性亦未嘗有不善也。成形之後，氣質拘之，仁者見仁，智者見智，每下而日用不知，偏之流則過，過之甚則惡矣。夫子之言性與天道，吾於此章見之。至乾彖之辭以釋四德，既曰「大哉乾元」，又曰「乃利貞」，此蓋以生長收藏而言，比之繼善成性，似同而異。何者？繼善之中，兼元亨利貞。成性之中，統仁禮義智信。不可以分析論故也。然其曰「乾元統天」，則似乎繼善。曰「各正性命」，則似乎成性。周子引此以明性命之源，蓋斷章之取。而下所謂元亨利貞者，則不復分屬，直言性命之中，各有此四者，四者蓋性命之蘊云爾。不然既曰「誠之源」，又曰「誠之通」，既曰「誠斯立」，又曰「誠之復」，不亦重複之甚乎？然則夫子非與？曰：分言之，則元亨利貞，天也，善也。仁義禮智，人也，性也。互言之，則元亨未離乎天，善也，利貞既成乎物，性也。亦何不可之有？蓋必析之極其精，而不亂，然後義之錯綜者，可得而言耳。

一者無欲也，無欲則靜虛動直，以此證圖説無欲則靜之言。可見主靜之靜，正與動對。蓋靜虛然後能動直，無欲然後能靜虛也。或曰：此靜言其境，彼靜言其功。非也。靜之功，還其本靜之境而已，非有加於靜也。易曰：「艮其止，止其所也。」然則主靜之靜，以境言之，又何悖焉？

聖人之精，畫卦以示，邵子所謂「先天之學」是也。聖人之藴，因卦以發，邵子所謂「後天之學」是也。邵子又曰：「先天之學，心也。後天之學，迹也。」「心」、「迹」二字，出文中子，不如所謂聖人之精、聖人之藴者，意義渾然。

記養心亭説

按：周子於圖説自註云：「無欲故静。」於通書又曰：「無欲則静虚動直。」或疑静虚之静，非主静之静，非也。蓋無欲故静虚，静虚故動直，静虚乃動直之本，故曰主静也。聖人曰中正仁義，學者則曰明通公溥。中正仁義，動静周流，而以静而義正者爲主。此易所謂利貞者性情也。聖人以此洗心退藏於密，神明其德者也。義智所以爲静者，董子謂陽居大夏，而以生育養長爲事。陰居大冬，而積於空虚不用之處。蓋當陰道上行之時，則萬物已斂藏成就，是置之空虚無所用之也。人心及乎義智之分，而萬事收斂，則亦截然而止，澄然無事矣。明義也，通智也，公仁也，溥禮也。然則明通公溥，重在明通。動直本於静虚，此通書所以發圖説之意也。此説又云：「無欲則誠立，明通誠立，賢也。明通，聖也。蓋寡之又寡，以至於無欲則誠立，誠立則明通，明通則公溥，舉而措之耳。寡欲以至於無欲而誠立，是賢者之事。誠立而明通，是作聖之功。誠即一也，無欲則誠立，即通書所謂一者無欲也。誠立則明通，即通書所謂無欲則静虚。静虚則明，明則通也。言明通而不言公溥，又主静之義也。」通書及此説，皆以申圖説無欲主静之旨，惟以其言前後反覆，而自相證，則得之矣。

詩選義例

六義皆詩體也。風、雅、頌者，詩所由來。出自陳採者爲風，出自製撰者爲雅、爲頌。及其施於樂也，風則上下通用之，雅則用之朝廷，頌則用之郊廟。故夫子曰「雅頌各得其所」，而不及風。正謂風可通用，惟雅、頌不可僭差。如爲叔孫而歌文王、大明、緜，以三家之堂而歌雍，皆失其所矣。賦、比、興者，詩所由成。述志敘事者賦也，感物觸類者興也、比也。比則其義相形而意顯，興則托以興懷而意微也。此六義者，盡詩之體製律令，抑其生於人籟，自然合節，故雖三百而後，世變風移，而六義源流，依稀可見。如漢之房中樂及趙、代、秦、楚之謳，則風之餘也。鐃歌之屬，雅之餘也。郊祀之屬，頌之餘也。若賦與比興，則又因聲發見，無待規擬。惟其俗化遷流，禮樂不興，故小人所歌未足以貢俗，君子所賦未足以明志，法宫所頒未足以廣化。此古今升降之由。後之君子，如王仲淹、邵堯夫者，遂以爲馳騁末流，有删後無詩之歎。雖四聲八病，音若塤篪，而不足貴也。

余以爲王、邵之論，施之風雅之正則諾。若夫男女言傷，大夫閔己，賢人君子遭時治亂，而出處語默，慨然有以自明者，豈非變風變雅之選哉？蓋詩者人之性情，性情不泯，則詩道不廢。漢、唐之間，視之東遷列國，不猶愈乎？然而近代言詩者，不復推原言志之義。源遠末分，愈澆愈散，至捨漢、魏而專言唐，捨唐之近古，而專言律。此於蘇、李、曹、劉之庭猶邈，遑論三百哉？茲選非無辭也，而以意爲主。其序則先以漢之樂府，蓋以爲四始之餘，後代諸體，權輿於此也。繼以四言詩，又繼以五言長短句詩，以其近古也，皆謂之古體。唐以下五七言律詩繼之，總謂之近體。騷人興於周、漢之交，後有倣者，其流亦遠，則謂之楚體，以終焉。嗚呼！草木蟲鳥之響，猶足以感人，况二千年孝子忠臣、貞女義士之心聲存焉，國家興亡，治亂之變備焉。天常之厚者，俯仰游泳於茲，是亦可以興，可以觀，而賡三百之遺音，裨性情之至教。可目以華末也，而一切菲諸？

漢魏之詩，儷偶絶少，集典實盛，藻繪者亦少，濫於江左，極於唐、宋。此雅俗清渾之關，取捨之衡也。學者先讀漢、魏古詩，則雖作律詩，氣體亦自高妙。先讀律詩，而又終身溺志焉，則於古之道遠矣。

詩以無邪爲教，而雅、鄭雜收者，所謂可以觀也。况後世之詩，王澤眇微，但取其發乎情而未離乎真者，則可以表情思而考習尚矣，固不能一一律以經義。惟其侈富矜麗，淫哀傷人者，則黜不收，以其大爲詩害也。

六代華巧極矣，然所謂真氣流行者，無有也。一則所存者異於古人，二則顧畏世網，而不敢道其志。故非放浪山水，嘯咏風花，則或托於遊僊出世以自高，或止於嘆老嗟卑而自見。此皆所謂應時感候，而形其心聲者。觀嵇、阮、張、陸以下諸詩可見。惟陶靖節隱居求志，身中清，廢中權，故其辭雖隱約微婉，而真氣自不可掩。至唐開代，四海爲家，名節既竪，諱避亦微，故人得以抒其志而盡其言。其高出者，如杜少陵等輩，幽思殫寫，豪氣横奔，與前人之蓄縮趦趄，終日唱賡而莫知其悲笑之所自者，迥然異矣。此亦所謂誦其詩，論其世，以知其人，不可不察也。

兩都之詩，寥寥者有感而作，非以詩爲事也。江左、隋、唐，學者舍是，則無事焉。故其搜英擷華，抽思繪景，至於唐而已窮。後代作者，又襲唐之糟醨而餔啜之，譬之茶酒之馨，魚肉之味，雜之料則益薄，厚其齊則益淡。自宋以後，皆坐此失也。不探其本，而欲以邁前人，所謂僨心於無用者此已。

曹子建、陶靖節、杜少陵、韓文公之詩，當另作一意讀之。其餘清音幽韻，各有至焉，以爲修詞之用而已。雖然，存乎觀之者之所領。彼以言取巧，吾以意會心，郢書燕説，碑字成禪，無處非益也。

古者同書考文，雖未聞有四聲之説，而韻部分明。六經、秦、漢以上書皆可見，而莫著於三百。後世四聲等母，於韻學不爲無功，然按其部分，則自江左之末，及唐人而既亂矣。唐人律詩，自守功令，其古詩所通用韻，猶於古未遠。特古今字聲，間有彼此出入，又入聲所從之部，與古夐遠爾。由宋及明，並與唐法而亂之，曰通曰轉，悉惟風土是師，全不知韻部爲何事。此詩學大關節，不可不正也。

古人詩平、上、去三聲皆通用，其入聲則多轉爲去，亦或通用也。今既有四聲，平仄分用，亦自諧聽。然平聲清揚，入聲短速，固與上、去兩聲微别。至上、去兩聲，相差至眇，今南北人多有不能辨者。然而古詩韻脚，二聲實可通用，不獨漢、魏之間，唐人間亦有此也。

近體詩句字平仄，固有律令，然五言倡句第三字，七言倡句第五字，皆用平聲者，正也。間用仄字，則下字仄聲，必易以平。若適當兩平疊之倡句，即此體不可用，又當變而通之。於和句用平聲爲對可也。然此體在唐初亦不拘，杜、韓、柳則極嚴謹，惟五言和句首兩字，七言和句第三、第四字，遇下字應用平者，上字必不可用仄。

始祖祠祭禮略

程氏遺書以冬至祭始祖，立春祭先祖。先祖者，始祖以下，高曾以上皆是也。一年之内，惟此兩祭。若四時之祭，則只及於四親而已。余家始祖廟，舊祭春秋。先君參考程書，增以冬至、元旦。前人相沿，今亦未敢妄議增損。如折以遠近疏數之義，則須以程書爲斷。但程所言者，届時設位耳。今既儼立祠廟，則一歲之内，不應歷時疏闊。冬至、立春之外，須用每月朔，合族人瞻拜儀，用果酒。如有宗法公事，則羣議於其中，亦以果酒拜告。族中子孫有得科登第，遷轉封贈拜告，而具鼓樂可也。○余家祭始祖，以先祖祔。蓋適余九世以前，皆係單傳，自此而下，而始分支。故斷自分支以上爲先祖，而不下連高曾者。以宗子之法，不立所謂高曾者，莫適爲主。世代既遠，衆支之先祖繁多，於禮無祔也。若他家始祖以下，至何代而始分支，或繼始祖者而即分支，亦只應斷自分支之首世爲先祖，庶無黷祀。○古者宗子非世官即世禄，故可以其禄祭，而世主大宗之祀。今既無是，則所謂宗子者，或降爲氓隸，而不齒於衣冠。既不得踰分而行士大夫之禮，且不知祝嘏之文，不任拜跪之事者有矣。權以時宜，須用爵禄於朝者主祭。蓋以其分既得具禮，其人又嫻威儀也。雖然，緇冠餼羊，又烏可廢？須以有爵者主祭居中，宗子居左，直年者居右，並跪，而以昭穆爲前卻焉。祝亦連名以稱於宗祖之前。是亦酌古準今，無於禮者之禮也。○士庶人祖屋則正，可以適長世主薦事。或有厠於庠序，得衣巾者，則並適長行禮可也。或曰：父爲大夫，子爲士，則祭以士。士無田，則不祭。今若宗族之中，先雖有貴者，而後爲士庶人，則將行士庶人之禮乎？曰：此可以世禄之意通之也。其先有貴者，必以其禄入爲祭田，是亦天家之賜，世禄之屬也。故其子孫，猶得以其田祭，稍殺於大夫，而用上士之禮焉。如大夫用備牲，則用特牲，大夫用三獻，則用一獻。品物威儀，皆稱是，而不下夷於庶人。是亦喬木世室，與國咸休之遺意也。○余家祠堂始祖、先祖牌位之外，又有歷世衣冠、功德諸牌位。衣冠者，曾受爵命者也。功德者，有德行著聞，及建宇置田，有功於宗祖者也。歲時祭祀皆祔位，此亦前人所行，今未敢輕變。○祭禮，一品以下備羊豕，五品以下或羊或豕，八品以下折俎可也。庶人雖富，不用牲牢。祭之前日，灑掃堂庭，墻壁損壞，則黝堊之。滌祭器，備乾豆。祭之日，未明而興，請始祖、先祖之神位，以就筵几。始祖居中，先祖序於左右。質明入牲，陳拜席。子孫以行輩序立，讀書知禮者，分以職事主祭者，初獻。宗子，亞獻。直年或無頂帶，而又分卑齒幼，則三獻以族中高行有齒德者充之。其餘如朱子家禮，有頂帶之士，上世有祠廟者，行一獻禮。禮不下庶人，止於斟酒視饌而已。

小宗廟祭禮略

立廟之人，或非長子，但以其爵禄於朝，法得立廟，則立之。此古者别子爲祖之意，所以其廟不毁，而有化小宗爲大宗之勢也。然弟雖主祭，仍以兄爲宗子，與前始祖祠之禮同。但始祖祠主祭者，居中跪立，祝文以爲稱首。親祠仍以宗子居中，祝文曰「介子某官某以其禄相宗子某行事。」如是以終其身。至於其子，則以介子爲父，而將化小宗爲大宗。然後伊川程子奪宗之議，乃可斟酌行之爾。又或兄弟兩人俱貴，而弟秩更高，則且就兄所立廟行禮，不必便自立廟。祝文亦同列兩人名，而不必云相宗子行事。至於其子，方爲已别立廟，而上具四親可也。○其或父祖有爵有廟，而已之爵又加崇，貴在適子，則惟守父祖之宗，而已不必别立廟也。在庶子亦不必别立廟，惟從宗子以祭，於祝内署所封贈銜名可矣。至於其子爲已别立廟，而上具四親同前。○親祠以四時之祭爲主，而用仲月，其儀節與始祖祠同。四親同堂，乃後代之簡文。世俗又同設主於一案之上，祭則四代祖妣同一饌而享之，皆非也。須於正堂隔作四龕，爲石座以安主，設案於前。案比座微高，使露出主身可矣。凡香燭及祭饌之品，皆排置於案上，而主座如故。忌日各就其龕，開門行禮。惟四時合祭，須出主而祭於堂，亦須别作座案，使主在座，饌在案。

不得如俗置之案上，既不類古者席地，又不類後世倚卓之制，非所謂事死如生，供養以像事居之意也。今或未能立廟，未能置座設案，廳事狹窄，聊且從俗。然祭日，亦須具祭筵二，使祖妣分享之。蓋四代享以四筵者，正也。二筵，使祖妣分享之者，權也。子母可以合食，而舅婦不可以合食，此俗失之當正者。○今世祭祀，只重忌日，外此則用俗節清明、七月之類，雖士大夫家皆然。夫祭者，吉禮也。五禮以吉爲首，即祭也。古人朝服以祭，而用盛樂，禮莫重焉。忌日則喪之餘也，古無忌祭。後賢雖從俗行之，然衣冠必用素，而不飲酒，不聽樂，所謂君子有終身之喪者。豈可以是而廢歆於神明之吉禮哉？且是日也，不獨子孫之哀，而亦祖考之戚。上不能嗜飲食而具醉飽，下不敢饗父兄而言燕私，故今以附於喪祭之後，明非五禮所云吉也。士大夫有命服之榮，而終身不服以祭其祖先，得乎？若欲以俗節當之，則尤無義。祭禮春以迎來，秋以送往。今清明乃季春，而七月在孟秋，迎來何遲？送往何驟？與其徇俗而惑於道、釋之教，何若遵先聖先儒，以伸追遠之慕之爲得也。

榕村續集卷七

詩

送楊道聲南歸

春行已殷仲，飈風何乃驕。況復別所思，寒厢聽鳴條。之子南邦彦，趨庭自垂髫。長富千金藝，不復把蟲雕。淵源有遺髦，覽記獲殘縹。搜奇心無厭，窮元智彌饒。目極千里綫，身登七曜軺。專精今罕比，覃思昔非遥。疇昔氣何盛，春江漲海潮。幽夢入窮島，壯志馳荒徼。傾國媒誰託，連城價已翹。囊乏幾金潤，家有四墻蕭。吹箎聲未歇，在陰響正嘹。南北屢遊陟，晨星喻所交。顧余蕪陋者，何哉食我苗。秋高來適館，直禁每衝宵。紛紛疑緒結，默默不得療。兹者六飛東，羲和揭長標。祕袠繙清暇，蘭膏剪寂寥。忽焉舍我去，中渡比捐橋。睍睆空嚶樹，遁思不可招。床書今夕近，風雨彼天遥。丈夫各有念，相期乃久要。

贈阿起南

今秋寒氣早，白日急於流。宵征冒風凍，碌碌生百憂。衝壒長安道，於我誠何求。所喜同心友，覿面如宿投。三日一來過，移昏語未休。孳孳譚性命，逼若饑寒謀。我復謁君居，高風何不侔。入門散圖史，蕭蕭似衡茅。丹黄事點竄，奥義獨深搜。更有静坐癖，調息向雞嘐。指日期賢路，嗤笑不迴頭。余生十六七，讀書志孔、周。於今百不就，看看已沈浮。自從遇知己，倦疴頓一瘳。政事堂歸早，車聲聽悠悠。三十九年非，尚覬桑榆收。忽焉舍我去，令我黯生愁。君行固不遠，百里舊西疇。遯居非有他，避囂覓精修。顧盻挾鋭氣，勇哉不可留。離别豈足惜，所願壯志酬。歲暮村野曠，厲飈撼山邱。衣餐謹調護，經文細尋抽。邸齋三月後，爛熳雪華稠。君歸行稛載，恐我徒包羞。

詠荔枝

烏葉七言律

一望蒼茫入翠微，乍驚顓帝樹交旂。經冬未改幽幽色，向夏誰争曄曄暉。自昔蔡君傳麗譜，獨摽此族是烏衣。唐家天子如聞得，應取緑鬟伴醉妃。

糖瓜七言律

緋紗爲裏玉爲卮，香瘴氛氲起黄鸝。橘柚長慙登禹貢，堇荼未許入周詩。物華土德斯其最，天上軒轅應有司。安得移栽長信樹，優游含弄可嘖兒。

麻餅五言古

巨勝可延生，餐之色煒煒。流種落人間，結珍珠樹尾。野露足新嘗，我期六月朏。家伯訂爲荔枝會，六月初旬始。酒約援丁丁，詩思亦亹亹。蓬渤有瓊漿，未須尋一葦。南産自精華，誰言採葑菲。

緑羅袍五言古

吾觀雲雨化，百物何喁喁。離支生炎地，挺出始於冬。及此朱明日，雜遝醉天醲。蕭然青衫子，何異古章縫。滿目山中意，羞與衆争豐。直下日無景，未覺有番禺。廣州夏至日下無景，極熱之地。

其二

翠若桃綴糝，闊如魚腮喁。纖絺正及夏，旨蓄足禦冬。雜遝君謨譜，江家名最醲。綠袍豈其配，東君爲紉縫。世競誇紅紫，吾慕子之豐。閩地荔枝美，真不數番禺。

進奉子七言古

幽蘭幽蘭深谷茁，爲王者香何戛戛。下國觀風有季札，奔馳王會爲州八。驛路紛紛車之轄，遇其甘美還相軋。雲際冥鴻差小黠，徘徊獨把金衣刷。

坼香五言排律熟則核坼

麗質包僊醞，清香繞翠翰。寄楊曾賦白，白樂天有寄楊使君荔枝詩。詞柳聞歌韓。氣結千重樹，風飄七里灘。自應隸龍目，何念擬雞冠。韓偓荔枝詩有「鶴頂雞冠」之句。氣一中開綻，時來心更丹。幽芳如可贈，一顆寄長安。

金盞七言絶

漿如蘇武乳之瓶，色比方歅黄間驪。飫罷應同錢越老，錢鏐大宴問人，八十以上者受金盞。酌餘更憶周南妻。

玉女扶雜體

幽人山之阿，曾結瑶池諾。青青女蘿衣，纍纍絳紗橐。長看東海蔓桑柯，數陪崐崘宴後譁。臨風好是宗之醉，白眼朱顔頭半科。雲裳紛屢舞，新粧麗似鼉。漢書鼉淫也。王母應呼兒，麻姑猶稱哥。顛倒年來不記百，憶伴蟠桃幾回赤。常把瓊漿酣便擲，環珮珊珊起珠珀。

留觀仁雜體

移果就前牕，新方穩於椿。問種且究木根原，無乃宋室舊年恩。官人不識誰家是，但有殘株來夜猿。憩棠必思召，懷橘應知袁。覽物存遺德，命名猶體元。低回植杖久延佇，不爲英華堪嚼咀。十年樹木計如斯，料得千秋事業珍重與誰語。

大蛀核雜體

藥圃榕陰外，日日偶朋儕。山花初出谷，遠果未踰淮。逆流小澗上，春鯉噣兩蹠。樊起暮豺種，種呼襲舊名。名語似俳中，有一果馨香。嗅欲醺人憐，腐蠹擬栽芸。芸香，蠹蟲避之。自古幽心長疲茶，我獨目成歎息不移睫。幸有孤耿宜相依，不託名山寄別業。

題韓魏公晚香堂

駐節當年臥護軍，山河南北此中分。老來喜誦秋容句，歸去還遲晝錦文。紫府洞天應返駕，雜記公爲紫府真人。黄堂風月有餘芬。晚香堂在府治之東。我行適值寒花候，歎息超然望五雲。公登第唱名時，五色雲見。

賦

感別賦送張敦復假歸

緊今晨之何日，羣鳥啾其嚶鳴。胡余懷之悵蕩，之子浩而南征。紛先生之純茂，儼古人之所服。矧種學而好脩，日孜孜其猶未足。斐聖皇之休運，慨夢寐乎世之賢，謂學古之不可以無輔。噫乎！孰爲余之説盤亀，凌爽而趨蹌，夕賜第焉游息，洵不懈而益恭。贊巍巍之乾德，判先生之雅尚邈，獨慕乎槃之寬。雖執經於帝者之前，每絵事於故山。當三徵之用兵，羽檄飛而論藝。惟侍從之多功，蓋庶幾於陸贄。逮世室之歌鐃，首歸路而急流。跪掩涕以陳詞，曰臣有私事於松楸。感先生之所歷，極民生之大順。畢所效於君親，卓季葉之所僅。窅龍眠之邱澗，擅南服之佳居。蒔芳菲以環圃，信孤貞之所廬。荃睠睠其不可忘，蘭幽幽其不可以久佩，行止渾而無心。抑先生其奚容，意忽返顧以自照。超鴻冥之先我，進報恩以無由，欲從先生而不可。昔先生之知余，曰澹泊其有同調。嘗贈言之琅琅，閔報章之不耀。河長流以浩浩，風吹舟以飂飂。阻天南而獨處，余何以焉淹留。悵離合之不可常，心蹇産而弗釋。逝委珮於江臯，復夫子之餘跡。

榕村别集

榕林昵集

榕村别集卷一

等韻辨疑

凡字母，或取平字，或取仄字，雖不知何故，然平、上、去、入四聲，皆有清濁，在當日分別甚明。故所取以辨清濁一母者，非其平聲，即其上、去、入聲也。今人於入聲，頗舌間皆不能具，故於等韻分母之理，益不能知矣。

見清聲。

溪清聲。

羣北方爲溪，濁聲。南方爲見，濁聲。

疑濁聲。

端清聲。

透清聲。

定北方爲透，濁聲。南方爲端，濁聲。

泥濁聲。

知清聲。

徹清聲。

澄北方爲徹，濁聲。南方爲知，濁聲。

孃濁聲。○案：知、徹、澄、孃四字，今音惟孃字，入舌音泥字內，知、徹、澄三字，俱混在照、穿、牀齒音內。據等韻諸書，俱當作舌音。但端、透、定、泥吐在舌尖，而知、徹、澄、孃收在舌上耳。今閩、廣人知、徹、澄猶作舌音也。

精清聲。

清清聲。

從北方爲清，濁聲。南方爲精，濁聲。

心清聲。

邪心濁聲。

照清聲。

穿清聲。

牀北方爲穿，濁聲。南方爲照，濁聲。

審清聲。

禪審濁聲。

邦清聲。

滂清聲。

並北方爲滂，濁聲。南方爲邦，濁聲。

明濁聲。

非清聲。

敷清聲。

奉非濁聲。

微敷濁聲。

曉清聲。

匣曉濁聲。

影清聲。

喻影濁聲。

來濁聲。

日濁聲。

凡三十六字分清濁，皆以其母之部平聲爲主。有有清有濁者，則清濁並立母，心與邪、審與禪、非與奉、敷與微、曉與匣、影與喻是也。有有清無濁，而或南北音譌，彼此互異者，羣、定、澄、從、牀、並，南方爲見、端、知、精、照、邦之濁聲，而北方爲溪、透、徹、清、穿、滂之濁聲是也。有有濁無清者，則以濁聲立母，疑、泥、孃、明、來、日是也。蓋其部之字有平聲者，則立母，無平聲，雖有上、去、入，亦闕之不立母也。羣、定、澄、從、牀、並，今以四聲叶之，則北方惟平聲可叶，餘三聲仍不可叶，當從南音爲是。〇見、溪、羣、疑，一類也。端、透、定、泥，一類也。知、徹、澄、孃，一類也。精、清、從、心、邪，一類也。照、穿、牀、審、禪，一類也。邦、滂、並、明，一類也。非、敷、奉、微，一類也。曉、匣、影、喻，一類也。惟來與日，則非其類。來字當從端、透、定、泥爲舌音。日字當從照、穿、牀、審、禪爲齒音。皇極經世改之是也。

皇極經世韻附

古甲九癸即等韻見字。清聲。

□□近揆即等韻南音之羣字。濁聲。

坤巧邱棄即等韻溪字。清聲。

□□乾虯即等韻北音之羣字。濁聲。

黑花香血即等韻曉字。清聲。

黄花雄賢即等韻匣字。濁聲。

五瓦仰□即等韻疑字之清聲。

吾牙月堯即等韻疑字。濁聲。

安亞乙一即等韻影字。清聲。

□爻王寅即等韻喻字。濁聲。

母馬美米即等韻明字之清聲。

目貌眉民即等韻明字。濁聲。

夫法□飛即等韻非字。清聲。

父凡□吠即等韻奉字。濁聲。

武晚□尾即等韻敷字。清聲。

文萬□未即等韻微字。濁聲。

卜百丙必即等韻邦字。清聲。

步白萠鼻即等韻南音之並字。濁聲。

普朴品匹即等韻滂字。清聲。

旁排平瓶即等韻北音之並字。濁聲。

東丹帝■即等韻端字。清聲。

兑大弟■即等韻南音之定字。濁聲。

土貪天■即等韻透字。清聲。

同覃田■即等韻北音之定字。濁聲。

乃妳女■即等韻泥字之清聲。

内南平■即等韻泥字之濁聲。

老冷吕■即等韻來字。清聲。

鹿犖離■即等韻來字。濁聲。

走哉足■即等韻精字。清聲。

自在匠■即等韻南音之從字。濁聲。

草採七■即等韻清字。清聲。

曹牙全■即等韻北音之從字。濁聲。

思三星■即等韻心字。清聲。
寺□象■即等韻邪字。濁聲。
□□□■此一行係清聲而亦無字，蓋日字輕齒之清聲也。
□□□■此一行係濁聲而無字，蓋日字輕齒之濁聲也。
■山手■即等韻審字。清聲。
■上石■即等韻禪字。濁聲。
■□耳■即等韻日字之清聲。
■□二■即等韻日字。濁聲。
■莊震■即等韻照字。清聲。
■乍□■即等韻南音之牀字。濁聲。
■义赤■即等韻穿字。清聲。
■崇辰■即等韻北音之牀字。濁聲。
■卓中■即等韻知字。清聲。
■宅直■即等韻南音之澄字。濁聲。
■折丑■即等韻徹字。清聲。

■茶呈■即等韻北音之澄字。濁聲。

右二十四聲，並清濁爲四十八，與等韻三十六母同。等韻凡無平聲者則闕之，故止於三十六。經世兼存之，故有四十八也。二十四聲者，見、溪、疑、端、透、泥、知、徹、孃、精、清、心、照、穿、審、邦、滂、明、非、微、曉、影、來、日也。經世並孃於泥，則少一聲矣。其亦有二十四者，輕齒當有一聲對正齒日字，而有音無字，故爲虛位以對之也。經世並來於舌，並日於齒，此二處高於等韻，餘則互有得失。其等韻所謂開口、合口、等呼，經世所謂開、發、收、閉四位，古今音異，不可盡知，且推之多有未密者。惟其大綱體要，則不可不知云。

字音圖說

第一部

直喉阿聲	○ 阿阿切
入鼻○聲	○ ○阿切
舌齒衣聲	鴉 衣阿切
脣烏聲	洼 阿切
撮口於聲	○ 於阿切
○	○
○	○
耶	○
窩	○
○	○

第二部

一	二
埃 阿衣切	○ 阿埃切
○ ○衣切	○ ○埃切
○ 衣衣切	挨 衣埃切
威 烏衣切	歪 烏埃切
○ 於衣切	○ 於埃切
○	○
○	○
○	○
○	○
○	○

第三部

一	二
鏖 阿乌切	○ 阿鏖切
欧 ○乌切	○ ○鏖切
优 衣乌切	腰 衣鏖切
○ 乌乌切	○ 乌鏖切
○ 於乌切	○ 於鏖切
○	○
○	○
○	○
○	○
○	○

第四部

一	二
昂 阿○切	○ 阿昂切
○ ○○切	○ ○昂切
英 衣○切	央 衣昂切
翁 乌○切	汪 乌昂切
雍 於○切	○ 於昂切
○	○
○	○
○	○
○	○
○	○

第五部

阿尼 安切	阿安 ○切
○尼 恩切	○安 ○切
衣尼 因切	衣安 烟切
乌尼 温切	乌安 湾切
於尼 云切	於安 渊切
○	○
○	○
○	○
○	○
○	○

第六部

阿母 菴切	阿菴 ○切
○母 ○切	○菴 ○切
衣衣 阴切	衣菴 奄切
乌母 ○切	乌菴 ○切
於母 ○切	於菴 ○切
○	○
○	○
○	○
○	○
○	○

右六部十二行，凡六十聲，又各有下聲。惟首行可辨，曰○○耶窩○。自次行以後，則但如上列之聲而加濁耳。今惟南方有之，北方則無，所以存其位者，兼誌南北聲氣一也。又古人亦多用下聲，如麻字韻内阿、鴉、窪三聲，古皆不用，乃歌、模二韻之聲耳。以此推之，凡對此數字之聲皆然。故下列之位，不可不存也。○撮口之聲，古人無之。故凡

音之變，皆以四聲展轉相生而得之。首三部皆喉聲之切也，止三部者，阿、衣、烏三字聲明，次○聲暗，故不用也。第四部原生於次○鼻聲，又取其鼻中之鼻。第五部原生於第三之舌齒，又取其舌齒中之舌齒。第六部原生於第四之脣聲，又取其脣中之脣也。撮口之聲，存今俗音耳。

凡一百二十聲，各以平、上、去、入八聲分之，爲九百六十聲。

平、上、去、入，各有清濁。如翻、反、泛、發、煩、犯、飯、乏，是翻字八聲也。雍、勇、壅、約、融、詠、用、藥，是雍字八聲也。推之字字皆然。但今惟南方，迤北往往不備。

九百六十聲，各以等母今正音。二十一聲分之，爲二萬一百六十聲。

等母凡三十六，今云二十一者，以今京師、江寧府及中州之聲爲凡也。三十六母之說，紛紛不一，其分宫、商、角、徵、羽五音，亦人人殊。今既約以現行二十一聲，則影、曉二字爲喉音，宫也。溪、見、疑三字爲鼻音，商也。透、端、來、泥四字爲舌音，角也。清、精、心三字爲輕齒，變徵也。穿、照、審、日四字爲重齒，徵也。滂、邦、明三字爲重脣，羽也。非、微二字爲輕脣，變宫也。

凡聲不離開、發、收、閉。以六部經聲論之，第一聲爲開，第二聲爲發，第三聲爲收，第四聲爲閉。以四聲論之，平爲開，上爲發，去爲收，入爲閉。以等母論之，喉音爲開，鼻音爲發，齒音爲收，脣音爲閉。又以六部全聲論之，前三部爲開，第四部爲發，第五部爲收，第六部爲閉。

第一部收聲，皆收本字之喉音。第二部收衣字，第三部收烏字。至第四部雖收鼻音，第五部雖收舌抵齒音，此舌齒所以同爲一部。第六部雖收脣音，然其爲各收本字之喉音，無以異也。

第一部則歌、麻、支、微、齊、魚，虞皆如模聲。諸韻是也。第二部則佳、讀該。灰諸韻是也。第三部則蕭、肴、豪、尤諸韻是也。第四部則東、冬、江、陽、庚、青、蒸諸韻是也。第五部則真、文、元、寒、删、先諸韻是也。第六部則侵、覃、鹽、咸諸韻是也。凡同部者，古韻皆可通用。而詞曲家亦分爲六部收聲，此其最明者。然支、微、齊收本音，則衣字也。而第二部之佳、灰，亦收衣字，故第二部之佳、灰，可與第一部之支、微、齊通用也。魚、虞收本音，則烏字也。而第三部之蕭、肴、豪、尤，亦收烏字，故第三部之蕭、肴、豪、尤，可與第一部之魚、虞通用也。自江左以後，後三部有入聲，前三部無入聲。故今坊版小韻書，平上去皆三十韻，惟入聲只十七韻。蓋東入聲屋，冬入聲沃，江入聲覺，陽入聲藥，庚入聲陌，青入聲錫，蒸入聲職，真入聲質，文入聲物，元入聲月，寒入聲曷，删入聲黠，先入聲屑，侵入聲緝，覃入聲合，鹽入聲葉，咸入聲洽，凡十七韻，而其餘十三韻，則無之也。考古音，則諸入聲惟第六部不可易，其餘皆應入前三部，而後二部反闕。今北方之音猶然。古今南北之不同若此。然以字傍求之，則古得其正，北方猶其遺意，而南方則江左以後之聲耳。如支字以質交質。爲去聲，質文質。爲入聲，質質一字也。模字以惡惡是何言。爲平聲，惡好惡。爲去聲，惡美惡。爲入聲，惡、惡、惡一字也。藹爲上聲，謁爲入聲，謁即藹之傍也。噫爲平聲，意爲去聲，億爲入聲，意即噫、億之傍也。沸爲去聲，弗爲入聲，弗即沸之傍也。箇爲去聲，涸爲入聲，兩字同一字傍也。由爲平聲，柚爲去聲，軸爲入聲，由即柚、軸之傍也。消爲平聲，誚爲上聲，肖爲去聲，削爲入聲，肖即消、誚、削之傍也。如此之類，皆在上三部字中，而下二部入聲字，未有與平、上、去字傍通者。偶有一二，亦恐聲音相沿之誤耳。如旦怛、滕螣之類。此可見古韻之爲正也。然古人讀入字聲，皆與上三聲相近，故其氣長以舒。詩篇既可與上三聲叶用，而施之歌曲，亦無短促梗格之病。今南方度曲者，到入聲字，亦不得不轉而就北音矣。

榕村别集卷二

鼎符

上篇

乾、坤設位，而坎、離行。至哉二用，萬物資生。鼓舞寒暑，雲霆以形。坎者天魄，離者地熒，二者相交，易道乃並。易始乾、坤，終於既、未，中六十卦，互爲終始。三百六十，推策定爻，時與月竟，日與歲周。晦明出入，晝夜剛柔，能事畢矣。觸類可求，陰陽無端，動静無極，生死同根，德仇並域。日火質暗，金水内光，夏熱爲陰，冬寒爲陽。昧爽丕顯，日中履霜。智者憂盛，達人固窮。易道交泰，元門顛倒。不交不生，不反不妙。撫世修身，斯爲至要。知之心得，不可明道。

坎、離戊己，其位居中，甲乙壬癸，乾、坤始終。震、巽、艮、兑，下生上窮，庚辛作配，丙丁是當。是名納甲，月節亦符。坎、離無位，周流六虚，哉蘇爲震，初昏見庚。兑丁乾甲，弦望乃明。旁死之後，候以平明。巽、艮至坤，辛丙乙戍，六支之位，乾、震起子。坎寅艮辰，順播陽序，坤未巽丑，離卯兑巳。按節逆行，週陰六紀。屯以子申，蒙用寅戍，觀兹二象，亦可究悉。

復繼生龍，姤始包魚。寅申門户，泰、否是居，消息律琯，升降璿璣，名十二辟。按氣受符，此與六卦同體殊塗。俱去坎、離，以候盈虚。震、兑、乾左，巽、艮、坤右，迭乘乾、坤，消息有序。

聖人之興，繼天受圖。察於陰陽，混然中居。探微知幾，窮神體易。本仁祖義，協天刑德。君以下交，臣則上逮。皇明畢照，幽隱咸遂。泰恤其孚，豐憂其中。否嘉其祉，困亨其窮。聖人於世，如治一身。陰陽既交，盎然常春。闔於未然，闢於未形。三光順軌，四海和平。本失用乖，擾雜皇極。日月告凶，星辰顯慝。灣蘢交吞，陵原倒易。如人病者，薰心限隔。熒魂糟莩，曠枯淪匿。德之昭明，休徵來格。聖人御世，永命過歷。

中篇

黄、老何言，以静爲動。以柔爲剛，無用爲用。患吾有身，耳目與口。以爲三要，亦曰三寶。以明自視，以聰自聞。以兑自言，三者歸根。無怨無喜，无咎無譽。廓然歸虚，元神常聚。魂魄相抱，性命同居。和氣充塞，與古爲徒。天道益謙，挹盈注虚。暗却邪害，預遠憂虞。斯乃至要，形氣之主。世人執有，難與合慮。

天神無體，地火無形。高明遺象，沈潛晦明。上德如水，道以器比。水静而清，器虚而靈。故静不絀，而虚愈盈。金水相涵，其中有光。光者火性，陰中之陽。外黑内白，白中有朱。自裹達表，朱衛白居。徑寸之中，方圓相包。天依形立，地附氣浮。周流分布，彌戒不虞。環匝密固，握命之符。外閉者有，内閉者無。無爲至德，神明所都。

人既生魄，其陽曰魂。二者相依，受命之根。一合一離，生死之門。何以留之，抱一爲先。愚者徇形，達士治神。神先形生，亦後形傳。以神攝氣，如磁感鐵。如燧方諸，以致日月。以氣留形，如火存湯。如寒凝冰，所畏春陽。慈母懷子，胞息十月。孝子報親，祭祀不輟。生死存化，延連不絶。皆有漸也，誰能遽歇。能握元神，以致元氣。先天之學，其前無始。無始之道，其後無既。氣固神完，與天地敝。

老子言玄，治性之道。道家言丹，修命之要。不玄不丹，不丹不玄。一而已矣，不可二言。凡氣之禪，赤白黄黑。驗之人生，草木榮落。太陽亦然，朝昏可識。神僊之道，顛倒背逆。先黑後白，黄中赤色。自玄還丹，嬰兒之宅。性命家言，如是蔽之。近在己身，大藥可期。世人徇生，欲其不老。棄正趨邪，誤入羣道。智者内觀，賢士返求。不出市肆，翺翔三洲。

下篇

火記之要，在乎伏食。食故相生，伏故相滅。水以火温，火以水制。察其機者，長生可致。修命之道，以伏爲食。克克生生，其機不測。魂魄相拘，交互反覆。兩不相離，配合無極。

二八之弦，魂魄正平。酌而無竭，注而勿傾。象歲春秋，建緯卯酉。刑德並會，相見歡喜。晦朔之間，日月交侵。舉水滅火，猛火燒金。日明不虧，月魄不喪。金還故性，不失其重。火乃得滋，威光愈壯。真陽正色，故曰還丹。其候至矣，火記名焉。

仰觀日月，俯察五行。三五之道，二八斯並。木龍金虎，水火之母。咀嚼相呑，和合爲侶。舉水滅火，火滅成土。土從火生，鎮水不起。五行會合，土爲宗祖。是名黄輿，調停勝負。黄中通理，暢於四支。入赤色門，復還嬰兒。斯爲真火，和氣所生。金乃還丹，汞不虧盈。壽命長久，改厄易形。變化陰陽，解離五行。

汞曰流珠，火遁淵藏。輕盈流媚，姹女神光。鉛懷金華，被褐之徒。足以制之，又名黄芽。流珠得之，姹女逢夫。知雄守雌，乃安其居。抱合相守，養毓孕孳。鉛汞凡質，金乃至精。道家取此，覆謬諸名。精氣魂魄，鉛汞之比。正陽真金，夫豈外是。棄不燒煉，同於瓦礫。謂金無種，良可嘅息。

人稟正氣，天地至靈。變化之道，超然羣生。遺佛成果，播種必獲。何況吾身，性命之故。蜣螂弄丸，雌雞覆卵。草蛇含珠，野蠶獻繭。本於是物，精氣之極。然必有種，豈可幸得。事無實理，譚餅充饑。炊砂成飯，勞苦無裨。識道之根，專精不二。不離己身，神僊可至。世多外道，妄作持行。外耗資財，内摇其精。呼神致魔，藥物殊名。河漢乖異，衆人莫明。邪道充塞，正氣淪冥。定在鬼籙，豈得飛昇。

後語

吾昔從希夷，得識造化機。四聖心如灼，三教見同揆。如何天地判，中乃有坎、離。惟玆一交互，千門萬徑蹊。顛倒無終極，明者察其微。大哉易元旨，火記豈外玆。下士晚聞道，精神乃早漓。空知不實踐，虚華何所裨。歲晏鶗鴂鳴，醇白已磷緇。上負七祖恩，骨脉相判離。顔形日以改，淚爲感憂滋。神存實足寶，榮名豈虚垂。如寐得呼音，聲靈殫太虚。明有功德報，幽有鬼神符。如不遇賢哲，豈可洩天符。大道無玄遠，所貴在深思。玉冊二千年，其如知者希。文字猶迷罔，神明付與誰。上下六千周，條别復分枝。

依類相倣託，聊復綴斯辭。

爐火

鼎器如何兮圓尺五，其餘一分兮法閏數。二八之倍兮以爲口，置二爲唇兮圓數睹。兩者同歸兮無增補，斯實重器兮舊規矩。俯仰天地兮近可取，正位凝命兮鼎之主。爐事如何兮金水火，金水同宅兮金爲主。水受火化兮金不窳，真金之水兮二分許。餘與火交兮變化侣，渣滓灰燼兮歸無所。强目中宫兮正名土，和氣混成兮真金母。金欲成兮火斯武，赫光熺兮丹色吐。既滿百兮一轉度，餘歲日兮從兹數。陰火白兮水相與，鉛汞名兮此其故。長黄芽兮入僊路，陽火施兮赤威布。金還性兮理不誤，肖火色兮光精露。節候盡兮體堅固，功德完兮神明護。刀圭霑兮魄魂聚，窮元氣兮蔽終古。

爐火後語

吾爲儒門弟子，不知道教終始。聞之前賢格語，天下有三定理。治國永命祈天，爲學至於聖賢，修身益壽長年，皆以人力致焉。伯陽遺書三篇，微意髣髴斯言。根條枝葉相連，幽光與世留傳。殆有深義可觀，讀者慎無苟然。

自敘

參同契者，三道同契也。三相類者，三道相類也。三道者，大易、黄老、丹經也。觀變陰陽，發揮神氣。二編之中，奧旨備矣。余恐讀者，莫暢厥要。道侣玄流，蕪義蔽真。性命道德，既非其舊。魏氏之志，是以荒焉。用配前文，更作鼎符。道我所知，匪必玄宗。要之辭理，可推類云。

榕村别集卷三

納甲

納甲直圖

乾坤艮兑坎離震巽乾坤

甲乙丙丁戊己庚辛壬癸

乾納甲壬，坤納乙癸，乾、坤包括，始終之義也。其餘六卦，則自下而上，法畫卦者之自下而上也。震、巽陰陽起於下，故震納庚，巽納辛。坎、離陰陽交於中，故坎納戊，離納己。艮、兑陰陽極於上，故艮納丙，兑納丁。甲丙戊庚壬爲陽干，皆納陽卦。乙丁己辛癸爲陰干，皆納陰卦。

納甲圓圖

望 甲 乾
生魄 辛 巽
下弦 丙 艮
晦 乙 坤
生明 庚 震
上弦 丁 兌
坎 離
戊 己

此以六卦應月候，而坎、離爲日月之本體，居中不用也。震直生明者，一陽始生，又生明之時，以初昏候之，月見庚方也。兑直上弦者，二陽浸盛，又上弦之時，以初昏候之，月見丁方也。乾直望者，三陽盛滿，又望時以初昏候之，月見甲方也。巽直生魄，則一陰始生，又生魄之時，以平明候之，月見辛方也。艮直下弦，則二陰浸盛，又下弦之時，以平明候之，月見丙方也。坤直晦，則三陰盛滿，又晦時以平明候之，月見乙方也。皆與納甲相應。

納甲納十二支圖

乾	坎	坤	离
— 戌	-- 子	-- 酉	— 巳
— 申	— 戌	-- 亥	-- 未
— 午	-- 申	-- 丑	— 酉
— 辰	-- 午	-- 卯	— 亥
— 寅	— 辰	-- 巳	-- 丑
— 子	-- 寅	-- 未	— 卯

震	艮	巽	兑
-- 戌	— 寅	— 卯	-- 未
-- 申	-- 子	— 巳	— 酉
— 午	-- 戌	-- 未	— 亥
-- 辰	— 申	— 酉	-- 丑
-- 寅	-- 午	— 亥	— 卯
— 子	-- 辰	-- 丑	— 巳

此以八卦之六畫，分納六辰之法也。凡乾在內卦，則爲甲而納子寅辰，如初九爲甲子，九二爲甲寅，九三爲甲辰也。乾在外卦，則爲壬而納午申戌，如九四爲壬午，九五爲壬申，上九爲壬戌也。震之納辰與乾同，但初爻爲庚子，二爻爲庚寅，三爻爲庚辰，四爻爲庚午，五爻爲庚申，上爻爲庚戌耳。其餘諸卦，皆可案圖推之。春秋傳陳公子犇齊，筮得觀之四爻動。占者曰：「有嬀之後，將育於姜。」注家謂巽長女也，巽居外卦，六四辰

直辛未，未羊也，羊加於女，則姜字也。此可見漢、晉間人説易，用納甲之法。

總論

納甲之法，不知其所自起。因以其六月卦直月候，明魄死生，陰陽消息，與先天圖有相似者。故道書參同契中所陳，本述納甲之説。而朱子以爲，即先天之傳也。孔子之後，諸儒失之，而方外之流，密相付受，以爲丹竈之術耳。今案先天之圖，八卦具備，而納甲則除去坎、離以爲二用，則其法亦不盡合。或曰説卦言天地定位，山澤通氣，雷風相薄，乃以三陽三陰至一陽一陰爲序，而其後方言水火不相射。蓋以六卦寓消息，而以水火爲用，或者古有此説也。至其參錯六辰之法，則陽皆順行，陰皆逆轉，陰陽之老長中少，每差一位。惟震與乾同，長子繼父體也。坤不起於丑而起於未，尤與洛書偶數起未位，後天圖坤居西南，樂律林鍾爲地統，而應未月之氣者相合。故諸術之中，惟納甲爲粗近理。今火珠林卜卦，蓋即其法也。

納音

納音次第圖

言五行者，以氣始形終爲次，則洪範之水火木金土是也；以播於四時相生爲次，則月令之木火土金水是也；以飭庀五材相尅爲次，則禹謨之水火金木土是也。納音五行，始金次火，次木，次水，次土，既非本其始終，又無取於生尅，故説者莫知其所自來。今案諸術源流，無非祖述易象之意。納音之法，蓋亦兼先、後天之理而用之者也，各爲之圖以明之。

金	火	木	水	土
乾　兑	離	震　巽	坎	艮　坤

先天之圖，乾、兑居首而屬金，次以離而屬火，又次震、巽而屬木，次坎而屬水，終於艮、坤而屬土。故始於金終於土者，乾始坤成之義也。金取於天之剛，土取於地之厚，火

附於天，水附於地，而木以生氣居中間焉。此納音所本於先天之序也。

後天之圖，亦以乾居首，而逆轉自乾、兑之金，旺於西方，轉爲離火，旺於南方，又轉爲震、巽之木，旺於東方，又轉爲坎水，旺於北方，而土旺四季，故退艮、坤以居終焉。此納音所本於後天之序也。

納音五行

甲子乙丑金
壬申癸酉金
庚辰辛巳金
戊子己丑火
丙申丁酉火
甲辰乙巳火
壬子癸丑木
庚申辛酉木

丙寅丁卯火
甲戌乙亥火
壬午癸未木
庚寅辛卯木
戊戌己亥木
丙午丁未水
甲寅乙卯水
壬戌癸亥水

戊辰己巳木
丙子丁丑水
甲申乙酉水
壬辰癸巳水
庚子辛丑土
戊申己酉土
丙辰丁巳土

庚午辛未土
戊寅己卯土
丙戌丁亥土
甲午乙未金
壬寅癸卯金
庚戌辛亥金
戊午己未火

納音五行分三元應樂律隔八相生圖

甲子、乙丑爲金上元，壬申、癸酉爲金中元，庚辰、辛巳爲金下元。三元既周，則傳於戊子、己丑爲火上元，丙申、丁酉爲火中元，甲辰、乙巳爲火下元。自此以後，皆依前圖金、火、木、水、土之次，而用樂律同位娶妻、隔八生子之法，以終於丁巳，而納音小成矣。又自甲午、乙未爲金上元，如前法以終於丁亥，而納音大成矣。〇案：十干、十二支，相錯爲六十，五音、十二律，相乘亦爲六十。故納音之法，兼二者而用之。甲子金而乙丑亦爲金者，同位娶妻也。乙丑金而壬申又爲金者，隔八生子也。一行各三元，而後傳於次行，猶春有孟、仲、季三月，而後傳於夏也。自甲子至丁巳，而五行之三元一周，猶易之三畫爲小成也。甲午至丁亥，而五行之三元又一周，猶易之六畫爲大成也。其立法雖與律呂相應，而不知其於聲音何所用之。今間有用之者，尅擇之家也。

納音干支起數合五行圖

甲巳九	乙庚八	丙辛七	丁壬六	戊癸五
子午九	丑未八	寅申七	卯酉六	辰戌五
巳亥四				

此揚子雲太玄論聲律所紀數也。凡兩干兩支之合，其餘數得四九者爲金，得一六者

爲火，得三八者爲木，得五十者爲水，得二七者爲土。如甲子皆九，得數十八，乙丑皆八，得數十六，合之三十有四，故爲金。壬六申七，得數十三，癸五酉六，得數十一，合之二十有四，故亦爲金。庚八辰五，得數十三，辛七巳四，得數十一，合之二十有四，故又爲金也。其餘案圖推之，莫不皆然。但所配一六二十等數，與河圖不同，未詳其説之所本也。

榕村別集卷四

星命本要

論祿命之理本於易

四柱合兩儀四象圖

太陽	太陰	少陽	少陰
歲	月	日	辰

陽（歲、月）　陰（日、辰）

八字合八卦圖

岁干	月干	日干	时干
乾	震	坎	艮
岁支	月支	日支	时支
坤	巽	離	兌

禄命之説，於易理亦有合者。蓋歲日主於日爲陽，月辰主於月爲陰，兩儀之象也。歲爲太陽，日爲少陽，月爲太陰，辰爲少陰，四象之象也。歲之干陽支陰，乾、坤也，父母也。月之干陽支陰，震、巽也，長男長女也。日之干陽支陰，坎、離也，中男中女也。辰之干陽支陰，艮、兑也，少男少女也。八卦之象也。故術家以歲主父母，月主兄弟，日主身及其妻，辰主所生之男女，蓋取諸此也。歲爲根，月爲枝，日爲華，辰爲實。父母者人之根也，兄弟者同枝而生者也。成人授室而生生之道具矣，故曰華。育嗣有繼而種類不窮矣，故曰實。年主初歲，未離乎父母也。月主弱年，未分於兄弟也。日主强壯，授室而成家也。辰主晚暮，傳嗣而休老也。其所主於乾、坤六子者如此。至其運行，則一於月乎取之。蓋人之終身，如物之終歲，終身之稚壯衰老，如終歲之生長枯落。終歲之生長枯落，逐四時十二月而變，故運行必主於月。而日辰者，則四時十二月之中，其物生之應節違候者也。易以十二月卦，紀陰陽之盛衰，而三百八十四爻者，隨之以定凶吉。故曰禄命之説，於易理亦有合也。

論年月日辰相乘之數

以六十年甲子乘十二月，得七百二十，以六十日甲子乘十二時，亦得七百二十，又以年月七百二十乘日時七百二十，得五十一萬八千四百。則凡生於天地之間者，人禽蟲魚，草木之倫，其大數皆筦於是矣。康節之數，亦從十與十二起，然康節以三百六十乘三百六十，故其數終於十二萬九千六百。禄命家以七百二十乘七百二十，故其數終於五十一萬八千四百。五十一萬八千四百者，四倍十二萬九千六百之數也。於是而陰陽五行之變盡於是，而動植之化齊，就其二五之參差交錯者推之，則偏正純雜，於是見焉，清濁貴賤，於是分焉。此禄命之術所由起也。

論五行生克比和名義

五行有生我者，有我生者，有克我者，有我克者，有與我同類者。禄命家以生我者名曰印綬，克我者名曰官殺，我生者名曰傷官食神，我克者名曰財馬，同類者名曰比肩。以人倫言之，生我者應爲父母，我生者應爲子孫，克我者應爲官殺，我克者應爲妻財，同類者應爲兄弟。此則占卜家皆用之。今禄命之術，惟以母爲印，而父反爲財，以官爲子孫，而傷官食神者，不過主人生之精神智慧而已。其故何也？蓋以人生於母，故印主母。而印者財之所克制，是財之妻也，故反以財爲父也。妻者我之所克制，故財主妻。而官者財之所生，是財之子也，故反以官爲子也。緣婦人之命，以制我者爲夫，以所生者爲子。

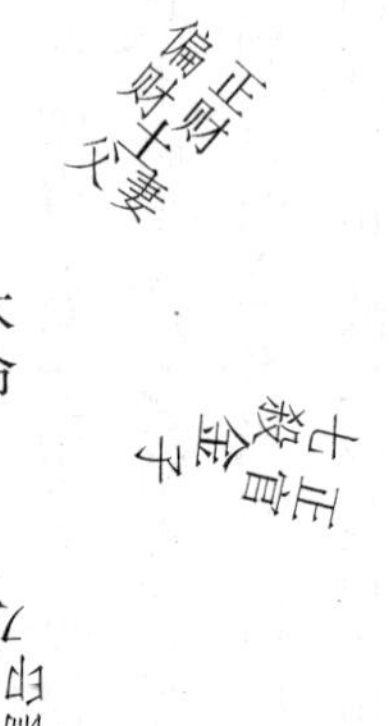

此圖設甲乙木日干取用，餘可類。

故男子之命，與之相因者如此。以人事言之，克我者爲官，以有官爵，則有法度而不敢肆，是我爲官所制也。我克者爲財，以人生所費用者財帛，是財爲我所制也。有官爵則有印綬，是生我者乃制我者之所生，故生我者爲印也。有精神智慧，則威權勢力皆可以制之，是制我者乃我生者之所制，故我生者爲傷官食神也。此其大略也。人生所求者，官與財而已。然能以官自鈐束，則克我者爲克制之克。不能以官自鈐束，則克我者爲尅害之克矣。於財也，取用有節，則我克者爲克制之克。取用無度，則我克者爲尅害之克矣。吉凶同域，禍福隨之，故禄命家專以官財二辰，推人之貧賤富貴，禍福休咎。或其命中無此二辰，則從微處取用，謂十二辰中所藏之胚胎朕兆也。凡物愈微則愈專，愈小則愈辨。於物取用既真，而所行之運度，有以生扶而引動之，則發達之候也。

論用神藥神

命中所取用官財之類，謂之用神。又取其害此用神者，謂之病神。又取其去此病神者，謂之藥神。凡命無病藥者，雖五氣平和，而不爲貴，猶國家以患難而興，人生以困厄而顯，天道之常也。如所用者官，則以傷官爲病，而印爲藥。如所用者財，則以比肩爲病，而殺爲藥。如以傷官爲用，則以印爲病，而財爲藥。如以印爲用，則以財爲病，而比肩助身乃藥也。凡命中病大者，則藥神即用神也。如殺重身輕，則須取其制殺者，財旺身衰，則須取其扶身者。傷官太重，則藥之者印。印綬太重，則藥之者財。藥亦貴於微處取用，如太多則亦不貴。何則？藥多則不靈，格中制化太過，則行運處無力也。故大病則在格，大藥則在運。然亦必格中栽根，而行運幫扶之乃吉，無根而行藥方，雖發必淺爾。

論五行偏正

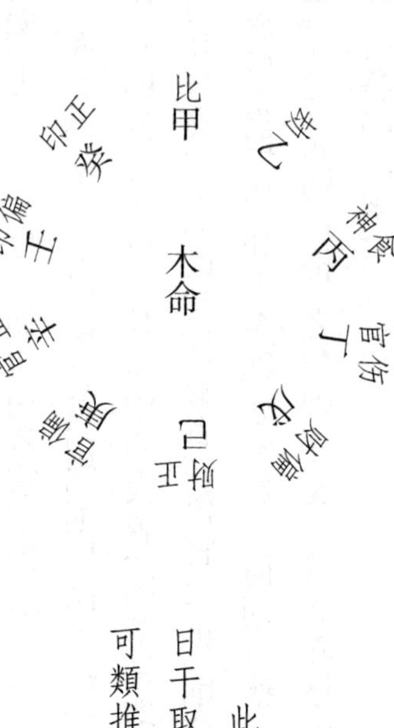

五行相生相克，各有偏正。凡陽生陰，陰生陽，陽克陰，陰克陽者，謂之正。凡陽生陽，陰生陰，陽克陽，陰克陰者，謂之偏。故有正印，有偏印，有正官，有偏官，有正財，有偏財，有傷官，有食神。惟比肩則以陰陽同類者爲比，不同類者爲劫。是又以陽比陽，陰比陰爲正，陽比陰，陰比陽爲偏也。然命家取用，往往以偏爲奇。何則？正有理之常也，偏者理之變也。道有變動，然後吉凶生而事業起，猶之取病爲貴之意也。

論五行三合

子藏母胎，母歸子舍。故當其有木，而火迷宫根已寓，及乎土盡，而火之用乃息。此寅午戌所以會成火局也。餘行皆以此推之而可知矣。當令者强盛之候也，若長生則氣之所滋息，庫墓則氣之所伏藏，雖微而必著，雖息而必生，乃五行之所以互爲其根者。故所謂微處取用，多於四長生四庫中取之。

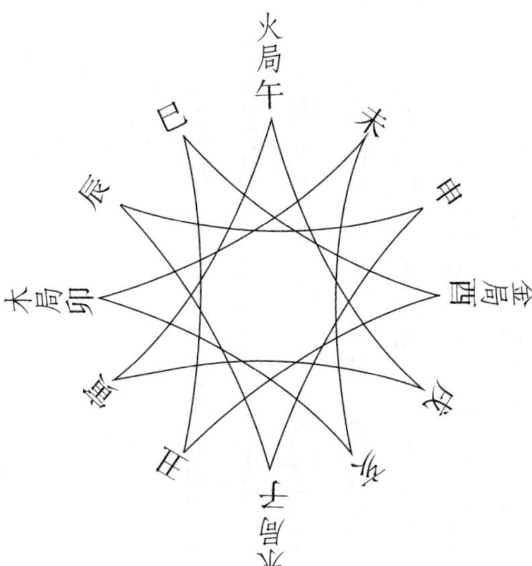

總論星經

星盤之説，其來亦舊。故宋蘇轍集中，亦曾論及之，但未詳明爾。凡人之生也，根於陰陽五行之氣，又感乎三光七政之精。故禄命之術，以年月日時之五行干支，推衍休咎。星盤之術，以年月日時之七政躔度，究測吉凶。蓋相爲經緯者也。然日月五星，皆運行不定之物，周流於十二辰、二十八宿之間。故造此術者，又以十二辰分爲七政所次之舍焉。以十二辰言之，午爲日宫，未爲月宫，子丑爲土宫，寅亥爲木宫，卯戌爲火宫，辰酉爲金宫，巳申爲水宫。以二十八宿言之，房、虚、昴、星四宿爲日舍，心、危、畢、張四宿爲月舍，氐、女、胃、柳四宿爲土舍，角、斗、奎、井四宿爲木舍，亢、牛、婁、鬼四宿爲金舍，尾、室、觜、翼四宿爲火舍，箕、壁、參、軫四宿爲水舍。凡七政之運行於是者，居其宫爲歸垣，入其舍爲升殿。苟非歸垣升殿，則各有所喜所忌焉。五星則生我者恩也，所喜者也。克我者難也，所忌者也。日則喜金水之扶陽也，忌木之蔽翳也。月則喜火木之清光也，忌土之昏濁也。若火與日同類，斯則所謂無怨無德者矣。凡七政行度相遇，與其所躔宫垣次舍，皆以此辨好惡，定吉凶焉。○宫者如人所居之室也，舍者如人所寓之次也。七政行度相遇，如人所與處、所與交之人也。居得其室則樂，寓得其次則安，所親交得其人，則相助而不相害。是故恩讐喜忌由此而生，順逆吉凶由此而起也。

論十二辰分屬七政

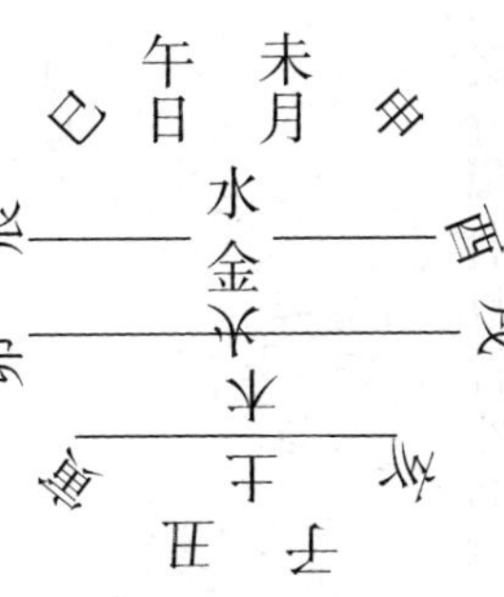

十二辰之分屬七政者如前圖。午未居上爲天，故屬日月。子丑居下爲地，故屬土。四時行於天地之中，故以左右兩行相對相合而命之。寅亥之合爲木爲春，卯戌之合爲火爲夏，辰酉之合爲金爲秋，巳申之合爲水爲冬。自下而上，自始而終也。

論二十八宿分屬七政

二十八宿之分屬七政者如前圖。四方七宿，各分七政之位。其最中則日之位也，近日之左爲月位，近日之右爲土位，次左之旁則爲火位、水位，次右之旁則爲金位、木位。蓋除日月土三者居中宫外，其餘水火金木四，皆以序自左而右。十二辰之木火金水者，相生之序也。七宿之水火金木者，相克之序也。四氣禪續，主於相生。七政蝕犯，主於相克也。

論十二宮

福德	官禄	遷移	疾厄
相貌			妻妾
命宮			奴僕
財帛	兄弟	父母	男女

生人之命亦分屬十二宮。卯所以爲命宮者，日出東方，如人有生而受命之始也。有生則有相貌，故辰宮爲相貌。有相貌則有福德，故巳宮爲福德。有福德則有官禄，故午宮爲官禄。官禄者人生發達極盛之時，如午位，爲太陽上升，極盛之時也。日中則昃，故在天道則有變動，在人事則有遷移，此未宮所以爲遷移也。愈昃而西，則陰氣侵陽而有灾厄，此申宮所以爲疾厄也。日東月西，夫婦之道，故酉宮與卯對而爲妻妾。奴僕者，妻

妾之餘也，故戌宮繼酉而爲奴僕。亥者數之窮也，生生之道，無有終窮。草木有子而蕃衍不窮矣，人有子而嗣續不窮矣。故亥字從草爲荄，從木爲核，從子爲孩，皆生生不窮之義。草木至亥而結實，此亥宫所以爲男女也。凡此諸宫，皆受生以後之事。若在人生之前，則父母其生我者，故子宫爲父母。兄弟或先我而生者也，故丑宫爲兄弟。人生衣食，自其生初而已定，故寅宫爲財帛。人立命於卯，而根乃在於子。如日出東方，而氣已動於夜半，先後天之道也。○凡所定宫位，乃由地盤而分，一定不移之宫也。人生所值之宫，則以天象加地盤而得。如生之時，氐、房、心正出卯位，固於卯宫立命矣。若亢、角出卯位，則於辰宫立命。尾、箕出卯位，則於寅宫立命。以至諸宫，莫不皆然。相貌以下諸宫，則皆依命宫而順播之也。○父母、兄弟、財帛三宫，在命宫之前。相貌以後諸宫，在命宫之後。然星家謂一命宫，二財帛，逆算以至相貌者，蓋以七政之行皆右轉，故以右轉數宫位。至論行運，則仍起命宫，次相貌而順行，應乎四時十二月之序也。

論恩難喜忌

所直之宫，當時者旺。如木生於春，金生於秋，火生於夏，水生於冬，晝生日木土，夜生金火月，皆所謂當時者也。首論立命之當時，次論諸宫之喜忌。喜忌者，由七政四餘加於列宿而得。如恩星入命宫，命主入恩宫，難星入命宫，命主入難宫，以至諸宫，各視其恩難之所加者是也。然恩難吉凶，不可一概而定。福生於憂患，業起於艱危。故遇凶星厲曜，而有以制化之，則福禄反增，事業反大。疾病灾厄，生人之大害也，而身主入之，或用星入之者，權藉不小。熒、惑守西，太白批天，天象所最忌也，然鍛鍊所成，氣焰所加，亦非尋常禄命之比。此則陰陽變化之微機，禍福乘除之冥數，術也而進乎道矣。

論命主身主

所謂命主者，如立命在木宫，則木星爲命主，立命在金宫，則金星爲命主也。所謂身主者，則主於月而已矣。日者父也，月者母也。人受氣於父，受形於母，是以立命宫本於太陽，而月爲身主也。餘如官主福主之類，皆以其所直之宫名，加於列宿之曜也。

論四餘

四餘謂羅、計、孛、炁。羅、計者，日月交道之首尾也。孛者，月行遲疾之所生也。炁者，積閏餘而生也。此皆於天無象，而星術家立此色號，且以羅爲火餘，計爲土餘，炁爲木餘，則未知其説也。

論行運

推行運，一論生來之十二宫，如行到某宫某宿，則五行之性，各有喜忌也。一論生來七曜四餘之躔次，如行到某宫某宿，則遇原躔之七曜四餘，又各有喜忌也。一論流年七曜四餘之躔次，如現行某宫某宿，而有諸曜之加臨，又各有喜忌也。末術多端，其根本大致則如此。

榕村别集卷五

招徠僞黨告諭

爲招徠事。照得山海交訌，民無寧宇。兹幸滿、漢之大師遄會，漳、泉之逆醜盡殲，豈但如鳥之方傷，高飛冥逝，譬則若獸之既散，裂決横犇。況吴三桂既以惡極兩朝而受天誅，鄭氏亦將以數終三世而犯神忌。少如蔡寅倡亂而以瘟殞，班鳴鳳亦以興妖而至戮身。觀羣盗之繼亡，知殺運之將究。本院儼然衰絰之中，非有封疆之責。初因蔡寅糾衆，犯我鄉閭，繼以劉國軒乘勝殘此一方，衰墨而賦無衣，銜憂而念國恤，激厲鄉里，如螳臂以當車。仰賴神靈，同閭風之掃籜，既紓義憤，復守私哀。適撫軍吴部院移書再四，惓惓以流孽未殄，恐至滋蔓民間，謂本院生居山僻，誼屬鄉鄰，土俗民情，互相諳委，以勷則熟，以撫則信。勉强會師，越境犯分，在本院非有小戎尚武之心，然猶未免於匪風思治之急。再搏虎而下車，一攘雞而將已。凡我親鄰，孰不念亂，幸賜教於軍次，共夙往以收成。其或餘寇躑躅，犇逃無路，豪傑知幾，率衆來歸，須廣其遷善之門，與以投生之路。

將則啓授劄付，兵則給發歸農，斷無相負，以虚鄉親倚賴之意，以副撫軍篤信之心。須至諭者。

申飭學校牒

爲申飭學校事。本部院奉命督學，考試畿南一道，行已告竣。見其俗尚樸厚，士子文行可觀者，所在不乏，未嘗不心爲慰喜。然風土差殊，或有師友淵源之異，或有師生敎學勤惰之別，以故諸生童佻達城闕者多，矻矻窮年者少。平日學植既落，臨事剽竊應文，根株淺薄，詞采乾枯，謬體相沿，理法不講。自諸生甚者，一縣無可充優等。而新進童子不能及額，皆由師儒玩愒姑息，不修厥事之過也。今朝廷重爾教職之選，分別流品，一以舉貢代匱。廟堂責成之意，宜各念知。其自今顧名自愛，大變因循積弊，相與立爲教學規條，月考歲計。至本部院科試程士之日，蒸蒸一變，是則金口木舌弗懈之效也。凡讀書作文，須有根氐。今士子徒誦幾篇坊刻時文，又不能辨其美惡高下，但以選者之丹黄爲趨舍。浮詞填胸，千里一軌，遇題目相近，剽剟不讓，公然相襲，不復知有勦説雷同之禁也。間或理致及典實題樣，與所習相左，則荒疎杜撰，無一語中肯綮者。何則？理致精微，非平日體認真切，熟於諸儒講説源流，敷辭安能動洽理趣？若典實題，則或係禮樂名物，井田、學校、制度之屬，或稱引唐、虞、夏、殷、商帝王賢聖，德美功業之類，非略覽易、詩、書、春秋諸經，曉其故實事跡，但就時文中搜摘應副，甫脱口而謬戾不可勝言矣。今將責士子淹該經史，驟未易至。若沉潛經書，使先儒理解融會通貫，自是諸生分内事。至於他經，即不能盡究其全，固當略涉其趣，隨其天資分量，左右採獲。積累既多，造意措詞亦自略有本原，而坐進淹茂矣。

飭興水利牒

爲通行事。照得直隸九府，荷聖恩優渥，感召天和，比年收稔，民有起色。然旱潦灾祲，天行常數，雖太平屢豐之世，不可以無備豫之道。近代講備荒者，止於倉貯蓄積而已。豈知千有餘里，有數十州縣之寥闊，以百餘萬米穀，散在民間，大祲之年，濟一郡尚不足，況又有赴縣城領給之煩，吏胥鄉長侵蝕之弊，將來又有追比還倉之擾，是倉米在今日，殊不足賴也。本部院思北土地宜，大約病潦十之二，而苦旱者十之八。然北方苦旱，遂至於不可支，不能如南人補救者。非獨惰農自安，蓋根在於水利不修，束手無措故也。今歲本部院因春夏微旱，屢行通飭，凡州縣各因其山川高下之宜，如近山者導泉通溝，近河者引流釃渠。若無山無河平衍之處，則勸民鑿井，亦可稍資灌溉。若一縣開一萬井，則可溉十萬畝。約計畝獲米一石，十縣之入，已當通直全屬之倉儲矣。一溝之水，又可當百井，一渠之水，又可當十溝。以此推之，水利之興，其與積穀備荒，其利不止於倍蓰而什百也。用地利以濟天時之窮，用人力以補天地之缺，自古爲政，莫不以此爲先。只因近來守令，但恤身謀，無能以民事爲家事者，故視此等議論，邈若河漢。今直隸經皇上濬河築堤，蠲灾釋逋之後，孚誠下洽，吏習民安，有所興利，莫便此時。仰該道司府廳，乘茲農隙，令各州縣親履境内，按視山川形勢。何處可通溝渠，何處應修隄障，水之源委何去何從，地之高下何蓄何洩，何處平壤宜勸穿井，何處水鄉應疏河道，一一繪圖具説。務須簡潔詳明，由該府及管河廳詳守道分司彙繳。本部院另檄飛發，立爲簡便之法，畫一遵行。至於此事，原爲百姓籌謀，非如欽工上差諸務，期會徵發，隨以督責也。該府州縣履歷民間，務要減省徒從，隻馬單車，勞問父老，詢以農事，不得騷動閭閻，費民一草。胥役有藉此作一名色，驚擾編氓者，立斃杖下。到彼時興修，有應用官民力之處，另行詳請。限冬至前，各府報齊，如遲慢不到者，該道府等詳揭。爲此牌仰該道司府廳官吏，火速遵奉毋違。

飭廣積貯牒

爲通行事。照得直隸地方，荷皇上至德深仁，仰格天心，連年屢獲收穫，山佃澤濃，稍有起色。然盈虚爲天行常數，備豫乃王政先務。故本部院年來，每以開導水利，爲諸郡牧民者勸。今半載有餘，或以空文報答，或竟寂然無聞。雖北方土脉水性，與江南不同，且其民因循怠惰，難與慮始。或旗莊鄉宦，抗不奉行。爲其佃僕者，又以非係己業，無心從事。所以推行甚艱。然一日爲民牧，則須盡一日民牧之心。該府州縣，宜於理事辦差之暇，輕車減從，按行阡陌。因地勢以制宜，順民心而興事。遵照本部堂導溝、釃渠、開井三法，擇其便於民者，講究行之。總遇旱澇，足以補救，此則爲民興利之一法也。比因屢被召對，仰窺聖意，每以民間蓄積爲拳拳。又慮有司奉法無人，推行不善，則利民之事，適以滋擾。故宜使民牧講試，以引其端，不可使部文督責，以重其累。此誠聖明無隱不矚，體念官民之盛心也。爲此牌仰該道府，即移行各道府，除從前存倉米石，仍嚴飭州縣謹貯外，其各市鎮村莊，可否倣古人遺意，於收斂之歲，或勸募富家出穀倡義，或計算田産按畝薄輸。何鄉所出，即貯之本鄉，司以本鄉之人。遇上歲則有入無出，年年增捐。中歲則平糶，務使價極廉賤，不必取贏，秋成以其價糴補。下歲則發貸，其力能還者，秋成交倉，不取利息，力不能還者免之。如果逢凶饑，則盡數煮賑，俟豐年從新勸募。如此則官不累而民不擾，多一分蓄積，則所在獲一分之利，是又爲民藏富之一法。但行法之初，須使民樂從，無官吏抑勒之患，一難也。既行之際，必須得廉善公平之人，以司其事，此在有司察訪真確，否則徒爲蠹蝕貽害，二難也。行法之後，付之民則漫無稽察，責之官則吏因騷擾，其弊至使良民不願管掌，而奸棍反用爲市，三難也。有此三難，所以良法美意，或致滋弊，義倉社倉，徒空名而已。該道府將本部堂以上所條利病，深思熟講，仍會集所部賢紳耆老，廣諮博議。如謂可行，即詳悉講議條款，詳請施行。或有應題敍之有司紳官，應旌獎之富室義民，作何分别鼓勵，亦一一條列詳請。故人有言，有治人，無治法。該道府勿視爲易，勿畏爲難。果能實心推行，必有績效可紀。限自文到至秋收日，各道府務將積穀利弊，及所治之内，民心曾否樂從，人才有無可托，並該管州縣有無能奉行之人，該道府以爲此事應舉應停之處，一一具文申覆。於八月内到院，勿得遲慢取咎。

戒子孫

昔吾祖念次府君，起家艱難，十三歲能脱父冤獄，遂輟學業，營生以養親，谿谷林麓之中，顛沛萬狀。至於壯歲漸羸，然自五十以前，率百里徒步不肩輿，曰非力不能乘，念親苦也。傷以貧失業，課子孫爲學諄甚，期望之殷，每形憂歎。尊師篤舊，樂善分灾。此吾祖所以崛起中微，翼我後裔者也。前乙未、丙申間，家遭大難，陷賊者十餘口。漁仲府君，因心則友，義不反兵，毁室復完，遂殲巨憝。鼎革之餘，繼以寇亂，祖里榛荒，墳廟毁翳。惟念府君，承先志而修之，輟其饔飧，宗族是事。焕新舊址，披識荒邱，雖袒免以降，不使有髐焉忽諸之恨。顑頷形神，涣屬復收。西岡府君，繼惟念府君之後，整肅宗規，修明世牒，春秋朔望，疾病必親。甲寅、乙卯之年，閩亂大作，余既踪跡孤危，亦繫家門禍福，耳屬於垣，莫可計議。白軒叔父，避世佯狂，陰相謀畫，蠟丸贑嶺，拜表西江。款誠既達，臣節無隳，天吏南征，餘孽尚熾，執鋭披堅，掖余以濟。家世舊事，此其大略也。夫世無百年全盛之家，人無數十年平夷之運。興衰激極，存乎其人。昔者家道單微，而祖振之。中更大難，而伯父平之。宗法陵替，而父與季父修之。天狼殀星薄蝕太陽，而六叔父與余艱貞以幸度之。此皆興衰存亡之機，間不容緩。原其所以克濟，豈曰有他謬巧，亦云孝友未漓，本實存故枝葉未有艾也。三十年來，頗安且寧，食禄通籍，遂稱宦家。爾等生晚，皆在此三十年前後耳，身不預憂艱之事，耳目不接官吏訶詬之聲，貴强桀大，倨侮侵陵之狀，漸習驕惰，其勢則然。夫先世既以孝友勤勞而興，則將來亦必以乖揆放縱而敗。吾生七十年間，所閲鄉邦舊家，朝著顯籍多矣，榮華枯隕，曾不須臾，天幸其可徼乎？祖澤其可恃乎？譬之花木，不衝寒犯之，則根可護。譬之爐炎，不當風揚之，則火可宿。收斂約素，和順謙卑，所以護其根而宿其焰也。且況維桑與梓，古人必恭，巷路鄉鄰，孰非親串，侮老犯上，謂之鴟鴞，貪利奪食，謂之虎狼。吾等老成尚在，必不爾容。即祖宗神靈在家，亦必不爾佑。況於不類子弟，又每藉吾影似，以犯理法。爾不爲吾惜名節，吾豈得爲爾愛身命。國憲有嚴，亦必不爾寛也。

本族公約

吾族聚居於此，十有餘世，根衍枝繁，人丁衆夥。然鄉土褊窄，恒産無多，又不能守分勞力，勤儉成家，遂有不肖子弟，日與惰游無賴之輩，妄覬非分之財。小則賭蕩以至於穿窬。大則霸據溪港行市，攘人之利，使賓旅裹足。又大則假借名色，出没招摇，不可窮詰。其尤可恨者，或聚凶徒百十輩，公執器械，與鄉鄰格鬭。或妄斷曲直，不聞官府。原此等惡習之所自來，蓋因先年閩亂，山海猖獗，奸民倚盗賊之勢焰而作威，豪家壓鄉里之柔懦而武斷，而官府莫之能問也。今山海蕩平已三十餘年，天子神明，照及萬里，當路執法，大小寅恭。民間赴愬，自有所司，非宦家所宜預。即自家門户事，有應申理者，亦應憑官府公斷，豈可恃强糾衆，以自陷法網哉。凡再實之木，其根必傷，席蔭驕矜，衰落立至。況抵扞文法，便有目前顯然之禍，君子懷刑，如何勿思。不佞壯離鄉井，皤老歸來。念桑梓之恭敬，喜故老之僅存，閔童雛之頑憍，慮餘風之未殄。吾聞之，教人以善之謂忠，愛人以德之謂君子。況乎一家之親，豈可自蹈姑息，納之於不義之域。是犯王法而替祖澤，自我始也。自今以往，有犯規條，我惟有從公檢舉，聞於官而與衆共棄之，不能徇私庇護。他日成家立業，澤及後人。爾等閱世之久，自知吾今日之言，是親愛之至。此時雖冒刻薄之名，所不辭也。

同里公約

鄉俗自當年寇亂以來，習染最深，今雖泰平三十餘年，流風猶在。吾家子弟及他姓土著寓居之人，不肖無賴，實繁有徒。除逆犯人倫及抵扞官府文法者，另有禁約外，合將目前顯爲鄉里害者，摘出數條，公行嚴禁。嗣後如不悛再犯，分別懲治，條列於後。

一、鼠竊狗偷，即大盜之漸。每有慣徒竄伏鄉井，能使人無寧居。以後須自相挨察，其有素行不端與匪類相出入者，家甲公舉，逐出鄉井。如事已發覺，則拘執送官，永除患害。

一、倫理風俗所關，奸淫爲甚。爲士者犯之，尤不齒於人類。以後如有淫蕩男女，不顧人倫，大壞風俗者，察知素行，立逐出鄉。如有容留，即係約正鄰右之責。其以犯奸聞者，務須發覺送官，不得於約所薄懲塞責。

一、賭博廢業啓争，乃盜賊之源。鄉里此風尤盛，以後須嚴察嚴拿，送官按律究治。

一、盜牽耕牛於别處私宰者，固當以盜賊論，即買牛屠宰，亦犯禁條，並當送官究治。

一、山澤之利，節宣生息，則其利不窮，摧殘暴殄，其餘有幾。鄉俗動輒放火焚山，遂至大陵廣阿，經冬如赭，林藪無資，樵蘇何賴。若乃長溪深潭，一經毒害，微鯢絶種，民俗貧薄。此其一端，以後須立厲禁，察出主名，合鄉究治。

丁酉還朝臨行公約

一、諸鄉規，俱照去歲條約遵行。我已囑託當道，凡係人倫風俗之事，地方報聞，務求呼應作主。但恐我輩用心不公，處事不當，或心雖無私而氣不平，事雖不錯而施過甚，則亦於仁恕之理有乖，皆未足以服人心，而取信於官長也。嗣後舉行舊規，必酌其事之大小輕重，可就鄉約中完結者，請於尊長，會鄉之耆老，到約完結。必須送官者，亦請尊長，會鄉之耆老，僉名報縣懲治。如事關係甚大，而有司呼應未靈者，鄉族長老僉名修書入京，以便移會當道。最忌在斑白退縮，袖手緘喙，使二三乳臭，聽匪類指使者，把持鄉政。奸匪投懷，則爲之逋逃淵藪。僮僕挾私，則奉其發縱指示。動夸拳勇，挾制尊卑。此乃數十年前倚亂作威之故智。今四海清平，寥寥數惡少，將安逃命。諸父老不能正色仗義，共扶鄉里公道，而畏之如虎，遂使横行，以致種種惡習，有加無已，甚無謂也。

一、清家甲一事，乃絶匪類之根源，況經地方上司頒示申嚴，則奉行不爲無藉。此事我行後，約正可稟尊長，一面報聞有司立爲規條，著實舉行。作事久而倦者，不特徇情避咎，皆自己本無誠心之故也。

一、約正於族行雖卑幼，然既秉鄉政，則須主持公道。自後鄉鄰曲直，有未告官而投訴本鄉者，除尊長發與約正調停者，則爲從公訊實，復命尊長而勸懲之。其餘年少未經事者，雖分爲叔行，不得役約正如奴隸。約正亦不得承其意指，顛倒是非，以壞風俗。

一、宰耕牛一件，斷乎不可，我已禁止本鄉一年，但發價頗須微費。今除舊存外，我臨行再發交貯，月向好義之家題助，再力行一年，以遲我歸可也。

一、約正須置功過簿一册，寫前後所立規條於前。而每年分作四季，記鄉里犯規經送官，及約中懲責者於後。務開明籍貫姓名，並因何事故，以備日後稽考。或能改行，或無悛心，俱無遁情也。

圖書在版編目（CIP）數據

榕村全集 /（清）李光地著；陳祖武點校 .-- 福州：福建人民出版社，2023.11

（八閩文庫 . 要籍選刊）

ISBN 978-7-211-09214-7

Ⅰ . ①榕…　Ⅱ . ①李…　②陳…　Ⅲ . ①雜著—中國—清代　Ⅳ . ① Z429.52

中國國家版本館 CIP 數據核字（2023）第 227154 號

榕村全集

作　　者：［清］李光地 著　陳祖武 點校
責任編輯：史霄鴻
裝幀設計：張志偉
美術編輯：陳培亮
出版發行：福建人民出版社
電　　話：0591-87533169（發行部）
網　　址：http://www.fjpph.com
電子郵箱：fjpph7221@126.com
地　　址：福建省福州市東水路 76 號
經　　銷：福建新華發行（集團）有限責任公司
印刷裝訂：雅昌文化（集團）有限公司
地　　址：深圳市南山區深雲路 19 號
電　　話：0755-86083235
開　　本：890 毫米 ×1240 毫米　1/32
印　　張：32.125
字　　數：581 千字
版　　次：2023 年 11 月第 1 版第 1 次印刷
書　　號：ISBN 978-7-211-09214-7
定　　價：148.00 元